培养最棒男孩

卜翔宇 编著

北京工艺美术出版社

图书在版编目（CIP）数据

培养最棒男孩/卜翔宇编著. — 北京：北京工艺美术出版社，
2017.7

ISBN 978-7-5140-1307-8

Ⅰ.①培… Ⅱ.①卜… Ⅲ.①男性－家庭教育 Ⅳ.①G78

中国版本图书馆CIP数据核字（2017）第156156号

出 版 人：陈高潮
责任编辑：赵震环
封面设计：韩立强
责任印制：宋朝晖

培养最棒男孩

卜翔宇 编著

出　　版	北京工艺美术出版社	
发　　行	北京美联京工图书有限公司	
地　　址	北京市朝阳区化工路甲18号 中国北京出版创意产业基地先导区	
邮　　编	100124	
电　　话	（010）84255105（总编室） （010）64283630（编辑室） （010）64280045（发　行）	
传　　真	（010）64280045/84255105	
网　　址	www.gmcbs.cn	
经　　销	全国新华书店	
印　　刷	北京中振源印务有限公司	
开　　本	787毫米×1092毫米　1/16	
印　　张	16	
版　　次	2017年7月第1版	
印　　次	2017年7月第1次印刷	
印　　数	1～5000	
书　　号	ISBN 978-7-5140-1307-8	
定　　价	32.00元	

前　言

　　望子成龙是每位家长的心愿。身为男孩的父母，无不希望自己的儿子是最棒的：机智勇敢、乐观自信、品质卓越、自立自强、有才学、有责任感、有爱心、有风度……并希望他在不久的将来成长为一个顶天立地的男子汉，担当起社会、家庭的重任。但是，最棒的男孩不是天生的，而是通过后天教育造就的，这与父母的教育和引导不无关系。正如古人所说："玉不琢，不成器。"男孩如同一块璞玉，只有在用心雕琢下才能放射出最耀眼的光芒。

　　父母的教育决定了男孩的未来，出色的男孩是优质教育的结果。家庭是男孩人生中的第一所大学，父母是第一任老师，父母的言传身教，对男孩的智力、性格、习惯、心态、能力、品德等的培育有着重大影响，甚至可以决定男孩的一生。男孩将来会成为什么样的人，建立怎样的事业，掌握多少财富，成就怎样的人生，都掌握在父母的手中。因此，无论你想给男孩一个什么样的明天，都要用心培育他。因为没有教不好的男孩，只有不会教孩子的父母。

　　与养育女孩相比，家有男孩带给父母的挑战似乎要大得多。他们远不像女孩那样乖巧——爬树、坐不住、好斗、偏执、马虎、调皮捣蛋、把家里弄得一团糟——男孩似乎总是会给父母制造各种各样的麻烦，令父母们感到困惑和无奈。古希腊伟大的哲学家柏拉图早在2300多年前就这样写道："在所有的动物之中，男孩是最难控制对付的。"而事实上，这些不安定的个性，恰恰是男孩探索欲、创造欲、领导欲的体现，父母们需要了解这一点，并需要知道如何针对男孩的特性进行科学的引导，只要父母引导得当，善加发掘男孩的个性与潜能，每个男孩都会成为一个杰出的人才、一个了不起的男子汉！

　　然而，现实生活中，有些父母望子成龙心切，一味地关注其智力和学业，盲目地给男孩安排各种培训班或特长班，完全忽略了男孩自身的特性和潜能，忽略了男孩心理、能力、品德等其他方面的培养。其实，最棒的男孩不只是成绩优异，他们更应该爱学习、会学习、有着很强的学习能力，他们应该凭借着幽默的谈吐和绅士般的举止而为人们所喜爱，他们应在某个领域中表现出果断的办事能力和独当一面的气魄，还应具备超群的才学、独特的眼光和成熟的心智……而这些并不是单靠学习课本知识和特长培训就能够造就的。

　　教育男孩是一门艺术。培养最棒的男孩，父母不但要教，更需要掌握科学的育儿观念和方法，具备一定的育儿智慧。如果教育方式合理、科学，每个男孩都将是最棒的。教不得法，不但达不到培养目标，还可能阻碍男孩的发展，使他终其一生碌碌无为。因而，要想培育出最棒的男孩，必须先学会做父母，首先提高自身的素质，以自己言传身教的榜样力量去影响男孩，造就男孩。其次是掌握科学的教育理念和有效的技巧，了解男孩与女孩的区别，遵循男孩的独特个性和发展规律，科学地加以引导。再次，男孩在人生的各个阶段，会遇到各种各样的问题、困难和挫折，父母们应随时更新自己的教育观念，鼓励、帮助男孩自己去解决这些问题，慢慢地放手让男孩独立面对人生。

《培养最棒男孩》结合男孩的心理特征和成长规律，从不同角度出发，为父母们提供了一套成功教子方案，使父母们掌握教育的正确方向和科学方法，真正教到点子上，是每一位望子成龙的父母的必读书。本书分析了男孩与女孩的不同之处、男孩天性中的优缺点，以及父亲和母亲在养育男孩过程中的不同作用，全面介绍男孩的心理、性格、品质、理财、潜能、学习等各个方面的培养，如怎样穷养出有上进心的男孩，如何锻造男子汉特性，如何激发男孩的潜能，如何引导男孩爱上学习等，指导父母教出最棒的男孩。书中综合介绍了国际著名教育家如老卡尔·威特、蒙台梭利、多湖辉等的教育理念，最有助于发展男孩天性的教育方法，以及透视男孩成长所应掌握的心理学，如攻击性心理、杜根定律、投射心理等，有效解决了最令男孩父母头疼的难题，如如何说男孩才会听、如何避免男孩成为"娘娘腔"、男孩如何安全度过青春期、怎样令男孩学会应对挫折等。

掌握了这些方法和技巧，用心、耐心、精心培育自己的儿子，他必将朝着你所期望的方向发展，成为最棒的男孩。

目　录

第九章 沉稳大气,坚韧不拔——培养刚毅男孩

第一章　读懂男孩的成长——全面了解你的男孩

重新认识男孩

男孩都是"小冒险王"

爬树、登高、从高处往下跳、溜冰、滑雪等，这些在家长看来很危险的行为，却是有些男孩最喜欢的运动。男孩子好像总是那么精力充沛、一刻都不想停下来。因此，有些家长经常不由自主地叹气：淘气的孩子真麻烦，他好像时时刻刻都在设法让你提心吊胆。然而，很少有家长从源头上分析：我的孩子到底怎么了？为什么他总是做这些危险的活动？为什么他的精力总也用不完？

一家三口正在不声不响地吃饭，儿子突然开口说话了："我找到一个鸟窝！"

母亲抬起头，瞪大了眼睛，父亲也聚精会神地听儿子说话。男孩很高兴，指手画脚地讲了起来。他说，今天放学回家的路上，看见一只金翅雀从一棵大白松树树冠里飞出来。他就在浓密的树枝里搜寻，终于发现在高处一根树杈上有一团乌黑的东西。

他把书包放在地上，开始往松树上爬。巨大的松树又粗又高，他那小小的身子紧紧贴在树皮上，慢慢往上挪动，每一次挪动都要分两步进行：先用胳膊抱住，接着两条腿尽量往上蜷，最后才停下来，四肢牢牢抓住坚硬的树干，用了很长时间才爬上去。

父亲和母亲惊呆了，谁也没有吱声。就这样，两个人战战兢兢、一声不响地听着。

男孩的天性就是喜动不喜静，他们有使不完的劲儿，其实，我们并不能完全责备这些精力充沛的孩子。冒险对他们来说是一种证明自我的机会。而爬树是诸多冒险行为中最受男孩尊崇的一种。

这在父母看来是一种危险，而对男孩们来说却是有价值的冒险。首先，男孩可以通过观察树的整体，判断自己是否能爬上去。如果认为能爬，就会想到下一步的方法，确定从何处往上爬，那个树枝能否支撑自己的体重，需要确认的项目很多。这样，当孩子们根据自己的印象判断能够爬到树顶时，便决定进行实际爬树，当然有时也会从树上掉下来受伤。但这是因为自己的判断不得法而产生的失败，这将成为下一次成功爬树的经验。

对这些男孩们来说，冒险可以为他们的生活带来一场全新的体验，或者可以这样说，在他们的眼中，冒险的体验就是生活中快乐的本源。对于未知的事物他们根本就不懂得恐惧，所以也喜欢做更多的尝试。可以想象，如果在孩子的生活中只是面对同样的学习生活，总是重复着同样的内容，那该有多么的单调乏味啊，那又会有什么收获呢？

父母要给男孩提供冒险的机会。让孩子去尝试新的东西，独辟蹊径，屡败屡战。很多发明家都是最富于冒险的人。因为，他们敢于做许多次试验，直到成功才罢休。冒险不等于蛮干，人们要在冒险中不断地总结、思考、突破。否则，纵然有成功的欲望，但是却不敢冒险，又怎么会实现伟大的目标呢？

在不确定的环境中，人的冒险精神就是最有创造价值的财富。初生牛犊不怕虎，男孩们在做事的时候往往有更强的开拓性。父母们不妨试着培养男孩的冒险精神，勇于尝试和开拓的豪气会让男孩有更新鲜、更活泼的生活。

正确理解男孩的"顽皮捣蛋"

男孩们过于旺盛的精力让家长们望而生畏。应对这些调皮捣蛋的小鬼不是件容易事，你刚刚阻止了他做某件疯狂的事情，一转眼，他们能轻而易举地找到另一件类似的事。男孩体内的男性激素——睾丸素决定了男孩们天性中的"冒险情结"。

实际上，我们应该为男孩天性中的冒险因子欢呼，因为世界上没有一件可以完全确定或保证的事。成功者与失败者的区别并不在于能力或意见的好坏，而是在于是否相信判断、具有适当冒险与采取行动的勇气。没有尝试者、冒险者，就没有成功者。冒险是一切成功的前提。冒险越大，成功越大。

当然，让男孩面对爬树这种小危险并不代表要让男孩平白无故地去冒险，生活本身就存在着许多培养男孩自己去克服一定程度危险的机会。

在现代社会，由于生活方式的改变，很多家长都认为社会上的不安全因素很多，因此不愿意带幼儿到户外去活动，男孩长时间地被关在小小的套房里，缺少了锻炼的机会。有的家长甚至连男孩参加那些具有挑战性的游戏都不能接受，认为在这种活动中擦伤膝盖或扭伤脚踝根本没有必要。我们时常见到这样一种情况：关在套房里的一些体弱、内向的幼儿活动时常会碰伤；而平时比较好动、顽皮、身体健壮的幼儿却不太容易碰伤，家长们总觉得侥幸。

其实这里面是有原因的，体弱的幼儿就是因为平时活动少，所以遇到危险时反应慢，灵活性差，动作不协调，容易受到伤害；而那些顽皮、健壮的男孩因为有了很好的锻炼所以动作灵活，遇到危险时反应快，能采取自救方法，因而受的伤害就小。在舒适的环境中，男孩体内的某些机能会逐步退化。因为他们生活的需要很容易得到满足，几乎不用克服什么困难，不用付出，也就没有发展。男孩成长过程中用于发展自己能力的机会就这样被剥夺了。

所以说，对男孩而言，爱得太多有时候也会造成伤害，如果总是依赖父母，又怎么能在风雨来临的时候勇敢面对呢？

只有勇于实践，不断地在失败中总结经验教训，才能为下一次的成功奠定坚实的基础。别人的经验，无论怎样，对男孩而言都是非常枯燥、毫无生命可言的。只有自己在生活中总结出的经验教训，才是最宝贵的，因为只有它们能够指导男孩们走向正确的人生坦途。

"破坏力"的反面是"创造力"

爱搞破坏的孩子看上去似乎有点不可救药，而实际上这是创造力萌发的一种体现。面对孩子的破坏活动，看似失去了可以估量的价值，但是换回来的是孩子一生都受用不尽的财富——思考力和创造力，从而培养出浓厚的求知欲望。

行为出格、爱搞小"破坏"、爱顶嘴的男孩，常被视为另类，作为捣蛋鬼、坏孩子，他们常遭人白眼，没人理睬。而那些温顺、老实、听话、顺从的孩子，大多被认为是好孩子。

其实，男孩爱搞"破坏"属于天性使然，是其创造力萌芽的一种体现。他们对社会中各类陌生事物充满新鲜、好奇感，并且身体力行，欲用自己的双手来探索这未知世界。家长如果理解男孩的这种天性，加以引导、鼓励，使男孩的创造萌芽得到进一步深化，则有利于孩子的大脑发展及处理问题能力的提高，更重要的是能让孩子从小培养出一种浓厚的求知欲望，形成勇于创造的好习惯，为今后的事业道路奠定基础。

而那些被视为老实、文静、听话的乖孩子，家庭中虽少了"破坏"气氛，大人安心，但孩子的天性被抹杀了，长大后就会循规蹈矩，缺乏头脑，依赖性强，缺少创新精神，这实在不利于孩子的成长。

美国的家长尤其重视鼓励自己孩子的创造力，对于孩子一些"出格"的行为并不予以约束，反而支持孩子进行一些开阔思维的活动。

美国孩子特别喜欢在卧室的墙上为自己开辟一片领地：在墙上挂一个小画板；贴一些飞机、星球的图片；用艺术字写座右铭。这个天地完全由孩子进行布置设计，家长也鼓励孩子在这个天地里挂上他的想象画。

美国的孩子尤其喜欢表演，有时他们会根据一些文学作品的片段自编、自演哑剧、小品和滑稽剧等。大家可以假扮饭店、机场或是公园里的各种人物，比谁演得像。有的时候孩子们还会搞一些抽签演小品的创造性娱乐活动。

美国的爸爸妈妈经常为孩子讲故事，不过方式方法也暗合了培养创造力的玄机：他们常常讲一段故事，然后就让孩子为所讲的故事起名字，所起的名字越多、越切题、越新颖、越奇特、越有趣越好。家长们认为，这是训练孩子创造力的一种有效手段。

美国孩子在需要送别人礼物的时候，家长通常会鼓励孩子自己亲手制作，比如新年贺卡，祝贺节日和生日的小工艺品等。在日常的生活中，家长更是支持孩子做小实验、搞小制作、种花、植树、饲养小动物，甚至为孩子准备他自己专用的"家庭工具箱"。

美国的《教育文摘》曾就儿童创造力教育的问题，提出了8条对策：

1. 用儿童的读物和玩具创造一种环境，使儿童易于表达自己的思想，提出问题并可以自己找到答案。

2. 鼓励儿童自己去探索、去行动，从而树立起自己对自己负责的信心。

3. 对儿童提出的问题，即便是很荒唐的问题，也应该给予重视和鼓励。

4. 允许儿童对自己所做的事情表示后悔，鼓励他嘲笑自己所犯的错误，引导他从中吸取教训。

5. 给儿童布置一定的任务，并提出具体的要求。但完成任务的时间不能过长，应让儿童用大部分时间做自己喜欢的事情。

6. 给儿童定位高于同龄孩子所能达到的目标。

7. 面对同一个问题，可以提供多种答案，让孩子自由挑选。

8. 对于儿童的任何想象力都要给予鼓励。

要想培养孩子的创造力，家长们首先应该做的就是保护好孩子的好奇心。面对孩子天真幼稚的行为，不能用成人的标准来判定，应发自内心地赞美孩子的创造力："儿子真棒，我小时候可不如你。"随着孩子年岁的增长，在他探索这个世界上一切微小事物的时候，父母对他的鼓励应多于批评，这样孩子创造求新的脚步才会越来越快。

拿走男孩的芭比

安安是一个典型的"乖乖男孩"，每天在家里安安分分的，像个女孩子一般安静老实。虽然没有同龄的男孩子那样调皮，但是安安的家长还是看在眼里急在心上。"他也已经不算小了，都快上小学了，但还是像个女孩子一样，而且越发安静胆小，连同大人说话都是扭扭捏捏的。以后可怎么办呢？"

相信很多家长都有和安安家长同样的烦恼，他们多么希望自己的孩子能够长成一位"阳光男孩"，但是纵观现在周围的男孩，这种"阴盛阳衰"的现象已是屡见不鲜了。

对于这样的现象，有关专家说："是现在阴性化的环境将男孩教育得越来越不像男孩了。"因为这些男孩，从出生开始，他们接触的保姆大多是女的，上了幼儿园之后，接触的多数是女教师。而现在有些文化产品比如说漫画、影视剧作中又将男孩塑造成为长发飘飘的女孩样子，这些细节都会对男孩的成长带来一定的影响。

不仅如此，如今独生子女家庭越来越多，男孩子更加容易被娇生惯养，受到父母过多宠爱的男孩更容易变得"娘娘腔"。在这种环境下成长起来的男孩不仅责任心淡薄，而且更容易养成自私和斤斤计较的性格。

很多幼儿园的老师都会有这样的常识：一般在3周岁之前的男孩性别意识都比较模糊，只有当他们长到五六岁的时候，才会逐渐明白男女之间是有差别的。在这个时候培养男孩的性格意识非常及时也非常关键。如果没能把握住这个关键时期对孩子进行性别培养，就很有可能影响男孩的心理健康。

那么，作为父母，我们应该怎样做，才能使男孩更加像男子汉呢？

1. 父亲对于儿子的成长具有重要的榜样力量，所以在家庭中，爸爸要在繁忙的工作当中尽量多抽出一些时间来陪伴自己的孩子。男孩的性格意识，越早培养越好，如果能让男孩多与其他男孩或成年男性接触，那样会更好一些。

2. 鼓励男孩多参加一些体育户外运动。现在的生活条件好了，很多男孩都喜欢待在家里看看电视、玩玩电脑游戏，或者是看动画片。这样成长起来的男孩不太懂得如何感受别人或者是周围的事物，更容易变得自私冷漠。

3. 作为家长，还要帮助男孩确立自己的性别角色。比方说，让男孩学会对别人说明自己是男孩还是女孩，让男孩懂得自己怎样的行为最容易获得大人们的赞许，从而使他们所扮演的性别角色获得社会的认可。

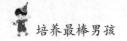

生理秘密决定男孩的特质

男孩女孩生来不同

男孩和女孩生来在大脑结构上的差异，使他们对事情的处理方式截然不同。女孩更善于处理那些复杂的情感，这可以解释为什么女孩可以更加容易地理解和感受到别人的感情，她们会比男孩更加善解人意。而男孩更擅长处理那些简单直接的情感，远不如小女孩细腻。

很多父母在日常生活中也能体会到这一点：女孩一般感情都比较细腻，很会关心他人、体贴他人。在与他人相处的过程当中，女孩能够很好地感受他人的内心。而男孩只想着自己来掌控局面，不仅不会关心他人，而且在无意之中还可能会伤害到别人。

对于男孩来讲，由于他们的左右脑在发育的时候联结得不是很密切且左脑的发育相对缓慢，所以他们不像女孩那样擅长体察他人的内心世界。诚然，不关心他人、不善沟通，这是男孩天生的弱项，但这无疑也是男孩成长过程中的障碍。如果家长希望自己的男孩能够懂一点人情世故，那就要想办法从小训练他们，耐心地教他们一些与人相处的小技巧。

有一位家长就是通过帮助自己的儿子改变思维方式，教会他体会到别人的感受的：

当儿子三岁的时候，我就告诉他说："如果你打别人的话，别人就会感到疼，所以我们不可以打人。"男孩子一般思维都比较单向，做事不会考虑到后果，所以作为家长，我先向他交代清楚。为了让儿子能更加深刻地体会到这句话的含义，我还会经常和他玩"角色互换"的游戏。

我还会这样告诉孩子："当别人感觉到不舒服的时候，他的脸色就会发生变化。我们要去关心他，安慰他。"这样，教会孩子通过别人的面部表情来判断别人的内心感受。

当儿子到了 5 岁左右的时候，遇到不高兴的事情，他就会发脾气。这时，我就开始教他读懂自己的情绪。我告诉他："当你感觉心里不舒服的时候，要及时告诉爸爸妈妈，或者让自己安静一会，一定要掌控自己的情绪。"

体会他人的内心感受、了解自己的情绪，这是培养男孩与人相处能力的必修功课，也是减少男孩与他人发生冲突的有效方法。其实，家长在教孩子学会这些交往技巧的过程，就是帮助孩子在大脑左右半球建立联系的过程，相信在这样的过程中，男孩一些天生的弱势，比如语言表达能力不强、不会关心他人、不善于与人沟通等，都能得到有效的解决。

Y染色体：决定男孩性别的关键

男孩、女孩分别带着不同的特质来到这个世界上，这也就注定了从一开始男孩和女孩是不同的。男女有别，并非简单地指外观上的差异，更多的是心理、生理等方面的差异。正是因为男女之间天生的性别差异以及由这种差异引发的心理和伦理等方面的巨大差异，在教育子女的过程中，性别不应该被忽略。

每个孩子的性别在母亲受孕的那一天开始就已经被确定了，这是我们每个人都无法忽视的事实。在我们的细胞里含有一种叫作染色体的物质，它携带了一些信息，这些信息可以控制我们身体的遗传特征，比如，我们眼睛的颜色和头发的曲直，等等。性染色体分为X和Y两种，人体内的每一个细胞都含有23对这样的染色体，在每对染色体中，一半来自母亲，一半来自父亲。母亲的卵子中含有23条染色体。在受精过程中，它会和父亲的精子中的23条染色体相结合，这样就形成了含有23对染色体的新细胞。人的性别是由爸爸精子中的性别染色体决定的。当爸爸含X染色体的精子与妈妈的卵子结合时，就会生下女孩；当爸爸含Y染色体的精子和妈妈的卵子结合时，就会生下男孩。

不同的染色体结构决定了男孩和女孩生理结构的不同。这种不同不仅仅指生殖器官的显著不同，更表现在大脑结构、体型大小、激素值的高低以及感观反应速度等各方面。

以女孩为例，从妈妈受孕那一刻起，女性染色体基因便被女性激素激活，这些激素在女孩出生之前就已经为她规划了未来。也就是说，女性激素决定了女孩细心、安静、敏感、温柔等天性，同时也决定了女孩更注重人与人之间的关系。激素对女孩的感情生活也有着重要影响。它控制女孩情绪的稳定、思考的过程、做事的动机、爱好、焦虑以及如何处理外来的压力和性冲动。女性激素同样导致她的情绪天生就变化无常。因此，有的文学家曾把女人称为"最具情感的动物"。女性激素等雌性激素活动不稳定，就会使女孩的情绪产生波动。如果女性激素等雌性激素过低，女孩就会感到孤独、生气、易怒、悲伤、失望、缺乏自尊，这也是女孩更敏感的原因。

当然，雌性激素只是一个方面。女孩还受其他激素的影响。例如孕激素就是女孩更喜欢小孩子和小动物的原因，催产素则会使女孩产生更多的"怜悯之情"，这就是"母性的本能"。

我们再来看男孩，睾丸素在塑造雄性特征方面起到了重要的作用。虽然女孩体内也有睾丸素，但是水平只及男孩的 1/20，因此女孩不存在很强的攻击性。而睾丸素这种激素使得男孩身体的发育更快。同样也是由于这种激素，使男孩的行为不同于女孩，男孩更需要释放自己的能量。另外，睾丸素的存在改变了男孩的大脑结构，限制了他们大脑两个半球的电流传输数量，而女孩通过接触两个半球过去积累的经验，很快就能领会出自己的感觉，因此，男孩对感情的反应往往不如女孩敏感和快速。

总体来说，染色体决定了一个人的性别，而激素造成了性别差异。

睾丸素让男孩成为"有攻击性的小机器"

男孩大多喜欢集体生活，更喜欢主宰、控制环境，并善于根据自己的实力来估计自己在所处集体中的地位。相对于女孩来讲，男孩更喜欢竞争，竞争的环境可以使他变得更加兴奋，男孩也更愿意接受挑战，喜欢不为任何理由的冒险。

教育学家曾经做过这样的实验：分别观察 6 个月大的男婴和女婴，当他们面对困难的时候，女婴会通过哭泣来解决问题，而男婴会试图通过自己的探索来解决问题。通过分析这个对比实验可以得出结论，男孩如果能够从父母身上得到充分的爱和支持，就会比女孩更快地走向独立。

心理学家将男孩称为"有攻击性的小机器"，在运动能力、爆发力等方面，男孩要远远胜过女孩，同时，男孩的动作速度和猛烈程度也会远远超过女孩。男孩天生在这些方面具有优势，这取决于他们体内的睾丸素。

男孩喜欢玩冲锋枪，喜欢捉弄小猫小狗，拎起它们的小耳朵。

男孩喜欢玩火、喜欢扔石块，并且不会像女孩一样友好相处，他们会在游戏中粗鲁地推倒小伙伴。

男孩有时还会有意激怒自己的弟弟或妹妹，从中得到快乐。

男孩在做事的时候注意力很集中，但是耐久性很差，表现得很毛躁。他们经常没有听清指令就盲目行动。

男孩更加富有个性，他们喜欢张扬的做事风格，并且会对自己的所作所为产生自豪感。他们的行事风格看上去果断、大气，富于斗志和进取心。

男孩天生好动，喜欢实践，总是把家里的东西搞坏，他会出于好奇把家里的闹钟拆掉，为了听清脆的响声而把杯子摔在地上。

睾丸素对男孩的影响远远超过生长激素对他的影响，男孩因而变得精力旺盛，脾气暴躁。科学家曾做过很多实验证明这一点，比如，给雌老鼠注射睾丸激素，这些老鼠竟试图和同性进行交配，彼此还会进行厮杀。这个实验足以证明：男孩好斗的根源在于睾丸素的作用。

正是由于睾丸素的存在，使男孩表现出不同于女孩的特征。了解睾丸素是父母帮助孩子更好地发展的一个途径。父母懂得相关的养育知识和技巧，才能给予孩子正确的情感影响，使他们的潜力得到最大限度的发挥。

为什么惹是生非的总是男孩

很多家长都会为自己的男孩感到头痛，他们经常会做一些大人们想不到的淘气事情：

也许他们会三天两头地掉进门前小区的水塘里；

他们最喜欢干一些让妈妈感到伤脑筋的事，把身上弄得脏兮兮的；

他们的书桌，更像是一个垃圾箱；

他们活动的区域，半径三米之内全部是乱糟糟的。

男孩不仅是淘气，他们有的时候还喜欢发脾气，甚至是和人打架。

但是有一个事实，家长们不得不去面对：正是由于受到睾丸素的影响，男孩天生更倾向于使用拳头来解决问题。

男孩在 2 岁左右的时候喜欢发脾气是一种很正常的现象，因为这个年龄段的男孩一般都容易冲动，而且自制能力很差，并且不太能忍受得住挫折。更多的男孩习惯用发脾气的方法来表达对于父母要求的不满，通过这样的一种方式来表达自己的感情。

而当男孩到了 4 岁，他们对于挫折有了一定的控制能力，会初步明白一些事情的道理，但是如果这个时候男孩依然习惯用哭闹的方式来发泄情绪，那么原因大多是在家长身上，这说明家长在教育孩子的方法上存在着问题。

家长在与男孩沟通的过程中，用什么样的方法才能够有效控制男孩的脾气呢？专家给出的建议如下：

1. 作为家长，千万不要过于溺爱自己的孩子。有的男孩由于受到了父母过多的溺爱，稍微不如意就会大哭大闹以威胁家长。这个时候，是要迁就孩子，还是遵从教子的原则呢？当然是后者，否则的话他只会更加无理，而你则会节节败退。当男孩乱发脾气的时候，最简单的方法是将他单独放在一个小房间里，作短暂的隔离，冷落他一会儿。这样的做法会让男孩感到自己乱发脾气、放肆哭闹都是没有任何意义的，这样做不到家长的注意，也得不到自己想要的东西。当他意识到发脾气不能够使家长顺从他的时候，他就不会再乱发脾气了。这个时候，家长们再为男孩耐心地讲道理，他就能够认真听下去了。

2. 有的男孩发脾气，只是为了能够让父母更多地关注他。男孩的年龄越小，他的情感就会更加不稳定，注意力也会更容易分散。当父母发现男孩出现这样的表现时，一定要耐心劝哄他，千万不要训斥指责，更不要动怒打骂。

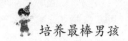

3. 当男孩成长到一定年龄之后，对于有些事情也有了自己的想法和看法，这个时候家长们一定要给孩子们提供充分表达内心的机会。当男孩喋喋不休、饶有趣味地向我们陈述一件事情的时候，千万不要让孩子扫兴，耐心地听他讲，这就是对他最大的鼓励。

男孩是"沉默的大多数"

科学研究表明，不管是男孩还是女孩，基本上都是先发育大脑的右半球，然后才是左半球。男孩的大脑右半球不断地发育、完善，试图与左半球建立联系。但由于左半球的发育缓慢，导致大脑的右半球神经细胞无法延伸到左半球，只能返回右半球并连接到右半球上。因此，男孩的大脑右半球连接发达，又由于男孩的大脑具备较好的空间推理能力，因此，男生一般擅长数学，并且对拆卸零件很感兴趣。他们有很强的动手能力，喜欢自己动手解决问题，和女孩相比，男孩完成空间任务的能力更强一些，更加擅长抽象思维，具有很强的立体空间认知能力。男孩在数学方面也有很强的潜力，比女孩更容易理解复杂的数学概念，自然科学也是男孩的专长。

相比之下，男孩的左脑发育得相对较慢，而大脑的左半球正是我们的语言中枢。所以，小男孩往往不能流利生动地使用语言，他们要付出更多的努力才能调动大脑的左半球，找出合适的词来形容他们的感受。

近来，科学家又发现，在大脑的结构上，男女之间存在着 7 个天然不同的区域。在女孩的大脑中，负责表达和处理复杂感情的区域更发达，比如忧伤和幻想；而对于男孩来说，负责表达和处理那些直接情感的区域更大，比如恐惧和愤怒。所以，对于有些事情的态度，男孩和女孩的态度就会相差很多，一些让女孩感觉很沮丧的东西，男孩却无动于衷，而男孩更容易被人激怒，表现得更加直接和对抗，他们经常是放弃口头表达而选择肢体动作来解决问题。

有位老师曾在班上做过这样一项调查：在他教的班级里，总会有一些孩子在听说读写方面存在困难。其中，男孩的数量要远远多于女生的数量，男孩与女孩的比例大约是 4:1。由此可知，大多数的男孩都是不善于组织语言的。

而对于成长中的男孩来说，语言表达能力是非常重要的。如果不能顺畅地表达自己的思想和情感，就很难获得别人的理解和认同。

男孩在语言方面的劣势，一方面是由于生理的原因，此外和家长的教育方式也是息息相关的。很多家长习惯与小女孩在一起讨论，询问她们的心情，了解她们喜欢的游戏，但当和男孩在一起的时候，家长们常常任由他们自由玩耍，总会忽略与他们的沟通。而与男孩谈话、带他们去看不同的风景、聆听不同的声音，这不但可以刺激其大脑细胞之间的联系，提高男孩的表达能力，而且有助于丰富男孩的观察力、创造力以及对社会的适应能力。有位家长曾经分享过自己的教子经验：

在我的儿子刚满一岁的时候，我就要求自己无论多忙，每天抽出固定的时间读一段文章给他听。当时有人嘲笑我："孩子这么小，他能听懂你在说什么吗？你这样就是在做无用功啊。"但是对于这些评论我并不理会，依然坚持每天给儿子读书。令我惊喜的是，每当我拿起书给儿子读时，他就会手舞足蹈。慢慢地，他可以和我一起读简单的诗句了。

再后来，儿子开始喜欢听我讲故事了，他每次听我讲故事，都会特别专注。我想这是训练他说话的好时机，我就会问他："你猜，接下来会怎样？"我用这样的方法引导儿子开口说话，锻炼他的语言表达能力。

男孩的大脑发育特点决定了他在语言方面的劣势，这位家长的做法就很科学。首先这位家长懂得让男孩从小对语言产生感觉，对语言产生兴趣。有了兴趣之后，再想办法促使他产生表达的欲望。当然，在实际的实施过程中，家长会遇到很多的困难，在最开始，男孩讲话肯定会磕磕巴巴或是表达不清，这都是很正常的现象，家长不要着急，应耐心地给孩子更多的鼓励和帮助，而不是嘲笑甚至批评。

男孩的阶段性成长

0～7岁：悄悄形成的性格

男孩女孩在成长的过程中，不同的阶段有不同的特点，这些都需要家长来认真体会。男孩从出生到7岁入学的时候，这一段时间基本上都是在家长的细心呵护之下长大的。在这段时间中，男孩可以在母爱的包围下安全成长，虽然父亲在这一过程中也扮演了重要的角色，但是这个年龄段的孩子基本上是属于母亲的，是男孩成长过程中最温馨的一站。这一时期，父母所要做的就是给他足够的爱。

无论是男孩还是女孩，在婴儿时期都是同样的脆弱且喜欢被保护。对于那些襁褓中的婴儿和蹒跚学步的孩子来说，他们最需要和父母形成特殊的亲密关系，最需要的就是一种安全感。

通常而言，母亲最能给孩子带来安全感。为人母之后的身心改变使她成为最适合与孩子在一起的人。而对于小孩来说，母亲是最能够给他心灵安慰的人。很多有带小孩经验的人都会有这样的体会，孩子一看到最喜欢的母亲走过来，他就会笑嘻嘻的，看到不认识的陌生人走过来，就会吓得哇哇大哭。

喜欢依赖、喜欢被抚慰，是这一阶段孩子的共性，即便是男孩也是如此。作为父母，千万不要把男孩的这种现象看作是不正常的。他喜欢被人抱，喜欢有人陪他玩，喜欢被人逗，性情急躁的时候需要母亲不断地安抚才能安静下来，淘气的时候喜欢咯咯笑。这时候母亲要慈祥可亲，为男孩提供所需要的一切。而父亲可以适当地和孩子进行一些互动。

当儿子用泥巴捏出一个圆饼时，母亲要表现出喜形于色的神情，对孩子的成就大加赞叹。父亲也要有意识地和孩子打闹、玩耍。当儿子生病时，父亲在一旁轻声安慰，为他读故事书哄他入睡。这些行为会让小男孩懂得：男人是善良的，生机勃勃的；男人同样会阅读，有能力撑起这个家。

对于7岁以下的孩子来说，强化他的性别差异并不是最重要的，重要的是要爱护孩子。这样，在男孩的内心深处会感到安全，他的大脑会得到充分发育，并学会与人亲密交流的技巧。同时，这样的孩子也更喜欢学习，将来会更喜欢与人合作。

父母对策：不要把男孩过早送进幼儿园

很多研究结果表明，托儿所这种地方并不适合三岁以下的男孩。和女孩相比，分离更容易使男孩感到焦虑，他会感觉自己像被抛弃了一样，从而会在感情上封闭自己。因此，男孩在三岁之前最好是在家里，而且最好是由父母照料，这样远比找个保姆或者是进托儿所要好。因为孩子需要和看护人一起度过很长的一段时间，看护人对于孩子而言具有特殊的重要意义。

有个小男孩从一出生，其父母就特意找了一个专职保姆陪伴他成长，几年时间下来，小孩同这个保姆的感情非常深。后来由于佣金的问题，保姆与孩子的父母双方发生了争执，这个保姆一气之下就离开了家。可是男孩早就对保姆产生了心理的依赖，对于保姆的突然离开，这个男孩所遭受的打击很大。后来，不管父母又请了多少保姆，都不能与这个男孩融洽地相处。渐渐的，这个男孩的性格越来越孤僻，不爱同周围的人交流，并且对自己的父母也心怀敌意。

这样做的失误就在于，父母没有认识到这一年龄段孩子的心理特征，他们习惯于和照顾他们的人保持亲密的关系，且能够从中得到温暖、感受到生活的美好。而上面事例中的这对父母，首先没有创造和孩子互相沟通情感的机会，这就使男孩对保姆形成心理上的依赖和满足。不仅如此，父母还一手断绝了孩子和保姆的关系，这对一个正处于情感依赖时期的孩子来说是很残忍的。所以，在日后，男孩和父母的感情淡薄也是情理之中的事情。

此外，这一时期的男孩容易情绪暴躁，表现出好斗的行为，作为男孩的第一监护人，父母更应该细心照看，帮助他们健康成长。

8～13岁：男孩在成长

男孩8～13岁这一阶段被称为"成长的男孩"阶段。

这一时期的男孩逐渐认识到自己已经长大了，并开始尝试着让自己具有男子汉的气魄。这时候的男孩，在日常生活中的兴趣及价值取向等方面会越来越像父亲。在这一时期，父母所要注意的就是，在培养孩子的过程中要让他形成善良的品性，同时给男孩灌输竞争意识，多教给他一些技能，孩子会为自己能够不断地成长而感到高兴。

这一时期的男孩更喜欢和爸爸或者是其他的男性在一起，目的就是为了学做一个真正的男人。男孩心目当中的"英雄形象"，往往就是父亲的缩影，男孩会更加留意爸爸的一举一动。所以这段时间对父亲来说至关重要，很多男孩喜欢不时地制造麻烦，目的很可能是要引起父亲的注意。

有一个小男孩得了一种病情反复的怪病，医生却找不到发病的原因，只能对男孩做一些特殊护理。男孩的父亲是一位声名显赫的医学专家，听说了这个情况之后就马上从国外赶了回来。父亲刚一回来，男孩的病情就立刻有了好转。而当父亲离开之后，男孩的病情就又开始加重了。这时就有人提醒男孩的父亲应该多在家陪伴孩子。这位父亲接受了建议，从此男孩就很少发病。

有些男孩会偷东西、攻击其他的小朋友，甚至尿床，他们这样做仅仅是为了引起父亲对他们的兴趣。作为父亲要及时考虑到男孩的需要，同男孩一起运动、一起玩耍，一起培养共同的爱好。几十年后，当男孩长大成人，回忆起小时候的这段经历，总会感到无限的深情。

在美国，当男孩成长到一定的年龄之后，母亲就会经常有意地疏远他；在英国，当男孩长大之后，父母就把男孩送到寄宿学校去让他们开始独立生活。这样做的目的，是为了让他变得更加坚强。这一时期的男孩会和父亲的关系更亲近一些，但并不是说明母亲的使命已经完成，要退出男孩的视线了，不是的。这一时期的男孩仍然是崇拜妈妈的，只不过是他的兴趣发生了变化，他更加关注作为一个男人应该具备些什么。作为母亲则需要以平常心来对待这一点，一如既往地支持男孩，让男孩感受到母爱的温暖。

如果母亲总是习惯把男孩包裹得太紧，那无疑会占据儿子比较多的时间。也有一些母亲对儿子的期望值太高了，会使男孩心生畏惧。对男孩的关怀太过或不及，都会使男孩在内心深处关闭与母亲的联系，在感情上的压抑，甚至影响到将来他们在与人交往的时候不能自由地表达观点。

父母对策：父亲要亲密，母亲要疏离

著名作家亨利·比利尔在《父亲要素》一书中说："父亲在孩子眼中比母亲的影响更大，更为社会所关注。对父亲评价越高要求也越高。由此可见做一个好父亲并非轻而易举。"

父亲是家里的支柱。他可能会很忙碌，但孩子喜欢将"大事情"说给父亲听，让他帮着拿主意。孩子心目中，父亲是成功的象征，父亲更为见多识广。父亲通常不会随便唠叨、埋怨，他们具有更强的包容心理，同时，也具有一定的做事原则性。孩子会仔细掂量父亲说话的分量。孩子可能会对母亲的"指示"打折扣，但他们会认真去执行父亲的"指示"。

父亲，既具备法官的权威，又富有朋友般的亲和力。在日常生活中，父亲是平易近人的，他甚至会和孩子打成一片。父亲具有孩子所喜欢的野性和冒险精神，女儿会觉得新鲜，儿子则会模仿和学习。在事业追求上，父亲可能会获得更多的成就和赞誉，容易让孩子尊重，甚至崇拜。父亲，在孩子心目中的地位是无人能替代的，所以，父亲与孩子能更深刻、更透彻地交流。

所以作为父亲要珍惜自己特有的地位，注重与孩子沟通的质量和效果。当然，这并不是让父亲摆出家长的架势，而是用亲和的方式对孩子产生潜移默化的影响。为此，父亲应该尽可能去完善自己。

在生活上对男孩关怀得无微不至的往往是母亲，而男孩在年纪尚小的时候通常会有些恋母情结，对于父亲没有过多的需要。所以，作为母亲，应该尽量松开捆绑男孩的限制，有必要让男孩模仿和学习父亲的样子以增强自身的男性意识，否则会对他以后的心理、人格等方面产生欠缺。

母亲陪同顺顺参加"过农家生活"活动。顺顺住在一户养了两条狗的农家。顺顺胆小，吓得坐立不安，偏巧妈妈也从小就怕狗，于是出来进去，总领着他躲着狗走。吃饭时，狗闻着香味拼命叫唤，顺顺饭也没吃下，夜里睡觉也提心吊胆。第二天上午，他们与女主人一起去果园摘苹果，狗又跟着来了，吓得顺顺拼命地跑，顺顺越跑狗就越追，直到主人把狗喝退。回到家中，顺顺委屈地向父亲述说了这段经历，而父亲却说，这有什么呀，你见到狗以后，不要跑，蹲下来做捡石头状，用眼睛瞪着它，它看到你很凶，就不敢惹你了。顺顺点了点头。

由此可见，父亲更善于解决矛盾，孩子在父亲身边更易具有阳刚之气及较强的承受力。

14～18 岁：渴望成年的青春期

14 岁以后的男孩要完成从幼稚到成熟的转变，此时的男孩进入了快速发育期，睾丸素的含量几乎是以前的 8 倍。他们热衷于与同伴交流，并喜欢参加各类社团活动，这些活动将有助于男孩学会与人沟通的技巧，并且可以培养责任感和处理问题的能力。父母所要做的就是鼓励男孩的选择，并且给予引导。

很多男孩的傲慢自大，绝大多数是来自于父母的过分溺爱，或者是由于学习成绩好，拥有了太多的优越感，久而久之有一种"唯我独尊"的霸道。父母要让孩子懂得谦虚做人，让他明白自己的位置。

苏东坡在年轻的时候由于天资聪颖，受到周围人的追捧，很是得意，在门前写了一副对联"识遍天下字，读尽人间书"，其狂傲的态度可见一斑。后来有一位老者特意来找他，向他请教了一个生僻的字，而苏东坡并不认得，禁不住红了脸。

老人问他："你不是识遍天下字了吗？"苏东坡认识到了自己的狂妄，于是把对联改成"发奋识遍天下字，立志读尽人间书"，从此虚心向学，一发不可收拾，最后成了一个真正有学问的人。

十几岁的男孩总是热衷于自己的想法，以自己的兴趣为标准，从来不会顾及别人的感受。不仅如此，很多在这一时期的少年会表现出动作粗鲁，行为恶劣，与人交往时毫不谦让。这是一个人从儿童到成人过渡的关键时期，所以经常兼有两个时期的特点：一方面，这一时期的孩子缺乏适应社会环境的独立思考能力、感受力和行动能力等；另一方面，初步觉醒的自我意识又会支配他们强烈的表现欲，即处处想展现自己，想通过展示自己和别人的不同来证明自己的价值。

这一时期的孩子喜欢打扮得与别人不一样，喜欢做一些引人注目、与众不同的事情，也爱说一些令人吃惊的话，希望别人能够对他们另眼相看，这都是他们想要的效果。如果了解到这些，相信很多家长就不难理解孩子这一时期的叛逆表现了。

作为父母，在看到男孩有这样的表现之后不可以听之任之，而是应该让男孩强化一些基本的品质，比如做事负责、为他人着想等。

要想强化男孩的这些素质，可行的方法是让孩子加入到为别人服务的行

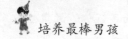

列，他们在帮助别人的过程中可以获得满足感，同时可以得到别人的尊重，建立更多的自信，对人生的意义和价值也会有更深一层的认识。

父母对策：让男孩感受到你的尊重

这一时期的男孩不仅仅是个孩子，而是已经长成一个小男子汉了。这时期的男孩在生理上已经完全发育成熟，但他们却迎来了真正意义上的成长，他们需要在日后的学习生活中找到自己的位置，选择自己的生活方式。

随着年龄的增长、生理和心理上的变化，父母会发现十几岁的男孩非常不好管教，他们常常在各方面与父母形成分歧，父母通过威胁、哄骗等方式对男孩进行教育不会起丝毫的作用。青春期的男孩极度敏感，家长在教育时也要特别小心，千万不要动不动就训斥，甚至打骂，这样会极大地伤害男孩的自尊心，甚至会出现意外。

对于很多男孩的父母来说，最不愿意做的事情就是让男孩脱离自己的控制，可是，男孩已经长大了，作为父母也不得不面对现实，给男孩充分的自由，让他独自选择属于他自己的人生道路。父母所要做的就是理解、鼓励和支持，无论自己的男孩做出什么样的选择，父母都应该给予足够的耐心，支持他做出的选择，鼓励他一直走下去。这时期的男孩需要别人了解他的想法，当有人愿意心平气和地坐下来倾听他的观点和见解时，他会表现得非常通情达理。

下面六招可指导爸爸妈妈们帮助男孩度过"特殊时期"：

1. 给予正确的导向。父母可以充分利用和男孩一起看报纸、看电视的机会，就发生的某件事情自然恰当地进行教育，也可以通过讲述亲戚朋友的故事来影响男孩。

2. 关心男孩的生理。青春期男孩会发生显著的生理变化，一般他不愿意主动向爸爸妈妈说明。作为家长，要了解到孩子的需要，可以买一些适合孩子阅读的青春期科普读物，放在桌子上让他自己来阅读，或者委婉地告诉男孩一些相关常识。

3. 警觉男孩的异常行为。如果男孩有下列情况，家长一定要提高警惕：有旷课的行为；与不认识的社会青年接触；上课不能专心听讲，神情恍惚；过分在意自己的外表，喜欢打扮；突然不爱讲话，学习成绩明显下降，等等。如果男孩出现这些不正常的情况，作为父母要格外留心，并和老师保持及时的沟通。

4. 做男孩的活榜样。父母首先应有一个积极向上的生活态度，这对于男孩来讲尤其重要。父母应充分发挥自己的榜样引导作用，让儿子在潜移默化中学会做人做事的道理。

5. 培养孩子的健康趣味。家长可以鼓励孩子学习摄影、绘画、弹琴等才艺，让男孩的注意力转移到有意义的事情上来，为男孩的充沛精力找到用武之地。

6. 指导男孩的人生观。如果父母能够扮演一个良师益友的角色，那一定会受到男孩的欢迎。抽出时间和男孩谈谈心，帮他提一些有用的建议，都可能成为男孩前进道路上的有益指导。父母还可以给男孩写封信，通过书信的形式给孩子留下反复体味的人生哲理，这些都将成为他的一笔精神财富。

男孩父母要知道的事

教育孩子不能忽略性别

在很多人看来，性别教育就是性知识教育，即把"性""别"分开来。例如，教育孩子们了解男女生理结构如何不同，月经初潮和遗精是怎么回事，教导男孩和女孩各自应恪守怎样的性规范，等等。

实际上，这种关于性别教育的观点是片面的，性别教育不仅仅是指生理上的性知识传授，还包括心理发育，更涵盖了人格教育的重要内容，以便向我们的下一代传授社会文化所认可的道德规范和社会价值标准，使孩子身心发展正常健康，为他（她）在将来的生活、婚姻中幸福长久，并在社会竞争中争取一席之地做准备。

举一个很明显的例子，现在的学校教育，是男生、女生坐在一起，老师用一样的教育方式，学校用着同样的评价体系，这样真的对每个人都公平吗？即使公平，又为什么被称为"坏学生"的总是男孩多呢？

实际上，由于男孩女孩的生理机制不同，他们的发育时间也不同。一般来说，男孩的身体发育比女孩晚。这就是小学时期，女孩子比男孩子能更出色地完成学校交给的任务的原因之一，特别是像要求坐好、遵守纪律、认真听老师讲话。但如果我们忽略了男女发育时间不同这一点的话，就会把这种现象归结于男孩本身，认为这些发育上的差异是笨或迟钝的表现，而不是去考虑自己对待他们的方式是否有问题。这也形成了男孩更讨厌学校的主因。

还有一个很明显的例子，就是关于阅读。很多教育家提倡家长陪孩子读书，从小培养孩子们的阅读习惯，讲故事则是培养阅读习惯的一个重要方法。然而，故事如何讲才能吸引他们的注意力，男孩和女孩却有很大的差异。男孩更希望先听结尾再听细节，而女孩则更喜欢由细节到结尾，因为这样会使

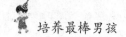

整个故事带有悬疑色彩，女孩喜欢这样的悬疑。

性别没有好坏之分，各有自己独特的优势，如果正确引导，性别优势会给孩子们的成长与发展带来加分的机会。但遗憾的是，现在的家长对自己孩子的关心大多放在对其学习成绩、身高体重上，而对他们不同性别的心理发育和气质的形成却较少关心。他们希望自己的孩子聪明、听话、个子长得高大些、学习成绩好些、能讨家长和老师的喜欢，对其个性和创造能力却很少考虑和关心，尤其是对男孩子，动不动就训斥甚至打骂，扼制了他们"顽皮捣蛋""争胜好斗"的天性。

近几年，"阴盛阳衰""中性化"现象已成为受人关注的社会话题。男孩子似乎越来越阴柔，身上的男子汉气息在日益减少。女孩子身上则没有了温柔、娇羞等女性特质，转而向中性化发展，脾气、个性、穿着打扮以和男孩子相似为荣。

很多老师也都发现班里的怪异迹象，女孩子个性张扬，男孩子却有些温顺。甚至有的男生，平日总喜欢穿一件类似于扎染的花衣服，说起话来细声细气，比画动作时还喜欢翘着小手指。

卢梭说得好，"在女人身上培养男人的特性，而忽视女人固有的素质，很明显对女人是有害的。"其实对男孩来说也一样。男孩和女孩是如此不同，教育他们也需要不同的规则和技巧。

一般来说，男孩擅长抽象思维，具有很强的立体空间认知能力，这正是将来学习工程学所必备的技能。男孩在数学和自然科学方面也有很强的潜能。而女孩子比较擅长形象思维，语言表达能力优于男孩。

如果父母从性别角度出发，认真对待男孩女孩的不同，针对他们各自的特点采取相应的教育，那么，将会收到良好的效果。比如，意识到小学阶段的男孩发育较慢，家长可以降低期望值，不必要求男孩一定要和女孩一样出色，这样男孩的心理压力就会降低，也不会把学习与痛苦体验联系起来。

在教育子女的过程中，尊重他们的性别特质实际上是"因材施教"理念的一种延伸。但是，每个人又都是独一无二的，他们各有其特点，即使同是男孩子，也各有不同；因此，如果单纯因"性别"施教，可能会限制孩子潜在能力的发挥。

因此，我们对孩子的教育与培养，最重要的就是要尊重孩了成长的步调，根据不同性别的不同生理、心理特点有侧重地挖掘孩子的潜能，进行不同的训练。从性别平等愿望出发，了解男孩女孩不同的立场、态度和观点及努力方向，是性别教育所不可或缺的。

最后，我们还要提醒父母的是，在尊重他们各自不同特质的同时，也不能把男女彻底分化，认为世界只能分为男女两部分，而造成教育从一个极端走向另一个极端。

善待另类的"窝囊男孩"

前面提到，男孩大多是地地道道的"小冒险王"，然而生活中并不是所有的男孩都是这样的。也有很多家长抱怨自己的男孩并非如此，他们胆小、冷漠、孤独。

洋洋是个男孩子，但是他非常胆小：6岁时还不敢一个人睡觉，一定要妈妈陪在身边才能入睡；7岁的时候还不敢坐转椅，也不敢打滑梯，他担心会从上面摔下来；9岁时，他还不能主动和别人打招呼，和大人说话时总是羞羞答答的；13岁时，他不敢和同学在一起玩爬梯，同学都笑话他；15岁时，他还不会骑自行车，他担心会从车子上摔下来。

洋洋似乎比同龄的女孩还要胆小，洋洋的父母很担心：一个小男孩怎么会那么胆小呢？

其实对于男孩而言，胆小并不意味着绝对的软弱，有的男孩会从其他的方面找到自己释放能量的突破口，家长不必过多担心男孩的胆小。很有可能，他们看似胆小的原因是没有发现让自己真正感兴趣的事情。

有个男孩，在妈妈眼里看上去很"窝囊"，他在与人交谈的时候表现得词不达意，而且常常面红耳赤；碰到老师不愿意打招呼，情愿绕道而行；在公共场合很少发言，即便是碰到了自己了解的话题，也轻易不发表言论；平时学习成绩挺好的，可是一到考试就砸锅……就是这样的一个看上去很胆小怕事的男孩，后来迷上了玩滑板，他很喜欢在空旷的广场上驰骋的感觉。有一次，妈妈看到儿子站在滑板上飞驰的样子，第一次感觉到儿子居然这样的帅气，妈妈因为惊讶所以惊喜，狠狠地夸奖了儿子。儿子得到了妈妈由衷的赞赏，对自己也燃起了信心，后来也就不再是个"窝囊"儿子了。

教育学家认为：男孩的这种"怪癖"，往往是由家庭因素引起的。如果父母之间的感情不和或者家庭遭受挫折，父母对孩子过于溺爱，都会使男孩变得"另类"。

富兰克林·罗斯福在8岁的时候看上去还很胆小，脸上总是露出恐惧的表情。每次上课遇到老师叫他回答问题，他就会双腿发抖，嘴唇颤抖不已。

童年时期的罗斯福极度地自尊和敏感，他回避社交活动，也不敢结交朋友。但是他有一点与众不同的是，他总是强迫自己和嘲笑他的人接触，强迫自己参加一些诸如打猎、赛马等激烈的活动。他试图努力改变自己，他咬紧

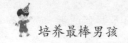
自己的牙床使嘴唇不再颤抖，他利用假期的时间到非洲追赶狮子，他要让自己变得强壮无比。

凭着这种奋斗的精神，他没有因为自己的缺陷而气馁。后来，很少有人知道他曾有过严重的缺陷，只知道他是美国历史上一位深得人心的总统。

罗斯福的经历说明：男孩子那些很要命的缺点，是完全可以通过后天的努力来改变的。父母更应该有信心帮助男孩克服胆小的缺点，让他成为一个有用的人。具体做法如下：

1. 鼓励男孩多参加一些具有挑战性的运动，把男孩置身于充满挑战的环境中，最容易让男孩学会挑战。

2. 引导男孩做好应对挫折的准备。鼓励男孩在遇到困难的时候，尽量自己想办法解决。当然，父母还可以故意帮男孩设置一些"挫折"来考验男孩，但需要注意的是，应避免让男孩做他无能为力的事，而是尽可能地让他体验到成功的喜悦。

3. 如果男孩吃了苦，父母也不要表现得很心疼。因为物竞天择、适者生存，这是自然存在的规律。如果男孩没有过吃苦的体验，也没有吃苦的精神，将来就很难应付挑战，也难以在激烈的竞争中获胜。

4. 培养男孩的意志力。能够坚持到底，才能获得最终的愉快体验，才能培养出坚强的意志力。

5. 不要剥夺男孩玩的权利。父母不要以为玩会耽误男孩的学习，实际上男孩在玩的过程中可以发挥自己的想象力，更容易激发他的创造力和学习能力。

6. 对男孩进行自我保护训练。教给男孩必要的安全知识，以备不时之需。

了解男孩才能教育男孩

"知己知彼，百战不殆。"这句军事名言在家庭教育中也同样适用。如果不能针对男孩的心理特点对其进行有针对性的教育，我们又如何能够帮助男孩呢？因此我们建议，父母要教育男孩，首先要进入男孩的世界。

当孩子遇到烦恼和问题向你倾诉时，你会怎么做？

传统的做法可能是：父母会倾听孩子的问题并给予忠告或者帮助孩子寻求解决的方法。但事实却告诉我们，女孩和男孩在遇到烦恼或问题时，希望在父母身上得到的东西是不一样的。

男孩的生理心理机制决定了他们对问题的反应，他们不喜欢闲谈，而习惯于自己解决问题，他们觉得自己强壮，独立性强，他们拒绝接受别人的帮助，他们坚持用自己的方法解决问题。因为男孩骨子里有一种理论："我自己可以做这件事，干吗牵连别人！"独立解决问题对男孩而言是一种能力的体现，他们喜欢享受问题解决后成功的感觉。因此，在男孩请求你的帮助前，千万不要擅自提供帮助，因为在他们看来，那不是对他们的爱而是你对他们的否定与控制，这对他们的自信和自尊将是一次沉重的打击。更严重的是，如果他们得到太多帮忙，就会失去力量与动力，容易变得懒散或没有安全感。这样，阳刚之气一点点的消失也就不足为奇了。

男孩天生喜欢独立解决问题，因此当他希望和你讨论问题或者请求你帮忙时，只能说明一个问题：他面临的问题已经不在他的能力范围之内了。这个时候，男孩的问题通常都是明确的，他们希望能在你这里得到明确的建议和帮助。

当男孩觉得被需要时，他会被激发，充满动力；如果让男孩感觉到你对他十分信任，又能满意他做的事，感激他的努力，他就会做得更好，而且会主动承担更多。

新加坡前总理李光耀的母亲就非常了解教育男孩的奥妙。李光耀的母亲从来没有把他当成是一个孩子来看待，而是把他当成一个有思想、能独立思考的男人，并尝试着和他商量家里的事情，遇到大事时，还会首先征求他的意见，然后再仔细地做出决定。因此，李光耀在童年时期，就已经学会了独立思考和判断。

从政以后，李光耀表现出惊人的领导才能和判断、执行能力。李光耀个人认为，这些能力与幼年时母亲对自己的培养不无关系。

日常生活中，我们也可以设计一些小情节让男孩觉得自己是被需要的，比如，我们可以这样告诉男孩：

"你是男生，谦让女生是应该的。"

"爸爸今天要晚点回来，你要照顾好妈妈，保护好妈妈！"

另外，男孩有压力时，更需要安静。"他们还这么小，吃喝不愁，能有什么压力呢？"看到这种说法，你是不是有这样的疑惑？其实不然，人都会有不同的感受，虽然孩子现在还不用为生活发愁，但他们也有自己要追求的东西，有自己的生活圈子，他们或许因为学习感到压力，或许因为和同学之间的关系感到压力，或许因为老师的某句冷嘲热讽感到压力，又或许因为自己身体的某种缺陷而感到压力。总之，当孩子感到自己有压力时，家长千万不能视而不见，而应根据不同的情况帮孩子缓解压力。

一般情况下，男孩不喜欢和别人谈论自己的生活和压力。因此，他们感

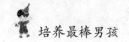

到有压力时，就会变得更加沉默寡言。如果男孩愿意请求你帮助，你一定要给出某种建议。如果男孩不愿意你帮助他，你也可以采取一定的措施转移男孩的注意力，如陪男孩玩游戏或者爬山等较富挑战性的事情。通过做这些事情男孩可以减轻压力、松弛身心，甚至忘掉他面对的难题。

走进男孩的世界，了解男孩的一般心理特征和行为特点，我们才能更好地对男孩进行指导和教育。

要尊重男孩自己的意愿

父母在教育孩子的过程中，往往容易陷入这样那样的误区：

其一，孩子是我的，我想怎么管就怎么管。

"养儿防老"这样的观念尽管已经很过时，但是更多的人对此深信不疑，将养育孩子作为今后希求回报的依据。这种功利的想法，是对亲情极大的侮辱。爱之所以值得赞美，原因就在于这是一种纯粹的不求回报的给予。有些父母将孩子视作自己的私产，觉得"既然是我的孩子，我想怎么管就怎么管"，完全无视孩子的感觉和承受能力。

其二，希望男孩按照自己的轨迹走下去。

失败的父母往往有一个共同的毛病，那就是喜欢按照自己的"好恶"来栽培子女，而恰恰是这一点也显示出父母的眼界有多么的狭隘。现在，还有很多父母热衷于为孩子规划未来，告诉孩子考学去哪里，工作去哪里，甚至择偶都要一手包办，这些通通要父母来决定。而这样却让很多男孩按着既定的轨道走出了平淡无奇的一生。

其三，向男孩宣誓自己的权威。

一个让父母们感到尴尬的事实就是，我们都明白"用暴力来制裁孩子是很无能的表现"，但是事实上，很多父母不可避免地喜欢用这样的方式来教育男孩，甚至久而久之会形成惯性。

作为家长，我们心中要明白，家长心目中的"好家长"和孩子心中的"好家长"往往存在着一定的距离。家长的喜好，孩子未必就喜欢。而孩子的喜好，家长往往不能接受。总而言之，也许男孩和父母在某些方面的观点会有所不同，所以作为父母我们如果一味地要孩子坚持自己的观点，就很容易招来孩子的反感。明智的父母从来都不会将自己的观点强加于他人，若不是大是大非的问题，也可以顺着孩子的意思。

这一天分明是个大晴天，但是斌斌却很想穿那双雨靴去幼儿园，妈妈感到很奇怪，又没有下雨，穿雨靴干吗？于是她就没有同意，就把雨靴从斌斌的脚上脱了下来，斌斌有点不太情愿，不过还是依了妈妈的意思。

后来，斌斌的妈妈才想到，自己刚才为什么不考虑一下孩子为什么想穿雨靴呢？原来，斌斌非常喜欢妈妈给他买的新雨靴，很想同小伙伴们炫耀一下，仅此而已。想到这里，斌斌妈妈不禁笑了，想不到儿子还有这点小心思啊。

可见，我们并不完全了解自己的孩子，对于同样的一件事情，大人与孩子之间的评判标准并不一致。

当然，从父母的角度出发，他们有的时候会担心自己的孩子判断力出现不足，这也是人之常情。其实，父母未免有些多虑，我们完全没必要过于担心，因为每个孩子都需要经历一个选择与体会的过程，他们会从中领悟到各种各样的道理。

退一步说，即使是孩子做出了错误的选择，且由此导致的后果较为严重，我们也要尽量使用平和的语气向孩子说明情况，让孩子充分理解，而并非没头没脑地训斥孩子。

作为父母，我们应该尽量向男孩传达这样的信息：

"爸爸妈妈是永远支持我的。"

"爸爸妈妈是我最有力的支柱和靠山。"

"爸爸妈妈是我最亲爱的亲人。"

作为父母，我们要赋予孩子一种力量，帮助他们在以后的道路上越走越好。

第二章　父亲和儿子一同成长——做男孩真正需要的好爸爸

父爱：男孩不可或缺的爱

父爱与母爱不同

看到一条河流，男人注意到的是它的速度和水量，目测它的深度，并猜想自己是否可以穿过它到达彼岸；而女人会注意那些愉快的浪花、晶莹的水珠，有的还会脱下鞋子跳进河里，顾不得水流里是否暗藏危险。这就是男人与女人的区别，因而我们常听说，"男人来自火星，女人来自金星"。

"男人来自火星，女人来自金星"这个美国著名的畅销书作家约翰·格雷的经典命题，让人们开始注意到男女本身的不同。

小琛一家到郊区野餐，在爸爸的鼓励下，小琛开始寻找各种各样的小动物，并且捕捉他们，要带它们回家做标本。在看到一只野兔时，爸爸兴奋地大叫："快看，有一只野兔，可惜我们离它太远了，不然我们一定将它抓住，做一顿美味的野兔大餐。"听到爸爸的话，小琛也开始紧紧盯着那只兔子，目光中充满征服的欲望。

当午餐的时候，小琛把他们看见野兔的经历讲给妈妈听，语气中满是遗憾，没想到妈妈却说："为什么要吃掉那只兔子呢，也许他们也是一家人出来晒太阳，享受今天的好天气呢。你想想，要是有人把你带走，爸爸妈妈该多么难过，同样的道理，我们怎么能从野兔的家庭里夺走一个成员，更别说要残忍地吃掉它了。"

男人的攻击性和女人的多愁善感，让爸爸妈妈对孩子有截然不同的要求，而这也让孩子掉进一个矛盾的思维世界，由于没有思维判断的能力，孩子可能会依据自己平时的亲疏感来决定听谁的说法，如果一直崇拜爸爸，那么妈妈的主张就可能被抛在脑后了。这样的情况时有发生，一方面，可能会激发孩子自己去思考辨别；另一方面，也可能让孩子莫衷一是。

怎样的教育才不会前后矛盾，让孩子有一个学习的标准呢？这里，也同样需要依据爸爸妈妈自身的性别特质来教养孩子。

爸爸可以发挥自己身上本来的健壮、理性、创新的特质，让孩子在生活中体会到主见、责任和原则。这些抽象的概念本身是很难对孩子有所启发的，但是通过父亲示范，孩子会将这些优秀的品质和人生必备的智慧，自然地纳入到自己的思维世界中，形成一个大体的框架。

小雨的爸爸常常自己钻研新东西，并且邀请小雨作为自己的搭档。面对一些看不懂的术语或是单词，两个人就商量着它可能的含义。有英语基础的小雨教爸爸如何使用在线翻译，他自己的英语学习积极性也大大提高。邻居遇到一些常见的问题，小雨爸爸也是毫不犹豫地出手相助，正是这些点点滴滴，影响了他的男儿本色的养成。

妈妈也同样可以将自己最温柔、秀美的一面展示给孩子，妈妈是孩子最信赖的朋友，也是他日常生活中接触最为亲密的人，再没有谁比妈妈更适合教会孩子如何与人接触，因为他会将妈妈对待他的方式，运用到对待他人的过程之中。

小雨的妈妈，在生活中勤劳、节俭。对于有困难的人，她从不简单地施舍，而是照顾别人的感受，想方设法给别人恰当的帮助。和小雨说话时，妈妈从来不会一副心不在焉的样子。她还向小雨学习上网、聊天，并且学会了使用五笔打字，母子之间的感情变得更加融洽了。

父亲是孩子眼中的超人

父母需要学习更符合自己性别特质的教养智慧，在我们传统的中国人眼中，父亲就是整个家庭的主心骨，他是家庭经济上的主要来源，也是全家重要事情的决策者。父亲在孩子的眼中，常常就是一个无所不能的"超人"角色。

"父亲"对孩子来说究竟意味着什么？经过大量的调查研究，育儿专家给"父亲"这个角色提出如下几个方面的建议：

1. 父亲是孩子游戏的重要伙伴，孩子需要在游戏中成长

组织一次家庭野餐，父亲常常会带着孩子上山采果、下河摸鱼。在孩子看来，唯有父亲能陪他完成这次冒险，并且在危难的时候帮助他。即使在家里，父亲也常常会把孩子举到肩上，来回旋转，或抛向天空。这些动作常有一定的危险性，但父亲的大手和力量可以让孩子感受到刺激与安全，令孩子们快乐地"咯咯"大笑。

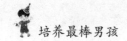

在刚开始的 20 个月时，父亲成为孩子的基本游戏伙伴，20 个月的婴儿对父亲的游戏明显地感兴趣，反应积极；30 个月以后，父亲则成为主要的游戏伙伴。这时的婴儿能兴奋、激动、投入、亲近、合作而有兴致地和父亲一起游戏，他们会把父亲作为第一游戏伙伴来选择。

2. 父亲帮助孩子形成积极个性品质，培养孩子的正面情绪

在现代社会，男性的独立、自主、坚强、果断、自信、与人合作、有进取心等更是富有创业精神的一代人积极学习的精神。父亲正是促进孩子形成积极个性的关键因素。理想的父亲通常具有独立、自信、自主、坚毅、勇敢、果断、坚强、敢于冒险、勇于克服困难、富有进取心、富有合作精神、热情、外向、开朗、大方、宽厚等个性特征。

孩子在与父亲的互动中，一方面接受影响并且不知不觉地学习、模仿；另一方面，父亲也自觉、不自觉地要求孩子具有以上特征。如果孩子在 5 岁前失去父亲，对他的个性发展会非常不利。孩子年龄越小，影响越大。没有父亲的孩子缺少克服困难的勇气，具有较多的依赖性，缺乏自信、进取心，同时在控制冲动和道德品质发展上也有不利的影响。

3. 父亲能提高孩子的社交技能，让孩子今后成为乐于协作的人

父亲是保持家庭与外部社会联系的"外交官"，对孩子社交需要的满足、社交技能的提高具有极其重要的作用。随着孩子长大，他与外界交往的需要日益增多，父亲作为孩子重要的游戏伙伴，扩大了孩子的社交范围，丰富了孩子的社交内容，满足了孩子的社交需要。

同时，父亲和孩子的交往可使孩子掌握更多、更丰富的社交经验，掌握更多、更成熟的社交技能。若孩子在和父亲的游戏中反应积极、活跃，那他在和同伴的交往中也较受欢迎。因为父亲影响了他的交往态度，使他喜欢交往，在交往中更加积极、主动、自信、活跃。

4. 父亲能使孩子的性别角色正常发展，让男孩更坚强

社会处处存在性别暗示，即使是给孩子的玩具，也会有"男孩的"与"女孩的"分别。在儿童性别角色发展中，不论是对男孩儿还是对女孩儿，父亲的作用似乎更大一些。孩子在与父亲的游戏中渐渐意识到自己的性别身份：父亲常常和男孩子打闹，称他为"男孩汉""哥们儿"，却对女孩子非常温柔，抚摸她的小脸蛋，称她为"小公主"。

5. 父亲能促进孩子的认知发展，提高孩子的智商和情商

由于父亲在性格、能力等上的独特特点，特别是父亲与孩子在交往上的独特性，使孩子从母亲和父亲处得到的认知上的收获是不完全相同的。从母亲那儿，孩子可以学到更多语言、日常生活知识、物体用途、玩具的一般使

用方法等。从父亲那儿，则可以学到更丰富、广阔的知识，比如认识自然、社会的知识，并通过操作、探索、花样繁多的活动、玩法，逐步培养动手操作能力、探索精神，从中，孩子的想象力受到刺激、变得丰富，并愿意动脑、有创造意识，他们的求知欲和好奇心也会同步发展。

孩子将来在社会生活中需要的知识、沟通技巧都受到父亲的影响，而且这种影响力是持久的、牢固的。没有父亲的男孩，常常感到不安、自卑，也不愿意与他人交流，生活在压力之中。正是父亲为孩子的成长支起了一片天空，在他还没有能力经受风雨的时候，给他时间成长筋骨、养精蓄锐。父亲是世界上最重要的角色，认识到这一点，对每一个父亲来说，既是重要的责任，也是迈向成功教育的第一步。

父亲性格决定男孩性格

播种性格，收获习惯；播种习惯，收获命运。性格决定命运已经不是新鲜的话题，但谁更能影响孩子的性格呢？答案就是父亲。

学前教育专家说：对孩子而言，爸爸意味着安全和自信。幼儿园有一种户外活动器材，在爸爸妈妈接孩子回家时，经常会有孩子爬到上面下不来，害怕地叫爸爸或妈妈。妈妈听到叫声后总是急急忙忙把孩子抱下来，宝宝长宝宝短地哄着。而爸爸听到叫声后往往对孩子说，你自己下来！能上去就能下来。生活中的妈妈一般较爸爸胆小、感情丰富，容易被电视剧或者身边人的故事打动，而爸爸在这方面更容易影响孩子形成勇敢的品质，这一点对男孩儿来说很重要。

这位教育专家还说："如果我办幼儿园，我会隔一段时间就请一位男老师（或爸爸）来给孩子们上课。"幼儿园女教师居多，不利于男孩的成长，也不利于女孩完整个性的形成。男性能显示给孩子的勇敢、自信、安全、坚毅、强悍的性格特征，孩子的性格形成，与父母个性影响有很大关系，而爸爸的影响力比妈妈更大。

爸爸同子女的关系愈健全，子女应付社会压力的能力也愈大。曾有一对夫妻在阳台上看见儿子与别人打架，这位爸爸在阳台上大声喊道："打得过就打，打不过就跑。"一句话提醒了儿子，儿子本无心恋战，一溜烟跑回家。妈妈就容易指责自己的孩子或指责别人的孩子，把本该结束的事件延续。这就是一个很典型的性别影响性格的案例。

在培养孩子的性格上，父亲不仅需要具备探求新知的好奇心，也需要思考辨别生活中的常规，勇于尝试、勇于挑战，为孩子的成长创造更加适合的条件和土壤。

父爱对孩子来说另外一个重要的影响就是让孩子形成正确的性别意识。每个爸爸都有自己的教养哲学，但永远都在儿子与女儿两种世界里变化。男孩和女孩对同一信息会有各自的理解，这种差异的原理在于生理上本身的不同，男孩注重逻辑，女孩比较发散，因而父亲对男孩和女孩的影响也是不同的，在男孩子的世界里，父亲是超级英雄，是力量和权威的象征；在女儿的世界里，父亲则是依靠和信赖的对象，是女儿的第一个异性朋友。

父亲积极地和孩子交往，有助于孩子对男性、女性的作用与态度有一个积极、适当而灵活的理解。研究表明，男孩在 4 岁前失去父亲，会使他们缺乏攻击性，在性别角色中倾向于女性化的表现——喜欢非身体性的、非竞赛性的活动，如看书、看电视、听故事、猜谜语等。

男性向往权利，即使在父亲与儿子之间也是如此。男孩子向往与父亲之间是相互尊重、相互配合的关系，当他发现自己被当成一个男子汉来对待的时候，他会感到自己的存在价值。

男孩子的心里有强烈的自我独立感，他们不希望被指挥，当他们向父亲诉说种种不愉快的事情的时候，也许并不是在寻求答案，而是想抒发一下感情，怎样做他们已经知道。因此父亲不要急于给儿子一些建议，这是男孩子成长的时间，他们在运用自己的能力摆平问题，父亲只需要鼓励他、相信他。这样有助于提醒他：你是一个男子汉，我相信你自己能解决问题。

如果一个男孩子在遇到困难的时候，还哭哭啼啼地找爸爸来帮忙，这时爸爸就应该好好反思一下自己对待男子汉的方式了，是不是不太信任他？是不是总觉得他还只是一个孩子？如果你想培养一个勇敢的男子汉，那就抛弃过多的爱，放开孩子的手脚让他成长。

缺少父爱是男孩的情感缺憾

家庭教育中，父亲对孩子的影响是母亲所无法替代的。父亲早期教育的参与能够更好地培养孩子许多优秀的品质，会更好地促进孩子身体、智能以及性格的发展。

有一次，一位美国教师在演讲会上，提供许多协助儿童克服惧怕的方法，并一一举例说明，引起听众强烈的回响。会后，有几位听众问道："父亲不尽责，所造成的不安全感，对孩子的影响究竟有多大？"

教师解释道："就我的经验和观察，那些缺乏父亲照料的孩子，如果母亲或家人不能提供安全的爱，孩子较易自暴自弃，沉沦于玩乐游荡而不能自拔，甚至犯罪。"

"怎样才能补救呢？"

"我接过许多这类个案，发现他们所需要的不是专业辅导，而是一个关心他们、了解他们、肯花时间陪他们的父亲。他们需要的也不是心理医生，而是一个他信任和尊敬的男人。因此，要唤醒那些不尽责的父亲，把他们从麻将桌上请回家，从灯红酒绿中请回家，从超工时的工厂和办公室里请回家。要他们尽一份应尽的天职，做一件非做不可的良心事。因为孩子需要他的爱、陪伴和支持。否则，他们将会在自己的人生中留下'失职的父亲'的罪恶！"

"如果找不回来呢？或者他没有父亲呢？"

"找一个能代替失职（或缺席）父亲的人，也许是老师，是一位爱心的义工或辅导员，给他关怀、支持和安全感。"

父母的爱对孩子的影响是不同的，是一样重要的。尽责的父亲更能给孩子安全感和自尊，这能使孩子自爱和自重。想想你作为一名父亲，尽到了应尽的责任、付出了更多爱吗？你是否经常忙于事业工作上的应酬，而无暇陪伴孩子？

你错过了许多孩子成长过程中令人难忘的具有纪念意义的瞬间，比如第一次说话、第一次走路等。

幼儿心理学家格塞尔曾指出："失去父爱是人类感情发展的一种缺陷和不平衡。"心理学家和社会学家所做的大量调查表明：没有父爱的家庭会严重影响孩子的身心健康，造成孩子性格、心理的缺陷。所以，让孩子感受到父亲的存在，体会到父亲对自己的爱，其意义在于使孩子有一种心理寄托，获得安全感，健康地成长。

心理学家和教育家都指出，在孩子成长中，父母因性别角色、社会分工、家庭分工的不同，应各自运用不同的教育方式担负起不同的教育任务。一般来说，母亲偏重于生活和情感，父亲偏重于精神和心理；母亲强调稳定，父亲强调创新发展；父亲传递给孩子的是坚强、勇敢、承受力强等阳刚之气，母亲传递着细腻、呵护、富有同情心等阴柔的一面。两者相辅相成，共同作用，才造就了孩子健全的心理素质。相反，如果过分地强化或弱化某一方面，都将影响孩子的心理成熟和性格完善。对于孩子而言，父亲既是教育者，又是纪律执行者、社会化指导者。在很多家庭中，父亲一般比母亲受教育程度高，接触社会广，在家庭的重大问题决策上，更具权威，如果父亲将孩子的健康成长时刻放在心上，就更利于把孩子培训成适应社会所需的性格特点。此外，父亲的严格要求，以及父亲对事业的执着态度，对孩子的一生，将有不可估量的影响。

有一位父亲，下班后常带儿子玩各种游戏，教孩子做一些简单的玩具，拆拆装装，耐心回答孩子提出的各种问题，或带孩子到户外捉蚂蚱、知了。孩子五岁时活泼可爱，口齿伶俐，遇事反应灵敏，喜欢自己动手做些小玩意儿。而另一位父亲，不关心孩子，下班回家后只顾自己看电视，或找人下棋、聊天、谈生意、炒股票，很少与孩子交往，似乎孩子并不存在。为此，夫妻俩常吵架、怄气。孩子在这样的环境中，形成懦弱、胆小、没有创造性、爱哭的个性。

美国教育家杜布森最信奉这样一句话："让一个男孩和一个合适的男人在一起，这个男孩永远不会走上邪路。"所以，他送给天下的父亲们这样一句话："没有哪个男人比蹲下去帮助孩子的时候站得高。"

总之，强化父爱在培养孩子的健全心理方面，在孩子健康成长的过程中至关重要。这一作用正是母爱所不能替代的。

当然，必须强调的一点是，强化父爱，并非就要削弱母爱，淡化母亲的职责。相反，父亲和母亲都应该发挥各自的性别优势。让孩子既从母亲那里得到爱抚，学会同情心，又在父亲那里养成坚毅的品格。这一切对孩子来说，是必不可少的。

男孩的成长需要爸爸陪伴

给自己一个定位：我的职业是父亲

生活中有很多种明星，娱乐明星、政治明星、体育明星、厨艺明星，当然也有爸爸行业的明星，蔡笑晚就是其中之一。

蔡笑晚是 6 个孩子的父亲，他培养出了 5 个博士 1 个硕士，他用一本书来总结自己的人生感悟——《我的事业是父亲》。人们称蔡笑晚为"博士之父"，这个头衔带给蔡笑晚的成就感不亚于"微软之父""电车之父"。不过，蔡笑晚年轻的时候从未料到自己能得到这样一个头衔。

年轻时的蔡笑晚想当一名科学家，但被迫从大学回到农村，这段经历对蔡笑晚来说异常沉重、无奈。当了爸爸之后，蔡笑晚特地改了个名，也就是我们今天看到的"笑晚"：既然不能在青春年少时开怀畅笑，就要让自己笑在最晚，对子女的期待在当时就是他唯一的安慰。

虽然生在最底层的家庭，但蔡笑晚很重视早期教育，在他的教育下，孩子们 4 岁就会四位数的算术，个个都喜欢学习，而且继承了父亲的志愿，想要成为科学家。

"做一个好父亲，我想光有志气和热血是不够的，身教重于言传，所以我这个父亲还是孩子的榜样。他们学习，我也在学习，学相对论、高等数学、中西医，后来我成了瑞安当地挺有名的医生……另外，我从来不打骂孩子，家里气氛很开心。只有 32 平方米的家里还装了一个舞厅用的旋转灯，办家庭舞会。我还和妻子自己设计旅游路线，带着孩子们走遍了关内关外、大江南北。"

自从做了父亲之后，蔡笑晚的人生都在围绕着孩子们转，他坦言如果当初实现了自己的理想，可能就没时间和精力来培养孩子了，这叫"塞翁失马，焉知非福"。如今，蔡笑晚当年的大学同学有的当了官，有的是大老板，但同学们聚会的时候都说最羡慕蔡笑晚。越是上了年纪，越是能明白父母的最大安慰是儿女。

一个人事业上再成功，如果没有一个完满的家庭，总会觉得有遗憾。子不教，父之过。一个没有被教育好的孩子，不仅是爸爸的痛楚，也会成为社会的"短板"。培养一个对社会有用的人才，也是父亲身上的责任。这份责任从小处来说，意味着家族的延续和体面；往大处说，它决定了中华民族的未来。

在日本，常常会听到"亲子"这个词汇。"亲子"是日语，翻译成中文就是父母与孩子。无论是在幼儿园还是社区，以"亲子"为中心的各种活动很常见。特别是运动会，一般的学校或幼儿园，都会设置一些让父母和孩子一起参加的项目。而父母也会积极地配合参加，他们普遍认为，这样既可以提高孩子参加体育运动的兴趣，也可以增进父母与孩子之间的感情交流。父亲在日本家庭中是一个权威者的形象，但日本父亲依然要参与到孩子的成长中，中国也有严父慈母的传统家庭观念，父亲的严格教育帮助孩子把握人生的大方向，避免走上歧路。但如今忙碌的生活和工作从孩子成长的世界里夺走了爸爸们，"留守儿童"与托儿所成为社会的热点词语，还有多少爸爸能像蔡笑晚一样，明白自己有一个终身职业是"父亲"呢？

出生于 80 年代前后的人，现在正是组建家庭的时期，这代人或多或少，还能从父母的身上找到一些 60 年代的影子：不善交流、没有耐心去聆听、忽视内心的感受、控制严厉等，而父亲的刻板形象，也根深蒂固地融入下一代父亲的教育中。今天，当爸爸再来养育孩子的时候，父母那一代人留给自己的影响固然不可能彻底避免，但我们可以有意识地纠正自己的教育方式，避

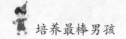

免过往的时代伤痕再来伤害孩子，也避免父亲真正的教育功能一再缺失。

从教育的角度来说，无论父亲是否"恪尽职守"，孩子都对父爱有定性的需求，父爱的影响力体现在孩子成长的方方面面，从心理成长到身体成长，父亲是孩子生命中的一部分。虽然现代生活的快节奏一再地和孩子们抢夺父亲的空间，但当你选择成为父亲的时候，也要明白你其实选择了一个职业——父亲。

再忙也要抽时间陪孩子

"朝九晚六"是现在上班族的标准时刻表，这对于一个养家的父亲来说，意味着早上在孩子起床之前出门，晚上在他已经玩了一天、感到疲惫的时候回家。现代生活的节奏，已经让父亲错过了很多与孩子相处的时光，更不必说加班、堵车等支付的时间了。剩下的周末情况如何呢？

孩子终于盼来了周末，他希望这一次能够和爸爸妈妈一起度过，是去动物园还是去植物园，都听爸爸的安排。孩子的爸爸是一家公司的销售经理，在公司基层工作了几年，终于赢得了领导的肯定。现在是公司大胆用人的时候，如果业绩突出，他很有可能被继续器重。

这个周末，爸爸也打算陪一陪孩子，平时加班工作，一天中都难得见上一面。但是恰好周五有客户打电话约他一起去郊区钓鱼，这样绝好的交流机会，让爸爸左右为难。

后来爸爸想到，自己能为孩子做得最多的，就是给他一个好的生活环境，衣食无忧，最好还能有一笔可观的教育积蓄，保障他将来能上最好的学校、出国留学接受最好的教育。而陪孩子出去玩的事情，妈妈奶奶她们也可以带着一起去，父亲最后决定去见客户。

爸爸心理的这番斗争，不仅说服了自己，相信也说服了很多读者。的确，在现在社会里，努力工作存钱是最保守的法则。但是这样的选择是最优的吗，用经济学的话来说，这种选择的效益是最大的吗？

按照效益最大化的原则，我们首先要来认识爸爸做出取舍的主要动机。根据孩子爸爸的推理过程，我们知道他最终都是为了孩子好，让他生活有保障，感到幸福。那孩子最需要的是什么呢？

孩子如果需要的仅仅是去了解植物、动物的机会，那谁带他去都可以，甚至找一个生物学家去是最合适的。但是对于孩子来说，他内心最需要的，其实是一种爱的感觉——和爸爸妈妈在一起，相互交流，在亲密的接触中感受到爱和温暖。这种被爱的感觉，是孩子日后乐观、自信、积极的动力，也能让孩子体会到安全感和归宿感。成年人中，也常常会有人希望听到一遍又一遍"我爱你"的表白来确定一种稳定的关系，孩子的心里更是渴望他们刚刚意识到的爱的关系被行动证明。而爸爸的陪伴，就是最好的证明方式。这种证明的行为，非爸爸不能完成，非此时不能完成。

孩子对父母的情感需求是有一个规律的，从寸步不离到不胜其烦，有自己的变化。一旦父亲错过这个规律，希望将来再弥补，就没有现在这样自然而然而且效果最佳了。反倒是给孩子的物质生活条件，可以慢慢地积累，不像孩子的成长那样无法挽回。

都说忙是为了家人，等到了爸爸们也老去需要陪伴的时候，才会明白被人冷落的滋味。

孩子给爸爸打电话：爸爸，你什么时候回来陪我看电视？

爸爸说：好孩子，我现在在外面工作，没有时间。和你妈妈一起看电视吧。

30年后，爸爸给儿子打电话说：孩子，你什么时候回来陪我们吃顿饭吧。

儿子说：爸爸，我现在在外面工作，没有时间，您就和妈两人吃吧。

其实家人能够在一起的时间并不多，孩子上学读书之后，在家里待的时间只会越来越少。你现在不去陪陪他，他将来也没有时间来陪你。彼此的失望是相似的，家人之间的责任缺失也是相仿的。好孩子要慢慢养，不管怎样，都要从彼此相互关注和陪伴开始。

男孩和爸爸学说话学得更快

如果将处于学习语言期的儿童分成两组，一组和爸爸接触，一组和爸爸不接触，你会发现与爸爸接触较多的孩子在语言表达上更有优势。也就是说，爸爸会让孩子学会说一些完整的句子。

说话，看起来是迟早都会学会的事情，很多爸爸觉得不用太在意。但在说话的背后，其实是孩子的逻辑思考能力的成长。如果他善于言谈，思维敏捷，不仅是在说话上有优势，在做其他事情的时候也能有条不紊，具有较强的思辨能力。

但在孩子的生活中，往往是和妈妈对话较多，和爸爸的交流少一些。有的爸爸因为自身的性格原因，也不怎么和孩子说话，这对幼儿期的孩子来说，等于是一种资源浪费，也是一个损失。

一般来说，男性的理性思维比较浓，在一些重大问题上比较理智，看得长远，表现在说话方面就是语言逻辑缜密，有很强的递进关系。爸爸简简单单的几句话，对于孩子来说就是一个很好的学习范本，他们会跟着说同样逻辑的句子，慢慢提高自己的逻辑能力。

正因为如此，爸爸在孩子处于语言学习期的时候需要注意几个问题：

第一，让孩子保持一颗快乐好奇的心。

我们常常取笑"鹦鹉学舌"的人，因为他们没有思考，人云亦云。但是我们在教孩子的时候，也常在急迫的心境下让孩子去鹦鹉学舌。其实孩子根本不懂语言的含义，如果让他反复重复一些并不理解的声调，只会使孩子感到紧张和痛苦，失去对学语言的兴趣。所以爸爸和妈妈要配合，发现孩子对什么最感兴趣，多在孩子感兴趣的东西上对话。爸爸也要保持一个轻松愉快的表情和心境，不能把自己当成教官。

第二，对孩子分心表现出宽容态度。

年幼儿童在学习时分心是很常见的，关键是如何引导孩子，切忌硬逼或训斥。当孩子在学习中不合作的时候，爸爸最好的办法是什么也不说，自己继续游戏，假装没有注意到孩子分心了。如果孩子完全不配合、发脾气，等等，爸爸可以离开房间几分钟后再继续。而在孩子调皮捣蛋的时候，爸爸收拾好全部玩具结束游戏则是下下策。

第三，对孩子说完整的句子。

"来，让我们坐车车。"这是很多妈妈、奶奶经常说的话，本来很少有父亲主动这样和孩子说话，但有时候随着妈妈他们，也说这些不完整的句子。这样其实对孩子的语言发展并没有好处。可能大人觉得叠词减低了孩子理解的难度，事实上孩子理解任何新词需要的能力是差不多的，"车车"和"汽车"对他来说是一样的。如果爸爸能表达准确，孩子也会跟着模仿这种正规的说话方式。

当然，爸爸说话是为了孩子学习语言，并不是做演讲。所以不要自顾自地说，也不要提太多问题。

第四，持之以恒。

爸爸要坚持长期和孩子对话，不能兴趣来了就说，没有兴趣了就不说了不管了。最好是在孩子精力最充沛、注意力较集中的时候，这样学习的效果就会好一些。

第五，记录孩子的进步。

长期看不到孩子的进步，会影响父母教孩子的积极性。为了避免这一点，建议爸爸也做一个有心人，记录他们用词汇的性质，是名词还是动词，是一个字还是两个字的词语，是短语还是句子。这样爸爸才能对孩子的进步和掌握的情况有一个整体的把握。

一般来说，具备较高语言智能的孩子，有一些特别的表现，比如喜欢听故事、儿歌；善于模仿他人的声音和语言；喜欢讲话，擅长口头表达，词汇很丰富；喜欢阅读，即使不认识字，也能独立翻阅图画书；擅长记忆名字、地点、日期和琐事，能很容易地完整复述故事；总是问有关词、声音或事物名称的问题，如"这是什么意思"；喜欢玩文字游戏，善于理解谜语、笑话；喜欢涂涂写写，等等。如果孩子在这些方面有很好的表现，爸爸应该多多鼓励孩子在语言方面继续发展，多和他对话，给他讲故事，或者帮他挑选一些适宜的图书。

与儿子成为好朋友

家长应采取易于为孩子接受的平等对话方式去理解孩子，相信孩子，做孩子的知心朋友，否则会拉远自己与孩子的距离甚至使孩子产生隔阂及逆反心理，不利于家庭教育的实施。家长的所作所为是无声的语言教养，良好的亲子沟通培养优秀的内在品质。

我国翻译学家傅雷先生堪称教育孩子的楷模，他特别注重与孩子的思想交流，教孩子仪表、修养、礼节及做人的道理，与孩子交朋友，孩子一直受到他的教诲和指导。他的优秀育儿方法是值得广大家长朋友学习的。

傅聪曾回忆说："我父亲留学法国，深受法国的人文主义影响，因此对我们子女也是民主式教育，在家里他不仅仅是父亲，还是我们的知心朋友。在艺术上表现得尤为突出。除了文学音乐，我父亲也很喜欢美术，记得家里有很多美术作品。长期受这种文化熏陶，我也很自然地喜欢美术音乐。我们经常交流对音乐绘画的看法，从父亲那里学到了很多，让我受益匪浅。我是12岁才开始学钢琴，学了两年又放了，直到17岁又开始学。这期间都是我的意愿，父亲没有非让我学钢琴或绘画。父亲总能像朋友一样，尊重我的兴趣和爱好。"

父母是孩子最好的老师，但是也可以做孩子最好的朋友。但是由于父母受传统观念的尊卑影响，很难跟自己的孩子交上朋友。事实上，只要父母放下自己的架子，与孩子多沟通，了解孩子的想法，真正走入孩子的世界，做孩子的知心朋友还是可以实现的。

要像傅雷那样做孩子的知心朋友，教育家给大家的建议是：

第一，不要总是盯着孩子的缺点。从心理学上分析，孩子是心理和行为的不成熟个体，家长必须对他们加以正确的指导和培养，在这个过程中如果家长像朋友一样与孩子一起成长，效果会很好。但是，家庭教育中常见的问题是，父母对孩子寄予厚望，为了达到自己设定的目标，在孩子耳边不停地叮嘱、提醒。这种做法往往收效甚微，甚至适得其反，使孩子产生厌烦情绪，还容易挫伤他们的自信心和自尊心。有些家长眼睛总是盯着孩子的缺点，只讲缺点，不提进步。其实，绝大多数孩子已能分辨是非善恶，只是缺少改正缺点的自觉和毅力。如果父母总是喋喋不休地数落孩子的缺点，反反复复地教训孩子，他们会将此视为不信任，甚至产生逆反心理。这样一来，别说做知心朋友了，连正常的亲子关系也会被破坏。

第二，注意和孩子的情感交流。注重与孩子的情感交流是与孩子成为知心朋友的前提，与孩子交流的时间最好选在吃饭时和睡觉前，因为这是孩子情绪最为平稳的时候。一个母亲，她从孩子很小时，就注意和孩子的情感交流。每天在孩子上床时都要问问他："今天过得开心吗？"孩子长大后，就形成了在睡前和父母沟通的习惯，有什么不顺心的事就像朋友一样告诉父母。有了这样的感情基础，孩子就容易接受父母的建议和忠告，很容易跟父母建立起朋友的关系。

好爸爸活力十足

伯尔的父亲是德国一个公司的小职员。他算不上成功的男士，事业平平，但却一直深刻地影响着两个儿子。

父亲非常喜欢历史，他总是在家里大声地谈论历史上一些有趣的事，给伯尔狭小的生活空间带来了色彩。父亲经常在孩子面前发表他的意见，甚至和兄弟俩探讨世界大战的问题。镇上如果有演讲，他总是带孩子们去听，而且大多是坐在最前面。由于母亲总是担心孩子出问题，做任何事情都谨小慎微，所以，父亲就和孩子们悄悄地商量他们的野营计划，避免母亲的担忧。第二天，当妈妈的唠叨被甩在了耳后时，伯尔和哥哥都高兴极了，觉得是在进行一件很保密、很刺激的事情，因此都非常配合父亲的行动。

父亲总是带着孩子们去很远的地方，他要求孩子们不带午餐，路上饿了自己想办法，而且还必须"孝敬"父亲一份食物。有时，他们在山上野炊，由伯尔和哥哥安排饮食。如果伯尔他们只找到一份食物，就给父亲吃了，父亲从来不和他们客气，他会吃得一点不剩。尽管如此，两个男孩仍然很快乐。

伯尔的父亲是一个精力充沛的男人，他兴趣广泛，这一点也传染给了孩子们。后来伯尔的哥哥成了一名探险队员，主要是探索自然界。而伯尔则来到了父亲曾经提到过的中国，研究中国的历史和文化。可以说，他们的选择都和父亲的教育密切相关。

读完伯尔的故事，父亲们可以反思一下自己与孩子的交流，现在停留在哪一层面：是天文地理无所不包，还是局限在批评和接受批评上？

当然，由于工作的原因，能够和孩子长期相处的父亲非常少，如果不能保证家庭的经济稳定，我们都认为这是父亲的失职。因此，父亲也常常以公务繁忙为由，推脱教育孩子的责任。这种逃避究竟是精力不济，还是缺少教育孩子的责任心？

身为父亲，在孩子面前做好榜样是分内之事，这其中就包括引导孩子热爱生活，对人生充满好奇和活力。充满活力并不是要求父亲天天与孩子们汗洒球场，而是要葆有一颗热爱生活、积极进取的心。就像伯尔的父亲这样，有广泛的爱好，有一颗年轻的心。这不仅能改变自己的生活，也能为孩子寻找兴趣点，建立父子之间的友谊。

但很不幸的是，我们常看到的都是"待在书房"的父亲，或者看书做学问让孩子觉得很神秘，或者埋头计算设计，忙得不可开交。或许是因为不知道怎样与孩子们交流，父亲总是尽量避免与孩子单独相处，父亲的这种羞怯有时显得可爱，但是长期不愿意主动与孩子接触交流的父亲，会耽误孩子的发展。如果孩子感受不到父亲身上的活力，他就不会主动邀请父亲参与到他的活动中，因为他会害怕被拒绝，这对亲子间的感情交流很不利，也让孩子在今后的生活中往往不懂得如何与人交往，如何表达自己的意愿，缺乏自信，在生活中处于不利的位置。

怎样让忙于上班的父亲们做到充满活力呢？

首先，父亲要有一颗好奇心，好奇心让人充满活力，也让生活变得丰富多彩。父亲不一定是百科全书式的，但是当遇到什么问题时，如果父亲不知道，大可以拿出来和孩子们讨论，让孩子感受到自己是被需要的。可是平凡的生活已经让很多人失去了心灵的敏感性，对很多事情司空见惯，习以为常。好在这种观念是可以改变的，只要用心发现，就可以找到很多孩子们感兴趣的事情来研究。

其次，有活力的父亲是随时接受新知、虚心学习的人。有的人认为，父亲回答"不知道"是有失颜面的事情，因此常常编造一些理由来回答孩子的问题，这样只会让孩子在某一天对父亲失望。本来世界上就不存在全知的人，父亲也没有必要变成万能博士。

最后，很重要一点就是要热爱运动。适当的运动不仅有助于孩子的骨骼发育，也非常有益于孩子的心灵发育。运动让人体验紧张激烈、痛苦和超越，是人生情感的演习所。运动不一定是打球，与孩子去野炊也是很好的选择，就像伯尔的父亲，带着孩子们去野外生存，培养孩子们的探险精神，将来才会成为一个不畏惧苦难的人。

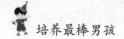

好爸爸不该做的事

高压独裁的"一言堂"

"独裁爸爸"并不是一个新鲜词汇，虽然我们看到了像漫画家朱德庸、作家周德东那样的"民主爸爸"，但他们毕竟是少数，绝大多数父亲还是在想着怎样把控好自己的家庭，怎样维护自己的尊严和权威，似乎一个男人在家里不能发号施令便是一种耻辱一样。在这种独裁作风下，是否真的建立了父亲的权威呢？一个在"独裁爸爸"膝下长大的优秀男孩的回答是：不能。

小时候，我成绩优异，一直担任班干部；初中时我征文屡屡得奖，然后我考上了最好的高中，接着考上了不错的大学，年年拿奖学金，做了团支书，入了党……我妈说我让爸爸很有面子，但爸爸似乎从来不真正关心我。

我从小被要求要出类拔萃、做这做那，一直到现在。我不想让父母失望，也从没让他们失望过。但我感觉自己就像一棵果树，被浇了养料，然后被期望着结出累累硕果，果实被摘下后换成了金钱。他投资，我产出。过程中是他不断要求，而不是一个爸爸对儿子的爱。

我现在交的女友，不是那种有钱有势人家的女儿，也没有特别好的容貌，但我们真心喜欢对方。可我爸爸却说，如果我们在一起就断绝父子关系……

从我记事以来，爸爸从来没有去学校接过我，记得有一天下很大的雨，很多人都是父母接回来的，我给爸爸打个电话，本来是想说我等雨小点了再回来的，但我还没有开口，他就说自己是不会来接我的。那一次我自己淋雨回到了家里，哭了很久。

读完这个男孩的故事，也许你会觉得这并不能说明爸爸不爱他，只是不懂得表达爱，但我们都能感受到男孩子内心的凄凉和怨恨。可能很多父亲一直在要求孩子做这做那，一心想着为孩子好，但从来没有想过孩子的感受。

"他投资，我产出"，父亲和儿子之间竟然就是这么简单的投资关系，父亲的权威、尊严、魅力等，也就无从说起了。

其实大多数高压独裁的家庭里，培养出来的孩子都有心理障碍。让孩子走父亲决定的路，还需要看一看孩子是否能承受这份压力。如果父亲给孩子的压力过大，可能会引发孩子的心理问题。

张亮亮的父亲是一名军人，也是研究生，39岁读了博士，后来是一家医院的医生，同时也是博导，是家庭里面的榜样。他对自己的优秀直言不讳，毫不客气地对儿子张亮亮说："你这辈子永远不可能达到我的高度，超过我。"

张亮亮的母亲对张亮亮打小就十分呵护，据说张亮亮小时候吃饭的碗都是高温消毒的。母亲很重视对他的教育，但和很多家长一样，希望他自立的同时很多事情又替他代理，以至于没有让他经过什么磨炼。

优秀的父母自然让他产生压力，张亮亮说："父亲不给我压力，但看不起我，不认可我做的事。母亲很关爱我，通过关爱的方式给我压力，一会儿希望我申请耶鲁、哈佛，一会儿又说申请到哪个学校也没关系，这对我是莫大的折磨。每次都是这样，我总是希望母亲打电话只询问生活上的情况就好，因为出国的事情她不懂，给她解释她也不一定明白，还会大声跟我说话。"

在父母的压力之下，张亮亮在各方面也力求上进，上研究生后，一年半内，张亮亮通过了托福、雅思，以及高级口译、北美精算师等四个证书。一年看了17本很厚的专业原版课程，还竞选了系里宣传部长。他还担任了复旦日月光华三个版面的版主，并申请了30多所国外大学，专业方向也不尽相同。

但是他压力很大。不断地自我苛求之下，张亮亮在宿舍饲养宠物，并在饲养过程中将一些宠物猫误伤致残后丢弃，产生了之后的"虐猫事件"。复旦大学给张亮亮严重警告处分，同时劝他休学一年，接受学校专门安排的心理辅导。

一个处处看起来都很优秀的复旦才子，私下却是一个内心忧郁几近残暴的人，他对猫的虐待其实不过是在发泄自己心中的愤怒，这愤怒正来自家庭的压力，来自爸爸那句伤人的话——"你永远也不可能超过我。"

只会用金钱爱孩子

每逢暑假，很多孩子都会回到爷爷奶奶家住几天，一则给老人的生活增添一些快乐，一则也给年轻的父母们放放假。但孩子回老家对老人来说不亚于一场"接驾"，孩子身上很多平时隐藏的问题这时候也都露出了尾巴。相信很多人对下面这位父亲的故事一定不陌生：

"王鑫在家一直很乖，我和爱人对他很满意，也总是处处让他生活得无忧无虑的。暑假到了，王鑫到奶奶家住了一周，马上开始难以伺候了。

奶奶做鱼给他吃，他不肯吃，说要吃海鱼；买回鳊鱼来，他还是不愿意吃，说那个也不是海鱼；带他出去吃热干面，上面有葱不吃，沾了酱也不吃；

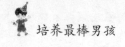

做西红柿鸡蛋汤吃，他嫌里面没有肉。奶奶生气地说，要把他送回来，他又说要过完暑假再回去。

一个暑假下来，奶奶都瘦了一圈。我接孩子的时候看到老母亲受苦，才意识到自己平时教育孩子出现了问题。

平时王鑫只要想吃什么，一说妈妈马上就去买了做。想看最新的电影首映，不论多贵一定会看到。他的玩具也总是紧跟潮流，图书漫画更是常换常新。和其他孩子比起来，王鑫知道的东西的确要多一些，但是他明显没有别的孩子'懂事'，只要是自己想要的东西，一定会想办法弄到手，否则就不依不饶的，让别人拿他没办法。"

不懂得照顾别人，崇拜名牌和时尚是现代独生子女的通病。他们以自我为中心，在今后的人际交往中会受到很多打击：首先是发现自己不再是主角了，会失落；其次是因为自己的自我中心，会招来别人的厌恶。爸爸们用金钱来满足孩子，结果宠出来这样的刁蛮少爷。所以父亲最好能够在孩子还小的时候就让他知道，自己不是世界的中心，自己想要的东西也需要通过劳动或者等待才能获得。

我们常常对孩子说"吃得苦中苦，方为人上人。"但很多人在落实到行动的时候，又免不了会给孩子打折，真正"非宠主义"的父母还是很少。爸爸能够给孩子的最好礼物，不是限量版的耐克或高级玩具车，而是一个在保护中让他前进、尝试的环境。用金钱来奖励，其实是扼杀了孩子的尝试机会，让一切想要的东西都变得简单、唾手可得。他们就失去了支配自己的生活、教育自己、锻炼自己的能力和意识。

"我自己上学去"，"不行，路上不安全我还是送你吧"。"我自己选衣服"，"不行，爸爸帮你选最好最贵的"……其实有很多次都是孩子在主动要求锻炼，却被爸爸挡了回去。很少有爸爸能一边保护着孩子，一边又让他自己去尝试。

很多爸爸努力挣钱养家，但忽略了很根本的一点——孩子的成长不仅需要物质上的保证，还需要很多的心灵体验——酸甜苦辣、悲欢荣辱，这些才是培养一颗健康的心灵必备的营养，而金钱带来的快乐仅仅是其中的一种。

2009年盛夏的成都，26辆法拉利、玛莎拉蒂等豪华跑车因车主涉嫌超速行驶，在成南高速被警方拦下，被网友称为"华丽丽"的照片传遍网络；第二天，备受争议的26辆豪华跑车再次出现在成灌高速，仅用13分钟就跑完了45公里的路程，平均时速210公里。据报道，这些跑车来自中国的五湖四海，车主们是清一色的"富二代"。

另有新闻报道：重庆江北茂业百货里，一个家境富裕的高干子弟持双刀杀死了自己穷追无果的一个女大学生。南方沿海，19岁的女孩小肖牙龈被撕裂，整排牙齿松动，右下颌骨骨折，也只因为拒绝了一个"富二代"王某。

上述这些"富二代"的作为，已经成为新时代纨绔子弟的代表。毫无疑问，那些富二代的生活中并不缺少金钱，但是很明显，他们的生活中缺少严厉的管教。

财富可以带来个人的成就感和事业，但是在教育面前，财富也无能为力，甚至会帮倒忙，会让孩子的劣行更大程度地"施展"，祸患社会。

没钱的爸爸不一定就失败，有钱的爸爸不一定就成功。甚至，有钱也未必能成为教育上的优势。爸爸要当好，与其让孩子衣食无忧，不如让他们懂得为人处世的最基本的道理。而令人担忧的是，这些道理，很多富爸爸们却以为有钱就可以熏陶出来。

在家庭教育上，没有贫富之分，只有方法好坏之别。不会爱的爸爸，上亿家产可能把孩子压出心病；会爱的爸爸，兜里只有一元钱，也能给孩子换来一次开心、满足的欢笑。

教育不是拿学费这么简单的事情，如果爸爸把给孩子提供物质条件当成自己在教育孩子的过程中需要扮演的角色，那孩子不仅很难对父亲怀一颗感恩之心，相反，会忽略掉别人为自己做的事情，走向一个唯我独尊的"漩涡"里。用金钱爱孩子，要有多少的金钱才能体现出父亲的爱呢？这个问题没有答案，因为金钱是无法代替父爱的。

在孩子面前相互否定

很多父母都想尽心尽力地教好孩子，但是如果夫妻之间教育孩子的态度并不统一，或者双方的配合不到位，这就会很影响教育效果。

宁宁发现妈妈总是对爸爸不满意，经常听到妈妈的抱怨声，为什么呢？因为爸爸工作忙，总是照顾不到家里，妈妈一个人忙里忙外，爸爸无法帮助她。这一天，宁宁的妈妈又开始唠叨了："唉，看看你这个爸爸呀，整天到晚不回家，屋里屋外全都是我一个人忙来忙去！"宁宁听到这样的话，就很懂事地说："妈妈，我来帮你做。"而妈妈却说："你还在念书，你现在的任务，只要把书读好就行，其他的杂事都不要你来操心。"宁宁听话地点点头，就进屋学习去了，以后也就再也不帮妈妈做家事了。

曾经有一位教育专家提到这样的故事，打趣地说："这个妈妈整天在抱怨先生，却从来不让自己的儿子树立做家事的概念，恐怕往后还会有一个女人

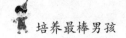

像她一样受罪。"

妈妈在孩子面前抱怨爸爸，这样的做法弊端相当大，抱怨不仅不能解决任何问题，而且还不利于在孩子面前帮爸爸树立威严。相反，下面这个家庭的做法则很值得提倡。

玲玲的爸爸经常在妈妈不在家的时候对玲玲说："孩子，你妈妈为了你很不容易啊。你出生之前一直在妈妈肚子里十个月，这十个月妈妈很辛苦啊。后来妈妈为了照顾你，不得不把原本很好的工作辞掉了。每一次你生病的时候，妈妈晚上总是睡不好……"玲玲瞪大了眼睛，这些事情如果不是爸爸跟她讲，她是不会知道的。

这一家每天晚上总是一起共进晚餐。有一次爸爸下班回家有点晚，玲玲饿了很想先吃饭，妈妈对她说："我们一起等爸爸回来吃饭好不好？爸爸每天在外面工作一整天很辛苦，如果没有爸爸的辛勤，我们就不会有这样安稳的生活了，家里优越的物质条件，都是爸爸给我们创造的。"小女孩一听，就坚持要等爸爸回家一起吃饭。

父母双方先配合好，才会让孩子感受到家里浓浓的亲情，令孩子更爱自己的爸爸妈妈。这就很需要夫妻双方的配合。"儿子呀，爸爸天天在外赚钱很辛苦，所以你今后要好好孝顺你爸爸"这样的话，一般来说爸爸是不好意思对儿子说出口的。但如果能通过妈妈的话说出来，孩子既能感受到爸爸为家庭的牺牲，也能感受到一家人相互之间的欣赏和肯定。所以通过父母双方的配合，这个问题才能很顺利地解决。如果父母之间没有配合好，那就算是用更多的心思来教育孩子，效果也不会太理想。

同样的道理，不仅父母双方之间要如此配合，而且家长和老师之间也要如此的配合，做家长的千万不能在孩子面前说老师的坏话。

咄咄逼人的"强势爸爸"

到了当家长的阶段，最头疼的莫过于对男孩的教育不知道该怎么办。有些教育专家会在研究的过程中发现这样的问题：一些从事教师、军人、法官、警察等职业的父母，他们的男孩更容易在交流上发生障碍，这是为什么呢？

这一类的家长被称为"强势家长"，他们的社会地位相对较高，对社会的责任感也比较强烈，在工作中更是一丝不苟，所以在教育男孩的过程中也流露出了明显的职业色彩，明显的表现为"眼睛里容不下一粒沙子"，一旦发现了男孩的小失误和小问题，就比较容易把问题严重化、扩大化。

还有一类家长是属于"吹毛求疵"的类型，他们习惯于严厉地要求男孩，不容男孩犯一点错误。这样的家长所教育出来的男孩有两种典型的表现：一种就是绝对服从型，男孩会表现的胆小怕事，丧失了独立生活的能力，没有一丝主见，甚至连穿什么衣服，买什么样的早点吃都没有主意。另一种就是直面对抗型的，这样的男孩会表现出强烈的逆反行为，会产生明显的对立行为，甚至会离家出走，或是流连于网吧。有一位警察的儿子曾经很坦诚地跟老师讲："我爸对我严厉的时候，总是用那种盯着犯罪分子的眼神，我能不痛苦吗？"

由于家长在教育男孩的时候带出了明显的强势，那种很强烈的表达方式往往流露出了对男孩的不尊敬，与男孩的敏感心理产生了冲突。作为家长，长期以来习惯把职业心态带回家，以不平等的姿态与孩子交谈，更没有体会到男孩的内心感受，而是让孩子毫无反抗地服从命令指挥。这种做法会为家庭的教育布下重重障碍。

作为父亲，强势的方式、强势的力度、强势的状态都会给男孩造成很大的影响。父亲和男孩之间犹如一对齿轮，一方强则一方弱，通常会造成以下三种结果：

第一种是男孩比父亲更强的"超越式"。这一种情况出现的原因是男孩希望像父母一样出色，于是就很争强好胜，有时会比父亲更加优秀，即"老子英雄儿好汉"。在国外著名的例子有老布什和小布什，在国内著名的例子有姚明，他的父母都是很优秀的篮球运动员，姚明之所以能成为世界级明星，一方面也来自于对于超越父母的挑战心理。

第二种就是过于倚靠父亲保护的"依赖式"。家长太强了，或者是过于保护以至制约了男孩的个性发展，这样的家长带出来的孩子要么性格比较懦弱，要么依赖性很强，属于对父亲的绝对服从型。很多强势的父亲，他们的男孩都很弱势，表现出腼腆、胆小、不自信等。古语所说的"富不及三代""寒门出孝子，白屋出公卿"都有这样的因素在里面。

第三种就是男孩通过自己而走出成就的"奋发式"。家长不是很强势，甚至是弱势，但是他们的男孩却很有责任感。比如媒体报道的道德人物：背着母亲上学的当代孝子张尚昀、带着妹妹上大学的洪战辉、航天英雄费俊龙、奥运冠军刘翔等人，都是典型的例子。他们都是出生在普通的人家，从小没有受过娇生惯养，却活出了自己的精彩。

作为家长，在教育男孩的过程中最好不要过于强势，这样才会给男孩留有足够的发展空间。家长应该以一种宽容的心态来审视男孩在成长过程中暴露出来的各种问题，自己主动放下架子，和男孩交朋友，这样家庭的民主氛围就会增强，男孩也不会抵触和父母进行交流，许多问题都可以迎刃而解。

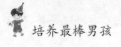

一位各方面很不错的高一男孩，在他16岁的时候认真地与同班一位女孩相恋了，男孩的父亲与他进行了一次属于两个男人间的谈话。

父：儿子，你是不是觉得她是最好的女孩？

子：我觉得我认识的女孩里她最可爱。

父：爸爸相信你的眼光。但是，你才上高一，你认识的女孩有多少？

子：我心里只有她。

父：你说你要上大学，将来还要出国深造，想成为一名律师或金融家。你知道你将来会遇上多少好女孩吗？爸爸并不反对你现在谈女朋友，但是，爸爸最反感的是见异思迁。这个女孩是你到目前为止认识的最好的女孩，可是，你将来会有更多的机会，到那时你该怎么办？你会不会后悔？

子：可是，现在让我离开她，我很痛苦。

父：你初三时买的"随身听"呢？

子：前两天，您给我买了个高级的，我觉得音质比原来那个好，就把它送人了。

父：这就叫一山更比一山高。如果你能把握好每一个属于你的机会，你以后的成就只能比今天大，你面对的世界只会比今天更广阔，到时候你的选择只会比今天更好，更适合你。如果你现在与这个女孩真有那份情缘，到时候再让它开花结果多好。儿子，一个人一生不可能不做些让自己后悔的事，但是，人生大事只有几件，后悔了，就会遗憾终生。

子：爸爸，我懂了……

从此以后，男孩把对女孩的特殊感情深埋心底，生命的乐章却弹奏得更欢快了。他明白，即使爱的种子发芽了，也还没有长成参天大树，更不可能结出甜美的果实。而在这之前，自己只能做一个默默耕耘的农夫，等待庄稼的成熟。

例子中的父亲面对男孩的早恋，不是用命令的口气让男孩放弃，而是选择理解男孩的需求，帮助他们树立正确的爱情观和认识爱的真谛，并以平等的态度与他们交流自己对人生、爱情、学业的感情。

你想让男孩做什么，不想让男孩做什么，可以把自己和男孩放在平等的地位上，像朋友一样，一起商量，分析利弊，最后让男孩自己拿主意，这样男孩不仅不会反抗，也感觉不到被命令的屈从，反而会在商量的气氛中感觉自己在长大，有了自己的主见。这时大部分男孩会愉快地采纳父亲的建议。

在教育男孩的过程中不能一味使用命令的语气而忽视与男孩的沟通，很多人会问，如何跟男孩进行成功的沟通呢？教育专家给我们的建议如下：

第一，成功的家庭沟通，应该注意以下因素：理解、关怀、接纳、依赖和尊重。理解要求父母与男孩双方能够设身处地地为他人着想；关怀不但存在于内心，更要切实付诸行动；接纳要求考虑到每个人的个性，懂得欣赏他们身上的优点；依赖是要做到既信任别人也信任自己；而尊重是指尊重他人特别是男孩的权利，尊重他们的意见和选择。

第二，要建立一种积极健康的家庭沟通交流关系，应该改变父母是决策人、男孩是接受者这样僵化的家庭角色的分配。父亲在家庭教育中应该懂得进行角色交换，每一个家庭成员都可以对他表述的愿望予以积极的辩解。当男孩能够参与讨论家里的通常是成年人的问题时，他们方能更好地理解父母，而父亲一方面可以调动男孩的主动性，使自己清楚地认识男孩的才干，另一方面可以得到有关自己教育的反馈信息。

综上所述，父亲与男孩通过沟通，最后让男孩明白的是"理解、信任、承诺、准时"等观念的重要。通过沟通，最容易让男孩站在他人的立场上思考，也最容易让男孩养成理解他人的习惯。只有这样，男孩才有可能成为一个全面发展的优秀人才。

称职父亲的深度探讨

父亲不必知道所有答案

随着男孩年龄的增长，父亲所要迎来的挑战会接二连三地袭来，面对出乎意外的男孩，可能会让家长们感到措手不及。我们不禁感慨："我还要掌握多少做父亲的常识呢？"

在解决这个问题之前，我们先要明白的是：我们有必要了解这么多吗？家庭生活并不是一成不变的，每一天都会出现新的变化。而我们作为父亲，要怎样做才能够"万变不离其宗"呢？

人与人之间的交往不仅仅是沟通与交流，有的时候则是意志力与意志力的对抗，不是去影响别人，就是被别人影响。在"成功学祖师"拿破仑·希尔看来："在别人的影响下生活着，就等于被别人的意志给俘虏了，这样的人即使再优秀，也不能成为领袖。"

有人说，影响力本质上就是一种控制力。的确，一个有影响的人不仅可以让朋友们都认可他、支持他，甚至让对手都对他心悦诚服。但是更准确地说，影响力是一种让人乐于接受的控制力。它与权力不同，影响力不是强制

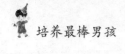

性的，它以一种潜意识的方式来改变他人的行为、态度和信念。没有人能够抗拒它，因为它来得悄无声息，等你察觉时，早已经被它俘获了。因而我们说，影响力是一种最高境界的领袖力。

想要得到周围人的尊重，形成一个凝聚人心、催人奋进、具有强大吸引力的领导核心，仅仅依靠体制和职务赋予的权力是远远不够的。它还应该建立在由宽广的胸怀、完美的领袖艺术、高尚的人格魅力和巧妙的交际方式等方面构成的个人权威之上。这种胜于无形的能力，需要从小培养，而教育学家告诉我们，孩子的社交影响力多半来自父亲。

前面提到的影响力的种种本质，都是帮助孩子在将来的人生中少走弯路的重要资质，这样的资质主要由父亲来培养。马克思·韦伯曾经说，父亲爱的是最能实现他期望和要求的儿女，这与母爱有很大的不同，无论怎样的婴孩，母亲都会毫无差别地爱他们，母爱更多地强调自己的情感；而父爱而更多地侧重于价值观念，能够继承父亲的志向的孩子，往往会得到最多的宠爱。父爱的这种条件性，决定了在孩子的成长过程中，父亲会更加主动地传授走进社会的最简单最基本的原则。

如果说母亲代表着自然界，那么父亲就是人类存在的另一极，即思想的世界，法律和秩序的世界，阅历和冒险的世界。

李嘉诚是香港家喻户晓的人物，他在经济王国中权高位重，在家里却是一个坚持原则的低调父亲。

李嘉诚有两个儿子，很多人认为这两个将来一定要子承父业，因而必定是呼风唤雨的"太子爷"，但李嘉诚一直要求他们生活节俭、注重名誉。当两个儿子以优异的成绩从斯坦福大学毕业以后，他们想到父亲的公司里面去小试牛刀。不料父亲的回答却是"我们公司不需要你们"。李嘉诚说："就是我有20个儿子也不会给一个安排工作，你们要自己去打江山，要用事实证明你们自己有实力。"

恍然大悟的儿子离开香港去加拿大，一个投资银行，一个开设了地产公司。他们从来没有开口向父亲寻求资助，后来都成为加拿大商界的精英人物。

李嘉诚的选择和我们生活中常见的诸多父亲刚好相反：有的人想破脑袋去为子女打通人脉、安排工作，而李嘉诚却不愿意在自己众多的公司中给两个儿子"一席之地"。他这样做的目的只有一个，那就是让孩子清楚任何事情都需要靠自己，只有生活得独立，才算得上有本事的人，也才能自如地应对今后的生活。

生活节俭、注重名誉是李嘉诚对儿子日常生活的要求，这对寻常人家来说不足为奇，但是对一个商业巨子的家庭来说，就显得与众不同，也更难能可贵，他们并不是没有条件过奢侈的生活，只是更加珍视勤俭的价值观。"用事实证明自己的实力"，是在告诉孩子要独立、坚强，学会自己去解决问题，这是变幻莫测的商界必备的意识。李嘉诚白手起家，创立了自己的商业奇迹，但他并不急于让孩子们分享自己的成功果实，而是让孩子们分享自己的成功经验，这才是人生最宝贵的财富。

李嘉诚在培养孩子的价值观时做到了两点：有意识地培养孩子的价值观，自己也用行动去影响孩子，而后者甚至比理论教育更为重要。

对普通的家庭来说，要做李嘉诚这样的富翁爸爸很难，但是做李嘉诚这样的明智爸爸，却是可以学到的。我们知道，孩子的新知都是从模仿开始的，父亲是孩子认识外面世界的最重要的窗口，父亲怎样对待失败和困难，孩子都会受到潜移默化的影响。如果父亲本身是一个言而有信、正直勇敢的人，孩子很容易就会接纳一套正面的价值观。看到父亲为了家人而努力工作，能够轻松地应对工作，对家人呵护备至，孩子的心中会燃起对美好生活的感激之情，这也会帮助父亲在孩子的青春叛逆期渡过难关，日积月累的信赖不会让孩子走上反抗家庭的极端；但是如果父亲从来就出尔反尔、只说不做，就难以保住自己与孩子的感情平衡了，当孩子长大以后，很可能会忤逆家长，伤害父子感情。因此，父亲时时刻刻都要留意自己会给孩子带来怎样的影响，用正面的行动来解释所有美好的品质，让孩子在耳濡目染中成长为一个正直可信的人。

如何增进和儿子的感情

在教育子女的过程中，父亲不仅仅是一个"经济赞助商"，父亲对孩子性格的影响和生活习惯的养成都有很重要的作用。然而，父亲在家庭教育中的淡出对男孩和女孩的影响强度大小是不同的。一般来说，父亲角色缺失的情况下，男孩的损失要大于女孩。许多研究证实，父亲对男孩子智力发展的影响要比女孩大。由于孩子的天性中，大多具有喜欢模仿的特点，儿童早期男性观念与行为的获得，很关键的就是观察、模仿父亲的语言与行为，并接受家庭特别是父亲对其男性化角色的规范影响。

如果在男孩子的成长过程中，父亲角色总是缺席，男孩在一个相对柔弱孤寂的女性世界中浸润得太久，身上与生俱来的雄风会随着模仿天性的驱使，一点一点地被侵蚀，不知不觉之间便会朝着女性化的倾向发展。

另外，研究表明，男孩和母亲生活在一起的时间越长其性别角色越容易混乱。有位心理学家调查了某市部分小学五、六年级的学生，发现有 13.9% 的学生希望自己是异性。其中大部分是男孩，他们很多人在三岁时开始有自己是异性的想法，到了青少年期开始显现并表现得尤为突出，对自己生理上的性别不满意，讨厌自己的身体，强烈要求改变性别，在日常生活中还会穿着异性装束，言谈举止如同异性一样。而绝大部分这样的孩子，都很少与父亲接触。由此可见，父亲在男孩成长中不可忽视的重要性。

然而，在竞争日趋激烈的现代社会环境中，许多父亲将越来越多的精力都用在工作上，力争在社会上出人头地，而对家庭里的事，特别是有关孩子的教育方面的事投入精力和时间太少，孩子成长在母亲、奶奶、姥姥的怀抱中，幼儿园、小学也都以女性老师为多，这种从女性怀抱中走出来的孩子，大都不自觉地以女性形象规范自己，性格做派也在潜移默化中向女性靠拢……男孩的成长环境颇似温柔陷阱，软化了孩子成长应有的个性和棱角。在这种背景下，近几年，"阴盛阳衰""男孩女性化"的现象日益严重。

人们对男性角色的期望，决定了一个男子汉必须鲜明地区别于女性的特征，并能够充分展现一个男人的阳刚和雄性特性。一个哲人曾说，没有皱纹的祖母是可怕的。而我们要说，一个失去男性雄风的时代将更黑暗和可怕。

美国教育家杜布森博士认为，父亲应该承担起塑造下一代男人的主要任务。不能把孩子完全交给母亲、幼儿园女教师，要多拿出时间陪陪孩子。父亲为此有可能会牺牲部分事业与社交，但却能得到更伟大的成就——造就一个出色的孩子。事实上，在人生的不同阶段，男孩总是希望自己的身边有一位优秀的男性作为榜样供他效仿，而父亲恰恰是其最好的人选。

孩子不打不听话怎么办

英国17世纪著名的政治家、哲学家和教育家约翰·洛克提出过"绅士教育"，曾得到大部分人的认可。他主张一定要用温存的语言，耐心热情的态度，和颜悦色的劝导，有计划、有步骤地培养儿童的习惯，切记不可声色俱厉、简单粗暴地责备和训斥他们，以免伤害儿童脆弱幼嫩的心灵和正在成长中的自尊心。他提出的这种奖惩方法就是使孩子知道羞耻和光荣。孩子一旦懂得了受尊重与羞辱的区别，尊重和羞辱对他们的心理就成为一种最强有力的刺激。家长一旦能让儿童爱惜名誉，惧怕羞辱，就等于使他具备了一种真正的做人原则。这个原则会永久性地发挥作用，使他们走上正轨。

但如何才能做到这一点呢？

首先就是要培养孩子的羞耻心。儿童对于赞扬是极其敏感的。他们在比我们想象得更早的幼年时期就具有这一敏感性。他们觉得，自己能被别人看得起，尤其是被父母或者自己所依赖的人看得起，是一种莫大的快乐。所以，假如做父母的看见孩子的行为得体或表现良好，就应该适时地给他们几句赞扬；看到孩子表现不好或者做了错事，除了父母，孩子身边其他的人，也都用冷淡的态度对待他们，这样，用不了多久，孩子就能感觉到这两种不同的态度。这种办法如果能坚持下去，收到的效果要比贸然地吓唬或者打骂他们要好得多。威吓或者打骂用多了，孩子就会对它失去恐惧。如果孩子的羞耻感没有被培养起来，使用暴力是没有什么用处的。所以，家长应该禁止用暴力的方式教训孩子。

其次，让孩子懂得优秀的人可以得到可爱的东西，使孩子更加深刻地体会到，受到尊敬是值得喜悦的，而遭到羞辱是应当感到耻辱的，洛克认为，这两种截然不同的感觉会在心灵上约束孩子的行为。当孩子不同的行为和表现值得受人尊重或者应该遭到羞辱的时候，各种使孩子感到可爱的或者讨厌的事物，应该紧紧跟随其后到来。

在对待孩子的奖惩上，日本教育家多湖辉有自己的看法。他认为，孩子会在被批评的过程中，学会辨别是非，学会区分哪些事情是好的、哪些事情是坏的。因此，家长要学会既改正孩子缺点，又不伤害孩子的自尊心的批评。

批评孩子，应该保持冷静的态度，向他讲道理，以理服人，而且自己的立场也要始终如一。另外，批评孩子要有分寸、方法得当。

多湖辉曾因不满学校的严格管理，做出了伙同他人一起破坏学校部分校舍的荒唐之举。学校的规章制度非常严格，所以他已做好了退学的思想准备。而校长却把他们召到校长室，流着眼泪说了下面的一段话："太令人遗憾了。我现在什么也不说，想必你们也在反省自己吧？希望你们能再一次反思一下自己所做的事情。"校长宽宏大量的批评，深深地刺激了学生们，使他们进行深刻的自我反省。因此，采用什么样的批评方式非常重要，它既能使孩子的才能得到提高，反过来也能使之下降。

多湖辉一直主张："批评时要正襟危坐。"进行重要的谈话时，任何人都要端正姿势，创造一种严肃的气氛。而且，不是单方面地命令别人如何去做，而要采取一种理解对方的立场、倾听对方意见的具有包容性的态度。不论做了多么荒唐的事情，都应该有其原因。问清这些原因并予以理解是能让孩子接受批评的先决条件。

对男孩进行正确的性别教育

读到针对男孩女孩要有不同的教育理念时，很多家长会感叹：正是，男孩要有男孩样，女孩要有女孩样。因此，孩子们从小就被鼓励朝自己的性别方向发展，渐渐的，这种鼓励变成强制，女孩得不到变形金刚，而男孩也别想有洋娃娃。如果男孩哭，大人会劝说：只有女孩子才哭泣，男子汉有泪不轻弹。属于孩子的物品也常常被贴上性别标签：女孩子得到的常常是芭比、绒毛玩具、厨房用具、珠宝和漂亮的服装；而给男孩子的则是轿车、卡车、球类和运动器械。

在起初的 18 个月里，男孩和女孩具有同一水平的侵犯行为，但是到了 2～3 岁的时候，女孩的行为就比男孩少些侵犯性。男孩和女孩似乎都知道侵犯对于男孩的行为来说是可以接受的，而对于女孩来说是不可以接受的。

在这种教育氛围中，孩子们把世界分为男人和女人。久而久之，孩子们会改变自己的行为以适应这些性别定式，这是一种性别单一化的教育方式，这种方式过于强调性别，讲求性别身份及性别气质的认同，反而会限制孩子智力、个性的全面健康的发展。

美国心理学家也曾对两千余名少年儿童做过调查，结果发现，过于男性化的男孩和过于女性化的女孩，往往智力、体力和性格发展都较为片面，智商、情商也较低。具体表现为：学习成绩较差（特别是偏科现象严重），缺乏想象力和创造力，遇到问题时要么少了主见，要么固执己见，同时也难以自如地应付环境。相反，那些兼有温柔、细致等气质的男孩，以及兼有刚强、勇敢等气质的女孩，却大多智力、体力和性格发展全面，文、理等科的成绩均较好，而且往往受到教师和同学的喜爱。

心理学领域对于男女双性化气质进行了很多研究，结果表明双性化气质更可取，具有双性化气质的男人和女人更受人喜欢、更能够调整自己以适应环境的要求、应对压力时更灵活，极端的女子气、男孩气在社会生活中会出现很多问题。如，创造力需要敏感——这是女性特质，而同时又需要自主性和独立性——这又是男性特质。

现代社会，男性气概加上相应的女性气质，才能真正适应主流文化。不论是男孩还是女孩，都应该在发挥自己"性别"优势的同时，注意向异性学习，克服自己性格上的弱势，促进身心的全面发展和人格的完善。因此我们在提倡"穷养男、富养女"的同时也提倡性别教育的"双性化"。"双性化"发展重在保留本性固有特征的基础上，糅合异性优秀特征的发展。因此，作为家长，我们应该适时进行双向化教育，在这个过程中，孩子们既能认识并接纳自己的性别，又能善于吸收异性的优点。

当然，"双性化教育"绝不是让孩子混淆性别角色的教育，一定不能走极端，切忌过了头。要是男孩学过了头，就会显得"娘娘腔"；要是女孩学过了头，就会变成"假小子"，这就有悖于"双性化教育"的初衷了。

魅力爸爸的"升级版"

权威的爸爸不一定冷冰冰

西方有一套表情识别系统，可以根据人的动作、表情来判断这个人撒了谎没有。这个系统用到东方可能未必有效，因为我们东方人比较含蓄，并且认为喜怒形于色是不礼貌、不明智的做法。哪怕父亲对孩子，也是一种非常克制和隐藏的爱。

在我们的观念中，一提到父亲，首先想到的是威严。"严父慈母"是传统家庭中的"黄金搭档"，多少代人都是在这样的教育下长大的，并且也延续着这种教育方式，一唱一和地教育孩子。很少有人思考过，这种教育方式真的对吗？

其实，如果父亲总是隐藏自己的感情，回避表达爱，渐渐就会失去表达爱的能力了，甚至变得对孩子苛刻起来。

孩子考试回来，双手奉上成绩单："爸爸，这次我可要申请一点奖学金啊。"爸爸接过成绩单一看，全班第一，全年级第四，于是很不高兴地说："我以为是全年级第一呢，原来才是全班第一，离我的标准还差远了。不能太容易满足啊，你们班在全年级一直就不算很拔尖，你不能老是和班上的同学比。"原本是一件欢欢喜喜的邀功之事，却变成了孩子的"思想课"，孩子的好心情一点儿也没有了，怏怏地回到了自己的房间中。

这样的父亲看起来是在借机会教育孩子，其实是在浪费教育的机会。孩子渴望得到父亲的肯定，这种肯定是母亲、爷爷奶奶不能代替的，但父亲却板着脸，完全看不出为孩子骄傲的痕迹来，久而久之，孩子就觉得爸爸并不爱他，或者并不关心他的感受。

有的爸爸明明就有天生的幽默才华，别人都会因为和他相处而快乐，却要在孩子面前"道貌岸然"、正襟危坐，孩子和他相处时感到压抑、痛苦、难受。抗拒父亲的权威，成了青春期孩子的明显症状。

刻意扮演一个冷酷严厉的形象，不仅让父母与子女之间缺少了很多快乐，也让我们的孩子失去了独特的成长空间。父母之间心照不宣的配合，在孩子的眼中却是他们相互不配合，父亲和母亲的立场不一致，让他们总以为妈妈更爱自己一些，爸爸是一个没有情感的人。

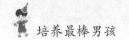

有位母亲讲了儿子和爸爸之间的一段小故事：

儿子过生日的时候，跟我忙活着做菜，看上去就像一个快乐的小王子，一整天都很兴奋。爸爸工作忙，但是承诺过晚上一起吃生日蛋糕的。可是，我们等到快要九点的时候，他才从公司回来。

"爸爸，你看我亲手做的菜！"

"嗯。"爸爸从鼻子里哼了一声，坐在桌上不多久就开始专心于手机了。

"吃蛋糕咯！"当我把蛋糕拿上桌子的时候，他一点祝福儿子的表示也没有，就坐着等吃了。这顿饭吃得比较冷场，我和儿子说了几句，看到爸爸没搭话也就算了。也许是儿子已经习惯了吧，他也没有任何抱怨，吃完和往常一样，看了会儿电视就睡了。其实，今天是他12岁的生日，多希望爸爸能够和他谈一谈。

这样的情形在我们的生活中并不少见。爸爸在家中，仿佛一只游动的"大鳄鱼"，没有表情，一路冷酷到底。这样的后果，就是父亲不能再有自己的很私人化的感情。有多少父亲狠下心来，觉得自己应该多多地克制自己的"孩子气"，成为一个更加成熟理性的人，但其实父爱的威严和温情并不矛盾。

画家吴冠中在自己的文章《父爱之舟》中说：

冬天太冷，同学们手上脚上长了冻疮，有的家里较富裕的女生便带着脚炉来上课。大部分同学没有脚炉，一下课便踢毽子取暖。毽子越做越讲究，黑鸡毛、白鸡毛、红鸡毛、芦花鸡毛等各种颜色的毽子满院子飞。后来父亲居然在和桥镇上给我买回来一个皮球，我快活极了，同学们也非常美慕。夜晚睡觉，我将皮球放在自己的枕头边……我从来不缺课，不逃学。读初小的时候，遇上大雨大雪天，路滑难走，父亲便背着我上学，我背着书包伏在他背上，双手撑起一把结结实实的大黄油布雨伞。他扎紧裤脚，穿一双深筒钉鞋，将棉袍的下半截撩起扎在腰里，腰里那条极长的粉绿色丝绸汗巾可以围腰两三圈，这还是母亲出嫁时的陪嫁呢。

投考无锡师范……为了节省路费，父亲又向姑爹借了他家的小小渔船，同姑爹两人摇船送我到无锡。时值暑天，为避免炎热，夜晚便开船，父亲和姑爹轮换摇橹，让我在小舱里睡觉……送我去入学的时候，依旧是那只小船，依旧是姑爹和父亲轮换摇船，不过父亲不摇橹的时候，便抓紧时间为我缝补棉被，因我那长期卧床的母亲未能给我备齐行装。我从舱里往外看，父亲那弯腰低头缝补的背影挡住了我的视线。后来我读到朱自清先生的《背影》时，这个船舱里的背影便也就分外明显，永难磨灭了。不仅是背影时时在我眼前显现，鲁迅笔底的乌篷船对我也永远是那么亲切，虽然姑爹小船上盖的只是破旧的篷，远比不上绍兴的乌篷船精致，但姑爹的小小渔船仍然是那么亲切，那么难忘……我什么时候能够用自己手中的笔，把那只载着父爱的小船画出来就好了。

正是父亲这种默默支持的爱，让吴冠中拿起画笔，走上了一条艺术之路。父爱如此深沉，但又如此温暖，让我们在朴实的讲述中感受到久违的感动，这才是父亲能给孩子的温暖一生的爱。

不强迫孩子做事

让家庭生活保持快乐的氛围是很多父母的愿望，每个人都希望在快乐中表达爱，但是现实烦琐细小的种种事务，为怒气和误解创造了很多机会，几乎每个家庭都有争吵和不安的经历。于是，父母对男孩的爱，常常夹杂着一些因为纷争和挫败而产生的无奈，还有害怕失去孩子的恐惧。

父母纯粹的爱是什么？其实非常简单，如果你真的想要孩子成长和学习，就给他们空间，让他们朝着健康、能干和情绪稳定的成年人发展，这才是爱的真正意味。但是父母现在的情况是，以管教和约束方式来养育子女，这与爱的本意背道而驰。

壮壮今年高考，成绩还不错，可以挑一所重点大学，本来是皆大欢喜的事情，但是他整个暑假都过得不开心。原来，一家人在填报专业上发生了很大的分歧：壮壮想学自己感兴趣的教育学，但是父母总觉得新闻专业更适合他，他们希望他成为一名记者，于是就坚决主张报新闻专业。

"这是你的人生大事，爸爸妈妈有经验，你就听我们的，我们绝对不会害你。"妈妈开导壮壮。

"正是因为这是我的人生大事，我才一定要坚持学自己喜欢的专业。你们总是说我没有经验，但是你们给我锻炼的机会了吗？从小到大，哪一次不是你们决定的，这一次我绝对不让步！"最终壮壮还是没能拗过家长，双方各做让步之后，壮壮报了一所离家最远的大学的新闻专业。

壮壮的反问值得家长深思，很多时候，家长都是因为"为了孩子好"这个想法，剥夺了他们应有的成长空间，让他们在父母设计的世界里成长。给孩子一个成长的自由空间，是现代教育家们共同呼吁的一个理念，其中就有著名教育家蒙台梭利，她将"自由教育"列入自己的基本理念，称她的教育方法是"以自由为基础的教育法"。

在蒙台梭利学校的活动室内，允许儿童自由地活动、交谈、交换位置，甚至也可以按自己的意愿移动桌椅。这种自由不仅是学习的需要，也是生活的需要。在教室里的儿童有目的地、自愿地活动，每个人忙于做自己的工作，安静地走来走去，有秩序地取放物品，并不会造成混乱，因为他们懂得安静和有秩序是必要的，并且知道有些活动是被禁止的。

在蒙台梭利看来，自由是儿童可以不受任何人约束，不接受任何自上而下的命令或强制与压抑，可以随心所欲地做自己喜爱的活动。生命力的自发性受到压抑的孩子绝不会展现他们的原来本性，就像被大头针钉住了翅膀的蝴蝶标本，已失去生命的本质。这样，教师就无法观察到孩子的实际情形。因此，我们必须以科学的方法来研究孩子，先要给孩子自由，促进他们自发性地表现自己，然后加以观察、研究。这里所谓的给孩子自由，不同于放纵或无限制的自由。

让孩子学会辨别是非，知道什么是不应当的行为。如任性、无理、暴力、不守秩序及妨碍团体的活动不仅会妨碍到他人，也会让自己因此受到损失，耐心地引导他们，让他们自己远离这些不好的行为，这是维持纪律的基本原则。由此也可以预见，放纵孩子只会让他丧失更多的发展机会和空间，并不是真正的自由。

纪律与自由并不矛盾。一个人如像哑巴那样安静，像瘫痪的人那样一动不动，不能算是有纪律的，这种人是在被"消灭"。积极的纪律包括一种高尚的教育原则，它和由强制而产生的不动是完全不同的。

一般学校给每个儿童都指定一个位置，把他们限制在自己的板凳上，不能活动，对他们进行专门的纪律教育，要求儿童排队，保持安静等等。这样的纪律教育是建立在忽视孩子的天性的基础上的。儿童的活动应当是自愿的，是一种自然的潜在趋势，不能强加给他们。重要的是使儿童在活动中理解纪律，由理解而接受和遵守集体的规则，区别对和错。因此，真正的自由也包括思考和理解能力。一个有纪律的人应当是主动的，在需要遵守规则时能自己控制自己，而不是靠屈服于别人。

正如蒙台梭利所主张的，让孩子拥有自由，首先是让他们领悟到纪律和秩序的重要性。怎样让孩子区别好坏，唯有说教显然是不可能的。在一些小事情上就让他们自己去做决定，并让他们承担因为自己的决定而带来的各种结果，久而久之，即使孩子在面对大学专业这样的问题时，你也可以放心地说："这是你自己的事，你自己决定就好了。"

第三章　母亲影响男孩的一生
——好妈妈的教子分寸

做母亲更需要"岗前培训"

母亲的素质决定孩子的素质

有这样一个说法：上帝之所以先造出男人，并不是因为男人比女人优越，而是因为男人比女人容易造。上帝先试着造出男人，成功以后才去造女人。当上帝把女人造出来以后，上帝创造人的任务也就完成了：它把这个任务交给了女人。这样看来，母亲的工作正是上帝的工作。

孩子是从母亲体内孕育的新生命，因而母亲的身体素质决定了孩子的健康基础。最新的科学统计表明，母亲的智商对孩子的智力有更为明显的遗传优势。母亲创造人类，这是对上帝的工作的延续，也是人类得以不断进步、充满希望的基础。

上帝选择女人来完成他的工作，不仅是因为女人能够繁衍子孙，更因为女性的特质，即善良、勤劳、温柔的亲和力，填充了孩子在父亲影响下形成的思维世界，让他的精神在正义、勇敢等的筋骨下，充满情感的血肉。就像上帝不仅仅创造出人类，还给人类以信仰和力量一样，母亲也不仅仅是生养了孩子，还是孩子精神的避风港，她可以在孩子遇到挫折、失去信心的时候，给孩子鼓励和安慰，让他重新鼓起生活的勇气，勇往直前。

母亲的素质对孩子的方方面面起着影响：

第一，有修养的母亲养育有修养的孩子。

所谓"修养"，处处体现在日常生活当中，与人相处或是独自一人时，所思所言都是修养的体现。母亲与孩子朝夕相处，因而孩子身上大多数的修养，还是从母亲那里点点滴滴培养而成的。母亲尊老爱幼，孩子自然就会上行下效；母亲节俭有度，孩子自然就会拒绝奢华；母亲彬彬有礼，孩子自然就会谦虚不傲……

著名华人指挥家汤沐海的母亲蓝为洁女士，就特别重视孩子的修养，她自己是一个电影剪辑师，在她的剪刀下，产生了一部部优秀的电影作品，对艺术的理解，也让她常常直言不讳地与儿子交流。在她的养育之下汤沐海成为世界级的指挥家，小儿子也是有名的画家。汤沐海的高雅修养和高尚品质，很大程度上来源于母亲的影响。

第二，善良温柔的母亲让孩子懂得为他人着想。

精神的冷漠是可怕的，很多感情木讷的人，在童年时代往往缺少母亲善良温柔的感染，这样的人往往性格粗暴、对人没有耐心。"悲天悯人"的情怀虽然可以由后天的修养与教育形成，但是它仍然是来源于孩子母亲的善良根基。

比尔·盖茨曾经说，自己在母亲那里得到的是"虔诚和善良"，在全球拥有超过44万雇员的比尔·盖茨退休以后，专门投身慈善事业，它不仅是连续13年蝉联世界首富的商业巨人，也是长期大力支持慈善活动的社会活动家。从他对全世界贫困地区的大量捐款上，我们可以看到他善良母亲的印记。

第三，耐心细致的母亲教会孩子做事。

再粗心大意的女孩儿，一旦变成母亲，就会变得坚强和细致，这也许就是常言说到的母性。每一个孩子都有自己的成长节奏，只有耐心等待和观察，才能很好地捕捉到孩子的步调，让他在适当的时间里做适当的事情，事半功倍。

不仅教育如此，在平时的生活中，如果一个母亲连听完孩子的话的耐心都没有，就不用指望孩子会有耐心倾听别人的意见，向别人虚心求教了。希望孩子养成良好的生活习惯，没有耐心是不可能成功的，作为孩子的启蒙老师，母亲的耐心是他成长中的最重要的礼物。

第四，沉着镇定的母亲使孩子学会坚韧不拔。

当"郁闷"成为社会的流行语，抱怨也就开始成为整个社会的风气。长期承担家务的母亲们，常常在孩子面前喋喋不休地抱怨自己的辛苦，"唠叨"成为现代母亲一个不光彩的标签。遇事沉着冷静，讲求效率和意义不仅是商业人士的必学知识，也是母亲在教育过程受益无穷的原则。

母亲对孩子的影响相比较父亲而言，更加具体和细小，孩子如同初生的果实，上面还有一层薄霜一样细小的柔毛，母亲的手，正是要感知到这些细微的绒毛，呵护孩子的成长。所有母亲的特质，都是她作为女性特质的延伸，当上帝决定你成为一个女人，就是他在授予你创造人、养育人的工作。如果用一个词来概括，那就是展现母亲的"亲和力"。

爱是维系母子关系的纽带

吴章鸿是一位平凡的母亲，但她在 2005 年被全国妇联评选成为"感动中国的十位母亲"荣誉称号。她以她的家教经历告诉世人，"穷"妈妈的爱可以雕琢出最为珍奇的音乐人才。她的儿子吴纯已经是第 16 项国际钢琴比赛大奖的获得者，这位妈妈用最朴素的爱来陪伴孩子一点一滴的成长，她在孩子还小的时候曾经有这么一段时间，每天早上五点半起床把孩子绑在身上，挤公交车去上学。她懂得教育孩子，但是从来都不会用暴躁的方式来压制孩子，而是耐心地劝导，用一片爱心来给孩子讲道理。在吴纯 11 岁的时候，其父亲与吴章鸿离婚并带走了家里所有的财产，而吴章鸿咬紧牙关，和孩子一起共渡难关，依然给孩子创造最好的教育条件，同时还告诫孩子记住周围人对自己的帮助，培养他的感恩心。在妈妈的感染下，吴纯从小就明白作为一个人应该秉承的处世之道，正如他的老师——世界著名钢琴大师克莱涅夫教授对他的评价："他是一个礼貌并真诚的人，这一点可以让他赢得更多的尊敬与敬佩。"

在旁人的眼中，吴章鸿与儿子一直是非常和谐的组合，还在吴纯小的时候，吴章鸿对他说："我需要爱，妈妈同样需要爱，妈妈在爱你的同时，妈妈更希望得到你的理解，尊重和支持。"确实，这样的一种爱才是最完美的亲子关系。

日本教育家井深大认为："孩子和母亲之间有一条纽带在维系着。"

这条纽带不是语言，而是母爱。尤其是在培养人品的时候，这种不用语言也能进行意思传递的"纽带"更是必不可少的条件之一。

小时候缺乏爱的孩子，长大后多数也不懂得如何去爱，这并不能说他们自私，而应该说，这些孩子是因为在某一时期之前没有被爱过，所以不能接受爱。也就是说，在这些孩子的身上没有养成知足的心理和被爱的心理。

井深大在自己的著作中举了伊扎贝尔的故事：

伊扎贝尔的母亲是一个口不能说、耳不能听的聋哑人。伊扎贝尔出生后，家人为了让她们母女躲避世人的目光，在一间形同牢房的漆黑房间里，整整对他们进行了六年半的监禁。伊扎贝尔出生时，是一个没有任何异常的正常婴儿，但是在经过六年半的监禁之后，被人发现时，她却变成狼少女的模样：嘴巴不能说话，对陌生人充满敌意，一副穷凶极恶的样子。

据说，她的行为只相当于出生六个月的婴儿水平。但是经过梅逊和戴维斯两位大夫的共同教育，这位不幸少女的词汇量逐渐增加，数年之后，她达

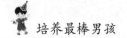

到了能够进行日常生活的水平。出生后到六岁半的时间里，没有人跟她说过话，陪伴她的只有黑暗和寂静。可是，伊扎贝尔最终却融进人的生活，这是为什么？

这是因为伊扎贝尔和母亲的肌肤之亲十分丰富，既不能听也不能说的母亲不可能听得见伊扎贝尔的哭声，也不可能对伊扎贝尔说出温柔的话语，但是，她可以通过搂抱婴儿，和婴儿进行心灵的交流。正是这种心灵的交流刺激了伊扎贝尔的大脑和心灵，并培养她作为一个人的心灵。

说到心灵教育，似乎让人觉得很难很难，其实，它并不难。对新生婴儿的初次爱抚，喝奶时婴儿和母亲之间的视线交流，母亲对婴儿的逗笑以及母亲对婴儿出声时的应答……这种母婴之间的交流是母亲和孩子之间联系的纽带，它是这个时期最重要的东西。

井深大把母亲和婴儿之间的相互感觉以及母亲和孩子之间的联系纽带表达为"不用语言的交流"和"语言之前的交流"，婴儿所感受到的首先是"语言之前的交流"，然后婴儿的心灵和能力才会成长。

妈妈决定孩子的一生

人民教育家老舍先生在怀念母亲时说过如下一段话："从私塾到小学，到中学，我经历过起码有百位教师吧，其中有给我影响很大的，也有毫无影响的。但是我的真正的老师，把性格传给我的，是我的母亲。母亲并不识字，她给我的是生命的教育。"

母亲教育研究所所长王东华教授在他的《发现母亲》中说："对母亲的依恋是人的精神赖以存在而不致崩溃的基础，也是人不断扩大自己生存疆域的依据，人所有的信仰，都是对母亲的信仰的一种替代形式。"这话一点也不夸张，母亲能够带给孩子的动力，是难以估计的。

观察一下你身边，就可以发现，那些阳光自信、充满乐观心态的孩子们，几乎无一例外地都拥有一位极其疼爱他们并乐于赞美的母亲。父亲的爱或许更多的是含蓄与深沉，他在潜移默化中教会孩子形成正确的价值观与良好的品性，而母亲的爱与热情，正好将这种力量激发出来，使之发挥出最大价值。女人天生具备表达情感和想法的特质，让母亲更易于夸奖孩子、关注孩子情绪的变化、在意孩子心情是否愉快等。父亲让孩子感受到勇敢和进取，但是让孩子在生活中深刻体会到这种品质的，还是与孩子形影不离的守护神——母亲。

战国时期齐国的王孙贾，15岁入朝侍奉齐湣王。一年，淖齿谋反刺杀了齐湣王，齐国人却不敢讨伐逆臣淖齿。王孙贾的母亲看到这一切，极为痛心。她对儿子说："你每天早上出去，晚上回来，我总在家门口等你，如果你晚上回来得晚，我还要到外面张望。你是湣王的臣子，怎么能够在王失踪生死未卜的情况下，安然回家呢？"母亲的话让王孙贾非常惭愧，他走上街头，号召人民起来讨伐淖齿，当时就有四百余人响应，最后终于平息了叛乱。

很多人担心，不知道怎样去教育孩子珍惜人生、积极进取。其实，只要你自己本身是一个积极进取的母亲，孩子自然就能养成阳光的心态和性格。孩子对人生的所有理解，都是从母亲的身上慢慢感悟到的。正因为如此，妈妈们才更有必要去改变自己、提高自己。

中国台湾著名的漫画家几米有一本漫画，叫作《我的错都是大人的错》，其中有很多"金玉良言"，一针见血地说出了现代家教的矛盾：

有些父母喜欢教训孩子：吃得苦中苦，方为人上人。
但她们自己吃尽了苦头，怎么没有变成人上人……
大人喜欢吹牛，
却要求小孩诚实。
所有的孩子都爱吹牛，
说他们的爸爸从来不吹牛。
大人喜欢对小孩说：
永远永远不要放弃梦想。
但为什么放弃梦想的都是大人？

这些既简单又直白的语言，把大人问得哑口无言了。为什么家长总是在做自相矛盾的事情，一边说着这样的话，一边又做着那样的事。每个父母都希望自己能有一个称心如意的孩子，但是很抱歉几米又说出了一个真相：我知道我不是一个完美的小孩，但你们从来也不是完美的父母，所以我们必须互相容忍，辛苦坚强地活下去。

很多孩子的不完美，都是从大人的身上映射过来的。比如我们常说孩子没有什么自尊心，不知道害羞，脸皮太厚。是不是因为他的自尊心被父母伤害得太严重了，产生了"抗体"？或者是他们没有从父母的身上找到自尊的感觉，从来不知道自尊是一种怎样的东西。现在孩子身上反映出来的种种问题，都是大人教育思想或者教育行为的后果。

妈妈与孩子相处的时间最多，对孩子产生的影响也最多。有的妈妈说孩子不爱学习，但是她自己也从来没有在家中翻阅过一本正经的读物。

有一位老师曾说，他请了专门的家长培训老师去学校培训，结果有几个

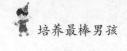

家长却趁机带着孩子去澡堂。"那些人的脑子才需要洗一洗呢!"

家长会上,如果是家长自由选择座位,常常可以见到大家都往后面坐,哪怕讲台前面的位置空了很多。有很多家长迟到,或者听到一半的时候就离开了教室,或者在听课的过程中从来没想过要记笔记,或者是突然接听电话,大声说话打断主讲人……

我们能责怪孩子听课不积极、不记笔记、不用心、不守时吗?

家庭是孩子的第一所学校,而母亲,是孩子的第一位老师。好的或者坏的教育,都将在孩子的心中留下烙印,代代相传。孩子身上的那些错误,很可能就是这个家庭的错误,或者,就是母亲的错误。

孩子是妈妈的镜子

我们遇到过那种人见人爱的小孩,也见过惹人生气的小孩。有的孩子在你开口之前,就已经领会了你的用意,这样的孩子被认为是冰雪聪明的;有的孩子比较被动,有问才有答,但是有问必答,虽然有点羞怯,也不乏令人怜爱的气质;但是有的孩子,就完全不能或者不愿意配合他人,就像是封闭在自己的世界中的小动物,处处提防,充满攻击性。很多人将这样的区别归结为天性,就像双胞胎中有静如处子的,也有动如脱兔的。但事实上,这些不同的反应都在一个框架里,反映的是孩子的同一种能力,即人际交往智能。

人际交往是每个人必须要面对的现实。哈佛大学发展心理学家霍华德·加德纳指出,在社会活动中,人际交往智能的核心是留意他人差别的能力,特别是观察他人的情绪、性格、动机、意向的能力。人际交往智能使人能够了解他人,更好地与他人一起工作。这些属于非智力因素,取决于后天的培养与开发。儿童从一出生,就开始了与他人交往,随着年龄的发展,他们与人交往的意识不断增强,交往策略也不断丰富和恰当。

父母在儿童早期成长的过程中所进行的精心培养,将促进孩子在人际交往方面有良好的发展,对儿童将来走向社会、进行工作和学习打下坚实的基础。母亲在培养孩子与人相处的能力方面,发挥的影响尤为重大。

孩子从一出生,母亲就与他有亲密的接触,孩子在最初的触摸记忆和声音记忆都来自母亲,母亲是与孩子的身体和心灵靠得最近的人。等孩子长大以后,其他的孩子是否接纳他,关键在于他怎样去接纳别人,适应社会。而这种接纳他人的能力就是从模仿母亲开始的。一般来说,一个热情的孩子往往有一位温柔慈爱的母亲;一个性格古怪的孩子往往母亲的性格也比较古怪。没有母亲的孩子,则更是容易走上冷漠的极端。

当孩子做错了事情的时候,往往是母亲来给他安慰和鼓励;学校里发生的不愉快的事情，母亲也会耐心地倾听并关注孩子的情感。所有这些对母子来说，似乎都是理所当然的事情，但是如果发生在朋友之间，一方受到委屈，另一方会真诚地安慰他、设身处地地为他着想，就难能可贵了。如果一位母亲可以做到善意地倾听，让孩子体会到被尊重被珍视的快乐，孩子也就会模仿母亲的口气和神态，去分享他人的喜悲，这样的人是大家都会看中的朋友。

另外，孩子在与人相处的时候是否心态自如，也与他和母亲相处时候的心态有很大关系。能够与母亲随时进行有效的沟通，交流感情的人，从小会在表达和感情上比较明确、稳定，这也是决定他是否能与他人自如交流的关键。

做身体力行的好妈妈

妈妈带着儿子去动物园，路上看见地上有一份报纸。儿子看着妈妈，不知道该不该去把它捡起来，扔进旁边的垃圾箱，但是妈妈仿佛没有看见一样地走过去了。就在儿子准备转身去捡的时候，妈妈说："现在的人怎么这么没素质，到处扔垃圾，不知道有多脏。"

到了公交站台，妈妈抱着儿子就往车上挤，排队等候的乘客们的目光都落在这对母子身上，妈妈浑然不觉似的说："别挤到孩子，谁给让个座来。"

这趟周末之旅给孩子留下的最深刻的印象，不是动物园里的小熊猫，而是第一次感受到那么多陌生人投来的法官一样的目光。家长和孩子一起外出游玩，本来是一件开心的事情，既可以促进感情，也能够让孩子接触到社会。但上面的家长不顾及最普通的社会公德，不讲究最起码的社会秩序，这对孩子的负面影响不可小觑。

一方面，家长的做法直接否定了孩子在学校学习的文明礼让、爱护卫生的观念，让孩子感到家长与老师之间的矛盾；另一方面，家长的言行让孩子感到羞愧，伤害了孩子的自尊心，也伤害了家长在孩子心目中的形象。

其实完全有一种"多赢"的方式来处理他们遇到的问题，那就是家长的以身作则。

看到地上有纸屑，还没脏到不能用手去捡的程度，妈妈说："有人不小心把报纸丢了，我们把它捡起来吧，要是太脏了就留给环卫师傅们打扫，像这种纸屑我们也可以动手。"说完，就牵着儿子的手，一起将报纸放在可回收的垃圾桶内。

看到很多人在排队，妈妈说："看来大家等很久了，很长的队。等会儿我们排队上车，如果没有座位了，我们就互相扶着站稳吧。"

用善意的方式来理解一些不文明的行为，可以让孩子感受到文明礼貌是社会最基本的秩序，从小养成好的习惯，也让孩子与家长一起参与到文明行动中来，感受到光荣和自豪。要知道，所有的美好品德，都以自尊心和羞耻感为基础，哪怕是很小的荣誉，也会让孩子更加向往得到更大的认可。

然而素质的培养，绝不止于社会公德的基本教育，它还包括孩子的世界观、价值观、人生观的培养，树立远大的理想、懂得谦虚和尊重他人、能够从小事做起……这些更加崇高和抽象的概念，要变成孩子生活中的一部分，除了让孩子去亲身体会，别无其他途径。这时候，就更需要父母的示范了。

孩子的精力其实是非常旺盛的，而且需要父母来调动积极性。如果父母和孩子站在一起，共同完成一件事情，孩子都是乐于接受的。如果仅仅停留在告诫和说教上，效果就不怎么明显了。

很多人都相信父母的素质决定了孩子的素质，就像知识分子家庭孩子往往彬彬有礼，而"暴发户"家庭的孩子却常常蛮横无理。的确，家长的水平高低对孩子有非常重要的作用，但是这个关系并不是建立在遗传上的，而是生活中的耳濡目染使然。

遗传对很多家长还是一个模糊不清的概念，当孩子身上有一些好的或者是坏的表现时，父母双方常常会拿"遗传"说事，甚至为争论是谁遗传给孩子坏习惯而伤害感情。

"遗传"是指父母的基因特征传给子女。遗传最直接、最显著的影响是对孩子生理上的影响，例如相貌、身体素质和家族遗传病等。对孩子的心理来说，遗传的影响力是非常有限的，心理遗传学在整个遗传学当中至今还没有形成系统，也就是说，还没有人能够十分肯定地说父母的素质、性格会遗传给孩子。但是几乎所有的遗传学者和教育学家都很明确地表示：家庭的氛围对孩子性格的形成有至关重要的作用，父母的言谈举止，直接影响着孩子的性格、习惯。

0～6岁是孩子整体素质形成的关键时期，既然遗传对孩子的心灵的影响是微乎其微的，父母不妨打起精神，用行动去培养未来的绅士。

妈妈，请放手让男孩经历风雨

让孩子在逆境中保持乐观

在现代的家庭教育中，妈妈要让孩子们知道，他们面临的是一个处处充满竞争的社会，"物竞天择，适者生存""优胜劣汰"将是普遍现象，未经锻炼的翅膀难以搏击人生的风雨，难以在未来的竞争中取胜。妈妈们要认识到，要想让孩子在竞争中立于不败之地，必须对孩子进行挫折教育，让他们自小接受艰难困苦的磨炼，教会他们敢于面对挫折，不怕失败，以培养他们坚韧不拔的意志和毅力。经过在逆境中千锤百炼成长起来的孩子才能更具生存竞争力，这也是妈妈应为孩子尽到的义务和责任。

人的生活并非都是一帆风顺的，在我们的生命中总是充满着这样或那样的困难和问题。但是我们应该让孩子明白，在逆境中开放的花是更美的，就像冰山上的雪莲那样的纯洁、美丽！所以我们要让孩子相信：挫折和困难正是上天给予他们的试金石，它淘汰懦弱和无能者，坚强者更懂得人生，懂得如何去完善自己，也会获得更多的经验和教训。

逆境更能让孩子获得更好的成长机会。从一个人成长的一般规律看，顺境可以出人才，但是逆境、挫折的情境更容易磨砺意志，逆境也可出人才。在逆境中经过挫折千锤百炼成长起来的人更具有生存力和更强的竞争力。因为，逆境中奋斗的人既有失败的教训又有成功的经验，更趋成熟；他们能把挫折看成一种财富，深谙只有失败才可能成功，成功是建立在失败的基础上的，因此更具有笑对挫折、迎难而上的风范。

"宝剑锋从磨砺出，梅花香自苦寒来！"孩子在逆境中成长是一笔财富！但是我们要引导孩子面对逆境挫折时要有一种积极乐观的心态。

乐观像一股永不枯竭的清泉，乐观像一首没有歌词的永无止境的欢歌。它使人的灵魂得以宁静，使人的精力得以恢复，使美德更加芬芳。孩子在用乐观的心态生活时，他们的精神、灵魂、美德都会从这种愉悦的心情中得到滋润，尽管烦恼和不安时时吞噬着这种美好的心情，各种挫折和磨难会一点一滴地消耗它，但这如清泉甘露般的美丽心情永远不会枯竭，而是历久不衰以至永远。

所以让孩子保持乐观的心态，微笑着面对生活是很有必要的。那么，妈妈在生活中应该如何引导孩子乐观地生活，乐观地面对生活的各种挫折呢？

1. 要朝好的方向想

有时，孩子变得焦躁不安是由于碰到自己所无法控制的局面。此时，你应该让他们承认现实，然后设法创造条件，使之向着有利的方向转化。此外，还可以引导孩子把思路转到别的事上，诸如回忆一段令人愉快的往事。

2. 不要过于挑剔

大凡乐观的人往往是"憨厚"的人，而愁容满面的人，又总是那些不够宽容的人。他们看不惯社会上的一切，希望人世间的一切都符合自己的理想模式，这才感到顺心。因此尽量让孩子避免挑剔的恶习。挑剔的人常给自己戴上是非分明的桂冠，其实是在消极地干涉他人的人格。怨恨、挑剔、干涉是心理软弱的表现。

3. 偶尔也要屈服

当孩子遇到重创时，往往会变得浮躁、悲观。但是，浮躁、悲观是无济于事的。我们要告诉孩子不如冷静地承认发生的一切，放弃生活中已成为他们负担的东西，终止不能取得的活动，并重新设计新的生活。大丈夫能屈能伸，只要不是原则问题，不必过分固执。

纵容小错，累积大过

教育孩子就要赏罚分明，孩子做得好要给予奖励，但孩子做错事时也一定不能姑息，哪怕只是小错也要进行适度的处罚，这样孩子才能正视自己的错误，及时改正。

6 岁的小航总喜欢玩火，只要是与火有关的东西，例如火柴、打火机，甚至于家里的炉灶他都要去摆弄摆弄。小航的爸爸自己也喜欢各式各样的打火机，从气体、电子式到机械式打火机，甚至于还有古老的"火镰"……对于小航玩火的行为，父母从来没有给过任何处罚，他们觉得玩火也不是什么大错，看着儿子熟练地使用各种打火机，小航的爸爸甚至还得意地说："瞧，我的儿子就是像我！"

一天，小航在家里玩一个爸爸刚买来的打火机时，一不小心把自己的帽子烧了个洞，脸上还蹭上了不少黑灰！小航的妈妈看到儿子的狼狈样，非但没有狠狠地教训他，反而笑得喘不过气……过些日子，父母带小航去农村的姥姥家，一不留神，小航居然和几个表兄弟一起玩起火来，不知什么时候开始，姥姥家的草垛已经燃起了熊熊大火！小航的妈妈跑来，拉过小航就是一顿痛打！

看到上面这个故事，你认为谁应该受到指责？是小航，还是小航的父母？

细细回想，自己是否有时也会认为孩子的小错并无大碍，不用小题大做？

一般人认为，孩子犯了小错可以不问，犯了大错就必须加以批评，其实不然，小错更应该引起家长的重视。

日本教育家多湖辉上中学时曾有过这样的经历。有一次发下考试答卷，他发现自己的数学成绩比预想的差得多，心里大吃一惊。记得考试时，除一道题没答上之外，其他都答得很完整。看完试卷之后才明白，自己因计算错误丢掉了好多分。父亲看完卷子后说了这么一段话："看了你的答卷，发现你太马虎了。有的前半部分都对了，最后却写错了答案，还有的把加减弄反了，像这种本不该错的错误太多了。现在，请你马上把错改过来，否则将会一错再错，养成粗心大意的习惯，后果将不堪设想。"

无意中犯的错，是最容易被人忽视的，它的负面影响也是很大的。

孩子的判断能力远不及大人成熟，他们时常会犯错误。但是，即使是孩子，也具有区分好坏的基本判断能力，如果犯了严重的错误，内心深处一定会有所察觉。虽然不知原因，他也会自问是否做错了。

然而，虽然意识到自己错了，可一旦有人指出来，人们就会产生反感，并有可能将错就错下去，这点大人小孩都不例外。就说上高中的孩子吧，只要家长劝说他们努力用功，他们必会顶嘴说："知道了，别再啰唆了！"然而，说归说，他们还是不肯用功，有时甚至会故意跑到外面去玩。

因此，除了及时指出问题，还要注意方式。如果妈妈在一旁呵斥，孩子刚刚萌发的反省心也会一下子化为乌有，进而产生反感，破罐子破摔，如此就会带来相反的效果。当孩子遭到较大挫折，换句话说，当孩子处在成长的关键时刻时，妈妈当场数落，不如给孩子留下自我思考的机会，等事情过后，再慢慢"细问"："那件事怎么样了？""当时觉得很困难吧？"有了反思的机会，孩子才有可能从各个角度去检讨错误，并从中吸取教训。

相反，当孩子犯了小错误，就应"随时确认"，及时给予批评警告。有时，孩子未必能意识到自己的错误，如果不加以纠正，小错很可能演变成大错。因此，不断纠正小错误，才能做到防患于未然。

有一句话叫作"星星之火，可以燎原"，一点小过错不断纵容，也会累积成大过。因此，爸爸在教育孩子时，一定不要纵容孩子的小过错，要不然只会害了孩子。

有一种家长，对孩子的小过总是姑息纵容，如果碰上心情好的话，甚至还要表扬两句。等到孩子把小错变大过时，他们就又变得异常愤怒，严厉地责罚孩子，殊不知，这些教育孩子的观点、行为都是相当错误的！这些错误的观点和错误的行为，当然只能收到适得其反的教育效果。

对于那些家有"玩火孩子"的母亲，我们的忠告是：面对孩子的小错误，母亲要立即纠正。如果孩子犯下小错误，当母亲的不能立即纠正，一旦孩子犯下大错误便后悔莫及了。妈妈们应该知道，尽管小孩的判断能力比不上大人，但是他们区别好与坏的能力还是有的。如果孩子犯了错误，在他的意识里，他会感觉到自己做了错事。此时，妈妈应当抓住孩子"我犯错误了"的心理，立即进行有效的教育和行为上的纠正，这样一来，孩子就不会再犯这类的错误。

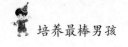

请拿掉你手中的"保护伞"

吃水果时，孩子拿起了水果刀准备削皮。妈妈见状，立刻夺了下来："你不能削，会削到手。"

儿子拿起水杯，向热水瓶走去，妈妈马上说："会烫着手，我来，你过去等着。"

公园里，器械旁，妈妈的眼神牢牢地跟着孩子，不时大声叫："那边危险！不要过去！""那么高的地方不能爬，会摔下来。"孩子下了秋千和滑梯，家长赶忙跑过去扶住孩子。

妈妈如此担心孩子，生怕孩子受到一丝伤害，于是把孩子严密地保护起来。孩子们的确没有磕着碰着摔着，家长以为安全了，尽到做母亲的责任了。可是，在这样的保护下成长的孩子是什么样的呢？

孩子们好奇的眼神在一次次"不能"的喝令当中逐渐变得漠然。忍不住伸出的手吓得缩回去，不再伸出。心里那只探索世界的小手也缩了回去。种种未知的危险始终回响在耳边，只是想象，就已经限制了孩子的行为。

等孩子渐渐地长大时，他们便什么也不敢做，什么也不会做了。母亲的代劳让孩子甚至没有了自己想要去做的意识。孩子们变得唯唯诺诺、自私、懒惰、怯懦、自卑和不合群，有的甚至出现了严重的心理问题，更别提冒险和探索了。

用一句话来说，这就是母亲过于保护的结果。想想看在这种环境中长大的男孩子，什么事情都不敢做，还期望他们能有什么创造性吗？

母亲的庇护不会出现在任何时刻，事故终归是难以避免的。男孩们要学的是怎样去忍受在生活中碰到的疼痛甚至是困难。尝试了，体验了，即便是痛，也是他们人生的最初几步中宝贵的财富。感受了才能更深刻地意识到以后应该小心去避免。而妈妈们，无形中剥夺了男孩们享受的权利，导致了他们的无能。妈妈不是孩子永远的"保护伞"，经常沐浴在母爱保护之下的男孩离开了父母亲以后很难立足于社会。下面的这位妈妈就是很明智的，她给了孩子另外的一种保护。

为期两天的野营马上就要到了，孩子积极准备着去山里要携带的物品。他做了很多准备。妈妈检查了他的行李，发现他没有准备足够的衣服，因为山里要比平原冷得多，而且也没有准备手电筒，这可是野营时需要带的东西。

但是妈妈什么也没说。

两天后，妈妈问回来的儿子："怎么样？玩得开心吗？"

儿子说："我带的衣服太少了！还有，我没带手电筒，这件事情很麻烦。"

妈妈问："那为什么不预备好呢？"

"我还以为那儿的天气和这边一样，没想到山里会那么冷！下次再去的时候，我就知道该怎么做了。"

上个事例中的妈妈是想让"经历"去告诉孩子结果，而不是由自己直接告诉他，甚至无微不至地为他准备好。看上去，这位妈妈似乎是个不称职的妈妈，但她其实却是一位非常明智的妈妈。因为她阻止了自己的过度保护，而给了儿子直接的体验和经验积累，从而避免了让孩子走向无能。

男孩有预约错误经验的权利，所以不要找出"不想让他走弯路"的借口，应放手让他尝试错误。体验了失败，才能更有利地回避失败，这才是最直接的给予！如果母亲只知道帮助他踢开前进路上的小石子，会让他觉得一切都是容易的、安全的和可靠的。只有无数次错误经验的累积，才能让孩子直观地感受到错误的真正含义，这些远远胜于妈妈的"千叮咛万嘱咐"。

所以，妈妈要大胆地给他尝试错误的机会，这是男子汉成长过程中必须要经历的一步。

适当让男孩受一点苦

很多妈妈由于对男孩太过于精心照料，使男孩往往会对母亲过度依赖，逐渐变成了娇软的"奶油小生"。

小学生强强对妈妈说："妈妈，我的同桌小丽昨天打了我的头，还把我的书包扔到教室外面去了。你说我该怎么办呢？"

这些本应该是充满着阳刚之气的男孩，怎么会变得如此胆小怕事呢？

我们不得不把矛头指向那些乐于事事代劳的妈妈，她们处处疼爱孩子，为孩子做好一切，结果换来的是男孩自理能力的下降。

一个小学一年级的男孩子，在中午吃饭时突然大哭起来。老师问他为什么哭，男孩子一边抽泣着一边说："今天的鸡蛋太硬了，没法吃。"原来，以往男孩带的鸡蛋都是妈妈事先剥好皮的，而这次来不及了，妈妈没有帮他剥皮。

东南大学的一位教师说，一些学生考入大学、离开父母后，基本不会独立生活，不能自理自立。一位考上南京某名牌大学的高才生，入学一个月便将自己的各种证件、钱物等都丢失了，并且无法处理简单的日常生活。不得已，学校只能要求他的家长前往学校帮助其料理生活。后来这名同学还是感觉生活不适应，只好休学回家。还有的学生将自己换下来的脏衣服打成邮包

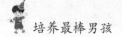

寄回家，让父母去洗；一些大一、大二的学生均反映适应不了大学生活。

有一次，学校组织学生进行大扫除，有一位妈妈拿着抹布来帮助儿子做卫生。老师不禁感到纳闷，问这个妈妈："平时孩子在家做家务吗？"没有想到这位妈妈毫不犹豫地回答："疼还疼不过来呢，怎么能让他做家务呢？"

这样被妈妈"一手包办"长大的男孩，将来肯定是要吃苦头的，注定会给家长带来悲哀和失望。

要想把自己的男孩培养成为适应未来社会的男子汉，当妈妈的可以表现得不那么强势，给男孩提供显示本领的机会。母亲的过于能干、刚强，会让男孩失掉施展才华的天地，能力慢慢地被弱化。

事实确实如此，如果妈妈把男孩当成一个男子汉来培养，他会慢慢变成令妈妈满意的男子汉。如果妈妈总是把男孩当作一个小孩子，即便他已经长到了十几岁甚至是二十几岁，他在心里也会永远把自己看作是一个小孩子。正确的做法是，适当让男孩受一点苦。

有一次，我国有一位青少年教育专家到华盛顿参加完一个会议，出来在路边等车，看见一个母亲和一个3岁左右的小孩过马路。那个小孩不小心摔了一跤，母亲走了过去，对小孩说："汤米站起来！"小孩继续在地上耍赖。母亲的声音越来越大、表情越来越严肃："站起来！"小孩立刻站起来了。母亲把小孩带到路边就开始训斥："汤米，你看看你刚才，像个男子汉吗？还说长大了要保护妈妈，你那个样子能保护我吗？做事情不能担负自己的责任，还妨碍交通。"3岁的小孩含着眼泪，被妈妈带走了。

赫胥黎说："人在早年遭受几次挫折实际上有极大的好处。"男孩在成长时期太顺利了未必是好事。对男孩过分保护，往往会妨碍他身心的正常发展，使他们变得胆怯、依赖心重、神经质，不敢做任何尝试，而且不易与人接近。为了让男孩在以后的生活中少吃苦头，在男孩成长的过程中，父母要做的是精心设计一个有益的教育环境，使男孩在成长过程中适当地吃些苦头，培养他承受挫折的勇气和能力。有了这样的准备，男孩才可能在以后少吃苦。

孟子云："生于忧患，死于安乐。"忧患和安逸都是生活方式，但一个可以培育信念，一个只能播种平庸。母亲必须让男孩知道，在成长的道路上，不可能是一帆风顺的，成功往往是与艰难困苦、坎坷挫折相伴而来的。如今的男孩生活过于安逸，普遍缺乏经受磨炼的机会，因此，他们很难学会忍受挫折和失败带来的负面情感，这对他们的成长是极其不利的。经过在逆境中千锤百炼成长起来的男孩才能更具生存竞争力。

有位男孩考上了一家部队院校，严格的军事化管理让男孩苦不堪言，他在给家长的信中屡屡透露出不能承受的意思。他的父母千里迢迢去探望，看到男孩的确很苦，站要有站相，坐要有坐态，就是平日穿衣叠被吃喝等杂务也得用统一整齐来规范，更别说每日早晨风雨无阻的五公里越野长跑。他们只待了三天就被队领导要求返乡，他们看着男孩黑瘦的模样，内心充满矛盾——男孩平素一进家门就喊饿的，可现在，肚子咕咕叫，还要饭前一支歌！怎么办，母亲几乎动了把男孩领回家的念头，可父亲却一直坚持："别人家的男孩能行，咱家男孩也行！"后来两位家长终于释然。如今，他们的男孩已真正成为一个成熟稳健、果断独立的男子汉了。

日本著名企业家松下幸之助曾经说过这样一段话："狮子故意把自己的小狮子推到深谷，让它从危险中挣扎求生，这个气魄太大了。虽然这种作风太严格，然而，在这种严格的考验之下，小狮子在以后的生命过程中才不会泄气。在一次又一次地跌落山涧之后，它拼命地、认真地、一步步地爬起来。它自己从深谷爬起来的时候，才会体会到'不依靠别人，凭自己的力量前进'的可贵。狮子的雄壮，便是这样养成的。"

别让男孩走"中性路线"

几十年前，美国著名的预言家阿尔文·托夫勒预言了世界发展的十大趋势，其中就包括了男女性别逐渐趋于中性。而时下的"中性"的确已经作为一个时尚的词汇，频繁出现在我们面前。

走在学校的校园，我们不难看到超短发型、宽边眼镜的女生打扮，并且这样的人群还有增多的趋势，她们觉得这是一种时尚。与之相反的是，一些男生性格文弱、细腻、敏感，缺少男孩应有的阳光与粗犷。

随着社会的变迁，我们对于性别的认识已经采取更为理性的姿态，中性化作为一个时尚的词汇，越来越被我们熟悉。

有一位心理咨询中心的分析员这样分析中性化的原因：在心理学中有这样的理论，兼有男性和女性特征优势的人比较灵活，更擅长于人际交往，更容易被社会接纳，具有更强的社会生存能力。

不过，中性化具有优势并不代表性别可以忽略不计。当性别失去了严格的分类之后，男性和女性的概念也就失去了意义。女孩可以具有男孩的出色品质，比如勇敢、坚毅，男孩也可以具备女孩的优势，比如细心、周到，但是，男和女毕竟是自然的属性，是不可能从根本上进行颠覆的，如果违背了自然的法则，那将会出现很多不自然的后果。

震震从小就失去了父亲，同自己的妈妈和外婆生活在一起。因为是家里唯一的孩子，长辈们都很疼爱他，可以说是关怀备至。

在其成长的过程中，家人也从来没有给他灌输过关于性别的知识，他也没有感觉到什么，与外婆和妈妈生活在一起很自在，没有感觉自己和别人有什么不同。上了小学之后，震震就很自然地和班上的女生玩到了一起，然而男生却常常嘲笑他，甚至是欺负他，虽然有一群"小姐妹"半路为他解围，可是震震心中有一种挥之不去的难过。

震震大学毕业之后，一直都找不到合适的工作。无奈之下，家人帮他找到了一份工作，因为女同事很多，他无法适应那里的工作环境和工作压力，没有过试用期就被辞掉了。

在成人世界中我们可能会有这样的体会：有些男人在家庭中没有任何地位。不管他们的工作有多努力，在外面多么受别人的尊敬，但是一回到家里就会像个孩子一样，他们的妻子会为此伤透脑筋。

当女人们聚在一起聊天的时候，肯定会有类似的抱怨："我家里有两个孩子，其中一个是我丈夫。"因为对于妻子而言，优秀的丈夫能够承担家庭的责任，能够帮助她解决实际的问题。这些爸爸回到家往往就是盯着电脑，完全不把家庭事务放在心上，怎么不会让妻子感到恼火呢？

虽然这些妻子对丈夫颇有微词，但是对自己的儿子却宠爱有加，妈妈们不愿意让儿子分担家务，愿意给他最快乐的童年。可是对男孩来说，如果在年少时候就长在温室里，不懂得承担责任，可能到了成年之后，自己都无法对自己负责，那怎么会对妻子、对家庭负责呢？将来一定会有更多的妻子抱怨。

所以，妈妈要有意识把男孩训练得更加刚强，在以下几个方面应该有所注意：

第一，让男孩独立生活。

妈妈要改变什么事情都替男孩包办的态度，要多给男孩自主的机会。不论是在生活中，还是在学习上，凡是应该男孩自己做的，妈妈一定要放手让他自己做，并坚持这样的原则：你能干的，我绝不替你干；你不会干的，我教你干；你让我干的，我考虑该不该干。

很多家长都有这样的认识误区：在生活方面都帮助男孩料理好，男孩只要把全部的精力放在学习上就好了。其实这种认识是错误的，因为男孩在生活中形成的依赖心理会阻碍学习过程中自强自立精神的形成，这也是形成孩子软弱性格的重要原因之一。

男孩在独立做事的过程中培养了解决问题的能力、对抗挫折和困难的意志，当遇到困难的时候就不会感到无所适从。而且，当男孩在进行劳动等实践的同时，一定会切身感受到妈妈的不容易，当这种感情升起之后，还会促进男孩更用心学习。因此，妈妈应该让男孩学会自己独立生活，交给他独立面对生活的勇气和能力，可以先从小事着手，比如：让男孩自己准备早点、夜间要自己上厕所，等等。这些看起来是小事，但对于培养男孩坚强、勇敢的品质是有益处的。

第二，让男孩成为强者。

如果想让男孩坚强，就千万不要把他看作是弱者。只有他自己能立定脚跟的时候，他的意志才会坚定。

第三，让男孩增强自信心。

正在成长过程中的男孩更需要体验挫折的经历，家长应该鼓励男孩了解并发挥自己的特长，让他大胆尝试，享受成功。天下没有十全十美的人，找到更多的理由表扬男孩，让他认识到自己的优点和长处。这样，当男孩遇到挫折的时候，他就不会一蹶不振、轻易放弃了。

第四，让男孩正确看待失败。

当男孩遇到失败的时候，妈妈要帮助男孩找到失败的原因，和男孩一起分析遇到的问题，教会他从不同的角度看待事物，帮助孩子塑造良好的心理素质。

人的一生当中总会碰到自己无法控制的状况，作为家长在教会孩子正确对待失败的同时，还要教男孩做好心理准备，人生因为充满了挑战才显得精彩，失败中也包含着有益的因素，能克服失败的男孩才会更好地成长。

妈妈们常走的弯路

保全了玩具，破坏了好奇心

妈妈们经常会遇到这样一些令人头疼的问题：男孩似乎特别具有破坏欲望，什么东西到了男孩手里，没一会儿就能把它大卸八块，弄得你哭笑不得。一些妈妈为了保护玩具，不许男孩任意摆弄玩具，更不许男孩拆卸。殊不知，这种做法是本末倒置的，只保护了玩具，却破坏了男孩的好奇心和探索精神。

创造精神一个明显的特征就是男孩们总拥有极强的好奇心，刚对世界有了一个最初认知的男孩，对一切都充满了好奇。

　　一个男孩的母亲，因男孩把她刚买回家的一块金表当新鲜玩具给拆坏了，就狠狠地揍了男孩一顿，并把这件事告诉了男孩的老师。不料，这位老师幽默地说："恐怕一个中国的'爱迪生'被你枪毙了。"这个母亲不解其意，老师就分析说："男孩的这种行为是创造力的一种表现，你不该打男孩，要解放男孩的双手，让他从小就有动手的机会。"这个老师就是著名的教育家叶圣陶。

　　男孩的生活里到处都充满着好奇，男孩在这些千奇百怪的想象里成长着、破坏着。作为父母，应该注意保护好男孩的好奇心，不可扼杀男孩的好奇心。

　　温帆是武汉科技大学电信系的大学生。在学校期间，他有四项发明获得了国家专利，"带打气筒的自行车""可以转换多种锤头的锤子"等都是他多维思考的产物。而他的父母亲从小就很注重培养他的多维思考能力。

　　在温帆很小的时候，有一次，父母花了两个月的工资买了台收音机。一天，妈妈下班回到家，忽然发现儿子把收音机拆了，于是便问："你怎么把收音机拆了？"

　　温帆说："阿姨在里面唱歌，我想看看阿姨在里面怎么唱歌。"

　　妈妈一听，不仅没有生气，反而很高兴地对儿子说："你的想法真不错！阿姨在很远很远的地方唱歌，不管是天上、地下、海里，你都能听得见。这是为什么呢？你长大了就可以去探索这个！"

　　温帆的想象力和好奇心一直得到母亲的鼓励，他对无线电、电子、电波越来越感兴趣，上大学的时候就报考了电子信息专业，从某种意义上说这都是对他童年时期好奇心的回应。

　　还有一次，父亲在修自行车时让他当助手，对他说："跟我修这一次以后，下次就完全交给你自己修了。"

　　温帆很有体会地说："父母让我多动手做实验，多观察别人的做法。看得多了，在做同样事情的时候，我就能从多方面切入，想能不能做得更好，把它提高一个档次？于是，在搞发明创造时我便不断有新想法冒出来。"

　　能拆开玩具，说明男孩有好奇心，有求知的欲望，能自己去看待问题、研究问题。所有的母亲都希望自己的男孩能够成才，为了给男孩努力的方向，她们不惜花钱让男孩上各种各样的培训班，向男孩讲述成功人士的成长经历，希望借此找到男孩的成才之路。但他们或许不知道，可能仅仅是对男孩拆东西的批评，就可能改变其一生的命运。所以当妈妈的不能一味地批评，更不要扼杀男孩的好奇心，否则的话，就扼杀了将来的人才，因为生存的技巧就在于他们敢不敢去探索知识，去探索未来。

一位学者指出："人们只有在好奇心的引导下，才会去探索被表现所遮盖的事物的本来面貌。"好奇是铸就成功和杰出的最重要的因素。因为只有好奇心才能产生兴趣，只有感兴趣才能产生探索的欲望和动力。

心理研究表明，当一个人对某些事物产生好奇时，就会充满兴趣地去研究。他会变得愉快，精神放松，大脑高度兴奋。相应的，创造性就会得到高度发挥。是否具有强烈的好奇心和浓厚的兴趣，将在很大程度上决定着男孩参与未来社会竞争的成败。

在现实生活中，许多孩子一直是被动地接受知识，缺乏积极主动探索世界的好奇心，再加上家长对他们的好奇心的管制和干预，使得很多人都技能单一、反应迟钝，遇到了能力范围之外的事情就手足无措。

所以，母亲要鼓励男孩永葆好奇心，有了好奇心才能不断去寻找想知道的答案，才能学到更多的知识，从而不断进步。

请保姆带孩子

母亲并不是一个简单的称谓，也不再是传统意义上的喂孩子、洗衣服、打扫卫生……而是一种伟大而神圣的职业。母亲的教育很重要，母亲的工作不能由别人代替，孩子的教育必须由母亲承担。把自己的孩子委托给他人，只有人类这样做，其他的动物绝不会这样。

美国教育专家斯特娜夫人曾经说过，中国曾一度落后于其他国家是与中国人没有认识到妇女教育的必要有关的。过去，中国人认为妇女不应受教育，因此，多数妇女是文盲，也不进行家庭教育。

与这种说法不谋而合的是另一种说法，罗马之所以灭亡，就是由于罗马的母亲们把教育孩子的工作委托给了别人。这种说法虽然夸张了些，可是就像福禄培尔曾经说过的：国民的命运，与其说是操纵在掌权者手中，倒不如说是握在母亲的手中。

看看我们周围，孩子基本上没有时间和自己的母亲待在一起，因为许多年轻父母正在为生活的富裕而努力奔波赚钱。由于工作忙，把孩子的教育全部委托给孩子或是由爷爷、奶奶、姥姥、姥爷们看护，或是根本就没有自己的亲人照顾，只是由花钱雇来的保姆看护。在斯特娜看来，这样的妇女是不能称为母亲的。

大多数的家庭都不可能让母亲全职在家里教育孩子，但只要采取正确的方式，对孩子的照料虽然不一定样样都亲自动手，但对孩子的教育和平时的管教，母亲一定要承担起责任。正是出于这样的考虑，斯特娜夫人奉劝天下父母在孩子出生以后要慎用保姆。大多数保姆会对孩子说，不许做这个，不许做那个，因为她这样最省事。但这样一来，非但不能提高孩子的能力，反而会使之更加萎缩。并且，孩子在这样的保姆的抚养下成长，会形成各种不良习惯。

那么，我们怎样才能做一个好母亲呢？美国一家杂志曾经对读者做了一次问卷调查，问他们的母亲是如何教育他们的，问怎样才能做个好妈妈。下面是一些来信的摘录。

第一，读书是关键。

在我童年时，我记得母亲每天都读书给我听，并常常带我去图书馆。我清晰地记得我第一次读书给母亲听时，她的眼里带着泪花。在我有了女儿爱米后我也一直读书给她听——从她出生的那一天起，因为婴儿也爱听读书时那有节奏的声音。我的女儿爱米是一个好动的孩子，一会儿也坐不下来。但是在她两岁半时，她每天夜里都要带上20本书放在自己的床边。当她能够复述我给她讲的《棕熊》时，我的眼里也涌出了泪水。

第二，使用神奇的接触。

当妈妈同我聊天或是当我问她问题时，妈妈总是抚摸我的胳膊、手、肩和头，她时而将我额前的刘海梳梳，时而将我的头发拢在我的耳后。这些动作让我们这些孩子感到被珍视。现在我养育了两个孩子，当他们在我身边走过时，我都要去抚摸一下他们。

第三，不要抱怨。

我知道我父母比任何人都努力地工作，以养育我们和送我们上大学，但我从来没有听他们说过疲倦或是要我们给他们回报。

妈妈现在身体不太健康，但她从不把她的健康问题归咎于其他人。

第四，停止指手画脚的评论。

我母亲经常说："不要急于评论其他母亲是如何养育孩子的，免得在最后你发现也许你还没有她们做得好。"对一个家庭正确的东西对另一个家庭也许是行不通的。因为孩子们有不同的需要和不同的个性，家长也有不同的要求与习惯。只要不存在虐待与冷淡孩子，我们就不要去絮絮叨叨地评价别人家的教养方式。

第五，不要老是坐在电视机旁。

我母亲限制我看电视的时间和电视节目的种类。她常常说童年时光很珍贵，很美好，不要只坐在那"方盒子"前。因此我的童年不仅有电视卡通，还有野外早餐、攀登翠绿的山冈、玩耍和交谈。

现在我也是一个母亲了，我继承了这种很少看电视与录像的教养方式，结果是我和我的孩子们有更多的时间去阅读、唱歌、烹饪、交谈与去图书馆。

我们家也更安静，没有电视吵吵闹闹的声音。我的孩子们被"强迫"通过看书读报去发展他们的想象力。

第六，充分享受两人品茶的欢乐。

和孩子一起饮茶的作用是相当大的。以前当我神情忧伤地从学校回到家，我妈妈总是沏上一壶茶，然后我们边喝边聊。我们在一起的时间没有电视的打扰。在这安静的时刻，我乐于说出心里的任何想法、看法，甚至小秘密。无论是她给我劝告还是只让我去诉说，这都能使我慢慢平静下来。我们现在还保持着这种方式：无论何时，当我看到妈妈有些神伤时，我都会沏上一壶热茶。现在每当我的两个女儿与我谈论她们的问题时，也都将有一壶好茶陪伴着我们。

第七，庆幸孩子们的差异。

我的母亲并不对我们强求一致，现在我试着对我的孩子做得更好一些。我母亲认为，每一个孩子都有独特的能力与兴趣，绝不能统一要求孩子们，应该让他们成为他们自己，帮助他们去发展他们的潜能——无论他们选择了什么道路。最重要的是，要记住平等并不意味着给你的孩子们绝对相同的东西，而是给每一个孩子他所需要的东西。

不让孩子分担家务

都说智商、情商和财商是综合能力的三驾马车，智商已经被众多的教育家们说"烂"了，情商在教育界正当红。论资排辈，财商还算是新事物，有远见的妈妈们正在慢慢接受它。

金钱不是万能的，没有金钱是万万不能的。谁都不希望自己的男孩将来是一文不名的穷光蛋，更不想孩子的一辈子都由家长来埋单——那样的男孩永远不知道成功的滋味。男孩有所成就，比妈妈自己有成就更令人高兴，"青出于蓝而胜于蓝"，培养男孩的理财意识是大势所趋，会理财的人，能在有限的条件下生活得很好，而不会理财的人，不管挣了多少钱都不能提高生活质量。

金钱是社会的通行证之一，人们拿它来衡量不同的创造，也就是说，必须要有创造，才能有财富。没有创造，就只能受穷了。所以，财富教育的第一课，仍然是勤劳。

美国的家庭教育就是以培养孩子富有开拓精神、成为一个自食其力的人为出发点的。美国父母会让男孩从小就树立自立精神，即便是富豪子女，也要外出体验打工。美国前总统里根的儿子，就不靠父亲的权利来为自己安排舒适的工作，而是靠自己的能力去奋斗。

而中国的父母却很缺乏这样的意识，他们习惯为男孩创造最好的物质条件，尽量不让男孩受苦。但是，每个人的一生都不是一帆风顺的，一个人如果习惯了坐享其成、养尊处优的生活，将来一旦面对困难该怎么办呢？男孩总有一天是要长大的，他们总有一天需要自己去工作、去独立生活，父母不可能永远跟着他。

据不久前的一项抽样调查显示，某市高中生对家务劳动的疏远程度，达到了令人吃惊的地步。调查表明，高中生近六成起床不叠被子；五成从不倒垃圾，也不扫地；七成不洗碗，不洗衣服；九成从不洗菜做饭。还有部分高中生什么家务也不做，个别人连整理书包都还要家长代劳。

是现在的男孩真那么懒，不肯做家务劳动吗？其实不然，调查结果出人意料，有82％的高中生表示愿意做家务，36％的学生认为做家务很开心，是一种乐趣，有40％的学生说妈妈不让做家务，也从不教他们怎么做。

妈妈的理由是：他还只是个孩子，他现在的任务就是学习，这些事等他长大了再学做也不迟。这些妈妈的一片"苦心"，使男孩们不仅不会做家务，还养成了衣来伸手、饭来张口的习惯，以为别人为自己做什么都是应该的，却不知道自己也有关心与帮助别人的一份责任。

苏联教育家苏霍姆林斯基认为，体力劳动对于小男孩来说，不仅能获得一定的技能和技巧，也不仅是进行道德教育，而且还是一个广阔无垠的、惊人的、丰富的思想世界。这个世界激发着儿童的道德的、智力的、审美的情感，如果没有这些情感，那么认识世界（包括学习）就是不可能的。

为了男孩将来能更好地适应社会，让男孩了解妈妈的辛苦与不易，妈妈可以在男孩上小学高年级或初中时，周期性地让男孩当一天（或两三天）家，这是一个行之有效的办法。

具体的操作方法：找一个周末，让男孩为第二天的生活与活动安排做一个预算与计划，然后从第二天早上起床开始，就由男孩上岗指挥与组织一天的家务与游玩。父母则在男孩指挥下加以配合，需要多少钱，买什么菜，到哪里玩，坐什么车，走哪条路线，均由男孩来筹划。妈妈要放手、信任，不要干预，即使男孩安排得不是很合适，也不要当即否定，而是另选一个日子再与他一起总结，先让他自己提出改进意见，然后再补充。相信男孩对这样的活动兴致会很高，也会十分用心和负责任，快乐与收获定会出乎你的意料。

其实每个男孩身上都隐藏着勤劳的种子，小时候他们往往看到妈妈擦桌子，就迈着小步伐跑过来想帮妈妈擦；长大点看到妈妈做饭，就跑去厨房给妈妈打下手，但是碰到这种情况时，妈妈们常常会说："你干不好，让妈妈来。"或者说："一边看书去，别来打扰我做饭。"男孩心中勤劳的小火苗，就是这样慢慢被妈妈熄灭的。等父母发现男孩变得越来越懒的时候，想重新点燃它，就会变得异常困难了。

作为母亲，如果想教育男孩从小养成勤劳的好习惯，首先应该教导男孩有一个积极的劳动态度。俗话说态度决定一切，要男孩养成良好的动手习惯，应先从改变他们对劳动的态度开始，你可以选择对男孩进行言传身教，多给他讲一些勤劳的故事，给男孩制造一个勤劳的家庭氛围，让他从意识上觉得劳动最光荣。只要使男孩养成热爱劳动的习惯，使他们产生认真劳动的渴望，就能使男孩形成勤劳的性格。

让男孩尽早参与家务劳动，要讲究方法，你可以列出一张家务清单，让他每天依次照做。这样，不但可以培养男孩的独立性，也可以使男孩更有责任感。比如可以让男孩帮忙擦桌子、洗碗筷等。当男孩完成了你交给的任务后，要跟他说声"谢谢"，并给予适时的鼓励。

鄙视身份卑微的人

一天，一位40多岁的中年女人领着一个小男孩，走进美国著名企业"巨象集团"总部大厦楼下的花园，并在一张长椅上坐下来。她不停地在跟男孩说着什么，似乎很生气的样子，不远处有一位头发花白的老人正在修剪灌木。

忽然，中年女人从随身挎包里揪出一团白花花的卫生纸，一甩手将它抛到老人刚剪过的灌木上。老人诧异地转过头朝中年女人看了一眼。中年女人也满不在乎地看着他。老人什么话也没有说，走过去拿起那团纸扔进一旁装垃圾的筐子里。

过了一会儿，中年女人又揪出一团卫生纸扔了过来。

"妈妈，你要干什么？"男孩奇怪地问妇人，女人摆手示意让他不要出声。

老人再次走过去把那团纸拾起来扔到筐子里，然后回原处继续工作。可是，老人刚拿起剪刀，第三团卫生纸又落在了他眼前的灌木上……就这样，老人一连捡了那中年女人扔的六七个纸团，但他始终没有因此露出不满和厌烦的神色。

"你看见了吧！"中年女人指了指修剪灌木的老人对男孩说，"我希望你明白，如果你现在不好好上学，将来就跟他一样没出息，只能做这些卑微低贱的工作！"

原来男孩学习成绩不好，妈妈在生气地教训他，面前剪枝的老人成了他的"活教材"。

这时，老人放下剪刀走过来，对中年女人说："夫人，这里是集团的私家花园，按规定只有集团员工才能进来。"

"那当然，我是'巨象集团'所属一家公司的部门经理，就在这座大厦里

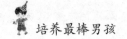

工作!"中年女人高傲地说着,同时掏出一张证件朝老人晃了晃。

"我能借你的手机用一下吗?"老人沉思了一下说。

中年女人极不情愿地把手机递给老人,同时又不失时机地开导儿子:"你看这些穷人,这么大年纪了连手机也买不起。你今后一定要努力啊!"

老人打完电话后把手机还给了妇人。很快一名男子匆匆走过来,恭恭敬敬地站在老人面前。

老人对那个男子说:"我现在提议免去这位女士在'巨象集团'的职务!"

"是,我立刻按你的指示去办!"那个男子连声应道。

老人吩咐完后径直朝小男孩走去,他用手抚了抚男孩的头,意味深长地说:"我希望你明白,在这世界上最重要的是,要学会尊重每一个人……"说完,老人撇下其他人缓缓而去。

中年女人被眼前骤然发生的事情惊呆了,她认识那个男子,他是巨象集团主管任免各级员工的一个高级职员。"你……你怎么会对这个老园工那么尊敬呢?"她大惑不解地问。

"你说什么?老园工?他是集团总裁詹姆斯先生!"

"啊,他是总裁?"

中年女人一下子瘫坐在长椅上。

无疑,上例中那位妈妈是失败的,很难想象,在她的耳濡目染下长大的那个男孩子,会在生活中学会尊重他人。

妈妈带着孩子去逛街,等车的时候,一位老人过来乞讨,老人衣衫褴褛,蓬头垢面,妈妈赶紧拉着孩子走开了,边走边说:"这老乞丐,真讨厌!"

到了百货商场,妈妈看中了一双运动鞋,对一个售货员说:"喂,把那双鞋拿给我看看。"

孩子渴了,妈妈给他买了一瓶水,孩子很快就喝完了,刚好商场的保洁员在一旁清理垃圾箱,"喂,扫垃圾的,这个瓶子给你。"

吃饭的时候,刚好碰到妈妈的顶头上司也来同一家餐厅,妈妈热情地跟他打招呼:"哟,王经理,您也来这吃饭呀,要不过来一起吃吧。"

……

妈妈的所作所为,孩子看在眼里,记在心里。这天,妈妈乡下的姑妈来城里办事,顺便过来看看他们,给他们带来了一编织袋的土特产,孩子看着姑奶奶土气的打扮,不屑地说:"乡下的东西,谁稀罕!"

听了孩子的话,全家愕然。爸爸一怒之下,拉过孩子,狠狠地在他的屁股上打了一巴掌:"你这孩子,怎么没大没小的呢!"

挨了爸爸一巴掌,孩子号啕大哭,他不知道自己哪儿错了。

爸爸不知道，在妈妈的耳濡目染下，孩子已经学会了将人分成三六九等。

妈妈是孩子的第一任老师，也是孩子最亲近的人，妈妈的所作所为容易被孩子认为是天然合理的；并且，由于孩子知识经验贫乏，辨别是非能力差，对妈妈的言行会不加选择地模仿。因此，妈妈要求孩子做到的，自己必须要以身作则。例如，要求孩子孝敬长辈，自己首先要敬老；要求孩子尊重别人，自己首先要尊重别人，对每一个人一视同仁。

作为孩子的启蒙老师，妈妈不仅仅要教会孩子基本的生存技能，更要以身作则，教育孩子尊重父母、尊重身边的亲人。一个不懂得尊重别人的孩子，他对自己的言行举止肯定也不会有最基本的尊重，极端的其至连自己最宝贵的生命也失去尊重。进入社会，孩子就成了大社会的一分子。作为社会成员，尊重他人，才会赢得别人的尊重。握一个手、道一声好，别人遭遇不幸时持一种同情、怜悯之心，而不是漠然、讥笑；自己收获成功也不傲然自大，而是谦逊、随和，这才是一个社会中的人，才是一个真正大写的人。

做好妈妈的四条秘诀

多培养拥抱孩子的习惯

人们普遍认为"常抱会养成习惯"，意思是说：常常以抱止哭，容易惯坏孩子。果真如此吗？如果说这是意味着"别溺爱""别太宠"的一种警告性提示，那是可以认同的。但如果是矫枉过正，尽量避免拥抱婴儿，就值得商榷了。

正在哭的婴儿，如果有人将他抱起来，就会停止哭闹而绽开笑容——这是父母们都体验过的事。

井深大指出，对于尚不能用语言、动作来表达想法的婴儿来说，哭是唯一的自我表现的方法。须知，婴儿只要在哭，便是或多或少要诉说心中的感觉，对于他所代表意志的召唤不予回答，就等于片面地拒绝了婴儿的要求。

特别是出生不久的婴儿和母亲的肌肤接触，即所谓的皮肤关系，在孩子的心灵发展上最为重要，已是一般的常识。

关于这方面的经验，十多年前曾有美国的专家以猴子做实验而提出了有趣的报告。

威斯康星大学灵长类研究所所长哈里·哈洛博士，将刚生下来的小猴子

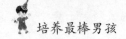
从母猴怀中移开，换用人工制造的妈妈，来观察小猴对母亲的需求情形。

哈洛博士准备了铁丝做的和布块做的代用妈妈，并分别在木偶身上通电流使之产生体温，有的带奶瓶，有的会轻轻摇动。

结果发现，小猴最喜欢有体温的、触感柔软的、有奶及可以被摇晃的假妈妈。因此，哈洛博士强调，人类的婴儿也和小猴一样，需要的是奶与暖和、柔软的触感，以及轻轻摇动的感觉，而母亲温和地怀抱婴儿，对婴儿的心理发展无疑是最重要的。

井深大说，他之所以主张"应多培养拥抱孩子的习惯"，无非也是希望借此充分地做好母子间的思想沟通。肌肤关系，是培育丰富情感的基石。

成长中的男孩需要家长更多的细微关心和更多的拥抱。妈妈对于男孩要多关心，要经常问问男孩最近的学习还有活动状况，询问一下男孩掌握的知识有多少，最近阅读了什么样的好书，应该尽量多表扬男孩，让他感觉到自己每天都有进步，哪怕他今天只是改正了一个缺点。妈妈的拥抱与鼓励是不可少的，最起码会让男孩具有一定的自信心，让他懂得今后去更加主动地学习。

请放下那副"教育孩子"的架子

李丽从国外回来，那里的许多人和事仍历历在目，如一些家长蹲着，和孩子在一个水平高度上面对面地谈话，给她留下了很深刻的印象。

第一次见到这种情景是在她住的朋友家。一个周末，他们请了一对青年夫妇和孩子来吃晚饭。当这个两岁多的孩子吃饱了，要下地去玩时，孩子的母亲也立即离开餐桌，蹲下来面对着孩子说："你是不是坐到离餐桌远一点的地毯上去画画？"孩子高兴地坐到那边独自玩去了。当时，她对这位家长蹲下来对小孩子说话的举动虽然感到讶异，但又以为这只是这位妈妈特有的教育方式而未再多问。

又一个周末，学校的一位秘书尼蒂请她到她家做客，她又一次见到这动人的情景。尼蒂有一双可爱的儿女，当他们准备乘车一同去超级市场时，4岁的儿子罗艾姆因为姐姐先坐进汽车而不高兴，尼蒂在车门口蹲下来，两只手握住儿子的双手，脸对脸，目光正视着孩子，诚恳地说："罗艾姆，谁先坐进汽车并不重要的，对吗？"罗艾姆看着妈妈，会意地点点头，钻进了汽车并挨着姐姐坐了下来。第二天上午，李丽和尼蒂一家去公园玩。当罗艾姆同姐姐跑跑跳跳，要到湖边去看戏水的鸭群时，不小心绊了一跤，眼泪在他的大眼睛里滚动着，马上要流出来了。这时，尼蒂又很自然地蹲下来，亲切地对儿子说："你已经不是小宝宝了，是不是？你已经是个大男孩了，绊一下是没关系的，对吗？"李丽也学着在一旁蹲下来，面对着罗艾姆说："是的，你是个大男孩了，对吗？"孩子一下子就收住了眼泪，很自豪地玩去了。

这时，李丽禁不住同尼蒂谈起了这样的教育方式。尼蒂说："与孩子说话当然要蹲下来呀！他们年龄小，还没有长高，只能大人蹲下来，才能和他们平视着说话。在我小的时候，我的父母就是这样同我说话的。我认为，孩子也是独立的人，因为他们比成人矮一些，成人就应该蹲下来同他们说话。"

实际上，这里的"蹲下"并不只是动作和行为上的"蹲下"，它更多的是传达与孩子站在相同立场上的观点。

或许妈妈早已习惯了站在成人的立场，以成人的思维方式为孩子分析问题，告诉他们应该如何去做，这会使他们怯于亲身去体验。如果我们坚持认为自己知识渊博，总是滔滔不绝地向孩子灌输，不厌其烦地纠正孩子的错误，我们就限制了孩子自己去积累知识的机会。而且，这种认为孩子这也不行、那也不行的态度，会极大地打击他们的积极性，使他们丧失自信。要学会站在孩子的角度思考问题，我们所要表达的爱，是要对方能接受的，千万不可因"爱"而生"碍"。

妈妈只有放下架子，和孩子平等交流，才能真正走进孩子的内心，给孩子以鼓励和帮助。

以身作则，培养诚实的男孩

老师打电话来说孩子一个下午没去学校，于是等孩子回来，你问他：

"下午上课怎么样啊？"

"嗯，挺好的。"

"老师都讲什么了呀？"

"哦，讲的……讲的课文。"

这个时候，你明知道孩子说谎了，但是应该怎样做才能既让孩子认识到自己的错误，又能让他以后不再撒谎呢？

诚实，不是天生的，是在后天的教育环境中养成的，英国著名的哲学家罗素说："孩子不诚实几乎总是恐惧的结果。"他们因为害怕父母的责罚而不敢承认自己的错误，或者为了达到某种目的而不得不撒谎。其中，父母对孩子的态度，是造成孩子是否诚实的一个重要因素。

美国一位著名心理学家为了研究早期教育对人一生的影响，在全美选出50位成功人士，他们都在各自的行业中获得了卓越的成就；同时又选出50位有犯罪记录的人，分别给他们去信，请他们谈谈母亲对他们的影响。有两封回信给他的印象最深。一封来自白宫一位著名人士，一封来自监狱一位服刑的犯人。他们谈的都是同一件事：小时候母亲给他们分苹果。

那位来自监狱的犯人在信中这样写道：

小时候，有一天妈妈拿来几个苹果，红红绿绿，大小不同。我一眼就看中一个又红又大的苹果，十分喜欢，非常想要。这时，妈妈把苹果放在桌上，问我和弟弟：你们想要哪个？我刚想说要最大最红的一个，这时弟弟抢先说我想说的话。妈妈听了，瞪了他一眼，责备他说：好孩子要学会把好东西让给别人，不能总想着自己。

于是，我灵机一动，改口说："妈妈，我想要那个最小的，最大的留给弟弟吧。"

妈妈听了，非常高兴，在我的脸上亲了一下，并把那个又红又大的苹果奖励给我。我得到了我想要的东西，从此，我学会了说谎。以后，我又学会了打架、偷、抢，为了得到想要得到的东西，我不择手段。直到现在，我被送进监狱。

那位来自白宫的著名人士是这样写的：

小时候，有一天妈妈拿来几个苹果，红红绿绿，大小不同。我和弟弟们都争着要大的，妈妈把那个最大最红的苹果举在手中，对我们说："这个苹果最大最红最好吃，谁都想要得到它。很好，现在，让我们来做个比赛，我把门前的草坪分成三块，你们三人一人一块，负责修剪好，谁干得最快最好，谁就有权得到大苹果！"我们三人比赛除草，结果，我赢得了那个最大的苹果。

我非常感谢母亲，她让我明白一个最简单也最重要的道理：要想得到最好的，就必须努力争第一。她一直都是这样教育我们，同时自己也是这样做的。在我们家里，你想要什么好东西都要通过比赛来赢得，这很公平，你想要什么、想要多少，就必须为此付出努力和代价！

小时候，妈妈给孩子灌输的是一种什么样的心态，他长大了便会用什么样的心态去对待身边的事与物，你也可以通过分苹果这样的小事，给孩子灌输一种积极诚实的心态。如果你对孩子撒谎睁一只眼，闭一只眼，不闻不问，听之任之。那样，就会变成一种放纵，孩子会越说越厉害，直至走上邪路。

那么，怎样才能让孩子成为一个诚实、不撒谎的孩子呢？

第一，不要在孩子的面前说谎。

要想孩子成为一个诚实的人，妈妈就应该先给孩子起到一个良好的表率作用。如果哪天你带着孩子去买东西，小贩不留神多找了你钱，你赶紧装作不知道拿着东西走了，而这一幕正好被细心的孩子注意到，那以后你要再给孩子讲应该怎样做一个诚实的人，他还会相信你吗？

第二，要鼓励孩子承认自己的错误。

有时候，当孩子做错一件事情，说谎往往比说真话更能免受处罚。对于这种情况，妈妈不宜急躁，应先查明孩子说谎的原因，了解他撒谎的动机，让孩子明白，没有撒谎的必要。孩子自然不会再惧怕处罚。

第三，肯定、表扬孩子承认错误的态度。

当孩子承认错误的时候，千万不要责怪他，而应该对他承认错误的态度加以肯定，让孩子体会到诚实的可贵。大多数妈妈认为，孩子主要是因为不知道撒谎的严重后果才说谎的。事实上，孩子说谎有时是因为说了真话反而受到了惩罚，所以他选择说谎来逃避惩罚。试想一下，当孩子第一次撒谎承认错误后，你不但不肯定他的勇敢，还无情地责怪他，下次再犯错的时候，你还能指望孩子对你说实话吗？

第四，对孩子的撒谎行为进行一定的处罚。

适当的处罚可以让孩子知道撒谎的代价，以便以后不再犯这样的错误。比如，孩子打碎了碗，但是却说谎了，你了解真相后可以罚孩子自己把碎片收拾干净。

养育男孩，要"狠"一点儿

疼爱孩子是母亲的天性，但是如果疼爱过了头，那就变成溺爱了，溺爱只会害了孩子。作为母亲，千万不要让溺爱害了孩子。

教育男孩，最忌讳的就是溺爱。一个在溺爱环境中长大的男孩，别指望他将来会有出息。对男孩的爱，只能放在心里，表现出来的，该狠还是要"狠"一点。要舍得让男孩吃一点苦头，不要对男孩的要求全部给予满足。以男孩为中心，一味地溺爱，是不利于男孩身心健康的，对他们的成长极为不利。

一位母亲中年得子，对儿子是百般疼爱，从来什么都是依着他，他要什么就给什么。儿子是个比较内向的男孩，平时不爱和人交往，学习成绩也是普普通通。高中毕业之后，儿子没有考上大学，母亲就将他送入了一所私立大学读书。就在儿子读书期间，妈妈每两个星期都要到儿子的学校去看望他，生怕他有什么不适应。

大学毕业之后，母亲并不鼓励儿子主动去找工作，她对儿子说："你是大学毕业生，可以找一份好点的工作。"意思是不让儿子出去受苦受累。于是儿子很心安理得地在家里过了两年，但是什么工作都没有找到。后来父亲不得已帮儿子找了一份很普通的工作，儿子上班不到一个月就回来了，说不适应，而这一回来，就在家里待了4年，这4年中不出家门一步。

看到儿子这样，做母亲的十分担心，但还是一味地由着他，但是老两口年纪一把，这么下去，儿子以后怎么办呢？父亲为此渐渐变得不爱说话了，心中的压抑堆积了起来，最后得了忧郁症。父亲住院了，儿子也不去看望，而母亲不得不在照顾了丈夫之后又回家给儿子做饭。

这是一个真实的故事，可以说，儿子能走到今天，都是过度溺爱的结果。这样的男孩，如此自闭、冷漠、寡情、无能，几乎等于一个废人，更谈不上什么男子汉了。这是孩子的悲剧，更是母亲的悲哀。

一般来说，在家庭当中，母亲溺爱孩子，最典型的表现有以下几种：

第一，对男孩给予"特殊待遇"，使男孩滋生优越感。

有很多母亲依然抱着"重男轻女"的思想不放，或者由于男孩是家里的独生子等原因，在家里的地位高人一等，处处都会受到特殊照顾。这样的男孩必然是"恃宠而骄"，变得自私没有同情心，不会关心他人。

第二，对男孩的各种要求"无条件满足"。

有的母亲对男孩的各种要求总是无原则地满足，儿子要什么就给什么。有的母亲觉得"再穷不能穷孩子"，即便是自己省吃俭用，也要满足男孩的无理要求。这样长大的男孩必然会养成不珍惜物品、讲究物质享受、浪费金钱和不体贴他人的坏性格，而且毫无忍耐和吃苦精神。

第三，对男孩过分保护。

有的母亲为了男孩的"绝对安全"，不让孩子走出家门，也不许他和别的小朋友玩。更有甚者，变成了儿子的"小尾巴"，步步紧跟，含在嘴里怕化了，吐出来怕飞走。这样养成的男孩一定会变得胆小无能，丧失自信，养成依赖心理，或者是在家里横行霸道，到外面胆小如鼠，造成严重的性格缺陷。

第四，袒护男孩所犯的错误，成为"护犊子"。

当男孩犯了错误的时候，妈妈总是视而不见，反而说："不要管太严，孩子还小呢。"有时候爷爷奶奶还会站出来说话："不要教得太急，他长大之后自然会好了。"在这种环境中长大的男孩全无是非观念，长大之后很容易造成性格的扭曲。

为了男孩的健康成长，母亲要给予他充分的爱，但是不可以一味地迁就儿子，这样培养出来的孩子将来会出现很多问题：缺少远大的理想，缺少是非的观念，缺少良好的习惯，缺少挫折教育，等等，直接影响孩子的未来。

单亲妈妈怎样带孩子

别总拿单亲说事

现在，随着社会风气越来越开放，以及很多情爱题材电视剧的影响，造就了新一代"敢爱敢恨敢离"的新新人类。很多人草率地结婚，同时也免不了草率地离婚。这样对感情的不负责，本是年轻爸爸妈妈们的错，但对于孩子来说，却是后患无穷。

那么，怎样做才能对孩子的损失降低到最小？这是单亲妈妈们首先要考虑到的问题。

面对这样的事实，单亲妈妈首先要面对的是要不要和孩子说清楚离婚这件事情。是什么原因造成的家庭不完整？有没有必要向孩子讲述自己的不幸？有一点是肯定的，那就是孩子早晚有一天会长大，到了他长大的那天，他一定会想办法问清是什么原因导致的爸爸妈妈不能在一起。

明智的妈妈应该向孩子作出一个合理的解释，这样也有助于帮助孩子在日后来面对别人的询问，其实是有利于他的心理健康的。有一些孩子，因为自己是生活在单亲家庭中而受到同伴的嘲笑，始终都生活在阴影中，这种阴影会伴随他一生。

还有一点就是，单亲妈妈们一定要生活得美丽自信。千万不要抱怨自己的生活痛苦不堪，因为我们要晓得孩子比你还要更苦一些。我们生活得越是平静，越是自信，孩子的反应就会越少一些病态。

离婚之后，若是由母亲来抚养孩子，这就会涉及另一个问题。很多母亲生怕自己的孩子与父亲见面之后会对自己冷淡，就千方百计地不想让自己的孩子与父亲见面。但是这样做弊端很大，扼杀亲情本来就是逆势而为，况且当孩子稍稍长大，懂得了自己是父母竞争的对象时，他很有可能会反过来利用这一点。

有些单亲妈妈认为，自己能够尽量挣更多的钱，最大限度地满足孩子的愿望，就是对孩子最大的补偿，其实这样的观念也有失偏颇。这样做的后果会使孩子变得自私、粗暴，也不会善加体会母亲的良苦用心。

妄想用孩子来充填自己空洞的生活，这是误区。因为早晚有一天，孩子会离你而去，你会独守空巢。总想把孩子拴在自己身边，实际上会破坏孩子

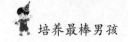

的生活。

正常地谈爸爸和他的家人

当女人经历了失败的婚姻之后，孩子往往就是妈妈们唯一的精神寄托了。作为母亲，我们可以自强自立，为孩子的健康成长提供良好的环境，我们可以尽自己的所能为孩子提供最温柔的关爱。尽管如此，现实的家庭是不完整的，孩子终有一天会提出这样的疑问，这只是一个时间问题。父爱的缺失会使孩子情感的天平发生倾斜，会使孩子的心灵产生阴影，这些后患在所难免。

为了孩子的健康成长和未来，单亲妈妈们大可不必将家庭不完整这件事情放在心上，而更应该乐观向上地对待每一天，妈妈的生活态度变得积极了，孩子才会受到感染。至于如何面对爸爸，妈妈们可以很坦诚地和孩子沟通："我们这样生活，你觉得不好吗？妈妈会更加爱你的。""宝宝不怕，即便爸爸不要我们，妈妈也不会抛弃你的。"用这样的语言来安孩子的心，无疑是最好的方法。在平时，我们还可以多鼓励孩子："妈妈想你一定是最棒的孩子，至少在妈妈眼里，你是最可爱的了。"

如果已经成了单亲妈妈，那就尽心尽力来抚养好下一代吧，让孩子放心，自己永远都不会放弃他。至于如何来面对爸爸，我们完全可以大大方方地告诉孩子，现在这样的生活是最好的，不需要爸爸不也很好吗？

除此之外，单亲妈妈们还要做到以下两点：

第一，不要让孩子感受到你对他有愧疚感。处在这样的环境当中，孩子从小就生活得比常人更加辛苦，这是情理之中的事。所以作为单亲妈妈，难免会在心理上有愧疚感，觉得孩子生活得如此不幸，完全是因为自己的原因。有的妈妈会因此对孩子很溺爱，不管孩子提出什么样的要求，总是无条件答应，以弥补自己内心的愧疚。这样的做法对孩子将来的成长是非常不利的。

第二，千万不要培养孩子对父亲的敌对情绪。有的单亲妈妈将孩子作为自己发泄怨恨的工具，在孩子的面前数落父亲的种种罪状，这样的做法实在是太不明智了。明智的妈妈还是会在孩子面前维护住父亲的伟大形象，或者是对父亲不好的地方绝口不言。因为孩子有一天是要长大的，当他有一天了解到了母亲的心胸，他会发自内心地尊敬自己的母亲。况且，如果我们总是在孩子面前提到爸爸的种种不好，很容易让孩子在内心产生自卑情绪，同时这样的做法也将自己偏执、冷酷、自私、狭隘的性格缺陷暴露无遗了。

怎样和男孩一起度过失业的难关

单亲妈妈最为担心的事情，莫过于失业了。她们在内心很害怕自己有一天会没有收入，和孩子一起衣食无着。家庭的日常开销看似简单，但是要真是细算一笔也是不小的数字。如果孩子身体不好需要经常去医院看病，或者没有一个固定的住所，那压力无疑是相当大的。更不要说给孩子创造一个更好的生活和学习条件，也更谈不上带着他去学习什么课外特长班之类的。

随着生活的成本日益提高，人们对于物质文化的需求水平也是水涨船高，单亲妈妈们难免会感到有些不堪重负。一个月的家庭开销，最基本的，也少不了伙食费用、日常用品费用、学习费用、通讯费用、交通费用、煤水电油气等各种能源使用费，另外有的家庭还需要租房子住。试想一下，单亲妈妈们要一个人挑起生活的重担，多么不容易啊。

作为妈妈，我们就要在心中打定主意，要和孩子一起勇敢地面对现状，战胜苦难。我们常说车到山前必有路，此路不通走彼路，上天怎么会有绝人之路呢？如果生活小富即安，那固然是好，但是如果现实的环境不允许，物质方面有些艰苦，那也无妨，一切的困难都是暂时的，在人生中总会有坎坷，但是没有迈不过去的坎。最可贵的是内心饱满，不管是否能赚到很多钱，却能够本本分分，不贪图不义之财，也不妄想走捷径不劳而获。能够生活得自信踏实，能够堂堂正正地做人，这一点就是给孩子最大的力量，相信在这样的环境中成长起来的孩子，即便是小的时候生活艰苦一点，但是他懂得自尊与努力，以后也会有出息的。

最后，还要提醒妈妈们的是，每天辛苦地上班拼搏，目的是为了养育好孩子，为了能够将一个破碎的家支撑起来。很多妈妈起早贪黑，容易忽略自己的身体健康，这就不可取了。真正懂得爱护孩子的妈妈，一定要先懂得爱护自己。

第四章　男子汉成长的第一站
——良好的家庭环境

男孩的成功来自父母 1‰ 的改变

其他父母能做到，你们也能做到

随便找一个学校的校门口等着，一到上学、午饭、放学的三个时间点，一定会有很多家长聚集在学校门口等候小孩。同是上有老下有小的一代人，"战友"见面，围绕家庭的话题就此谈开。家长们纷纷感慨："现在的孩子真是不听话""孩子们越来越不好教育了""电视上的那些学习机，对我们家孩子不管用"……真的是孩子们越来越难教了，还是我们的教育方式出了问题？不妨先来看看童话大王安徒生的成长故事。

1805 年，丹麦一个贫困家庭里诞生了一个小男婴。他的爸爸是一个鞋匠，妈妈是一个洗衣女工，祖母年老无力，常常出门乞讨来补贴家用。正是在这样的家境下，小男孩日后成为世界的童话大王——安徒生。

安徒生的童年中没有什么同龄的朋友，常常一个人孤孤单单地玩耍。看到安徒生形单影只，父亲打算给他建造一个属于自己的空间，于是将堆放旧物的小偏房收拾了一通：他在墙上挂满各种有趣的图画，自己在门板上画了一幅风景图；他将所有的故事书和乐谱都摆放在木架子上，还在窗户上放了一些手工制作的小人儿。当然，几乎所有的东西都是不值钱的旧玩意儿，但就在这间屋子里，安徒生给每一件东西都编了一个身世奇特的小故事，加上父亲给他讲各种各样的故事，他的童话才能开始渐渐积累起来。

安徒生的父亲为儿子所做的事情几乎称不上严格意义上的"教育"，他就是按照自己的能力给孩子安排了一间小屋，里面没有高档玩具，也没有百科全书。父亲将自己所能提供的所有东西都给了孩子，将自己听说的村野故事讲给孩子听，终于培养出了一个童话大王。

按照现代的教育观念，安徒生的父亲所做的应算当下最流行的"自由式教育"。父亲为孩子提供接触知识的条件，让孩子听凭自己的特长来发展。这种教育方式的最大益处在于，它保护了孩子的天性，也尊重了孩子自身的认知规律。相比较而言，现在家庭中的父母在孩子学习知识和养成习惯方面，则显得太过紧张了。

星星今年7岁了，刚开始读小学。一次，星星在姨妈家认识了一个新朋友毛毛，他比自己小半岁，但是已经学了三年钢琴了。毛毛在家长的鼓励下弹奏了一曲，这下刺激了星星妈妈的神经。"我们家星星也有音乐天赋的，不去学习太可惜了。"和爸爸商量之后，妈妈马上就给星星报了钢琴班。

但是天生好动的星星根本不听老师的指挥，不仅上课讲话，学习也不专心。不到两周，星星就说什么也不上钢琴班了，妈妈在家里急得直跺脚。

妈妈将星星送进特长班，本来是想发掘孩子的音乐天赋，但孩子就这样被糊里糊涂送进了特长班，属于自己的课余生活突然被打乱了，因而学习的积极性也不高，妈妈想要达到的效果也完全不能实现。星星现在正是好动的年龄，要让他安静下来，除非把他的注意力集中起来，寓学于乐。不考虑孩子的成长节奏，一味地按家长自己的意图将孩子送进各种特长班，并不能解决问题。

其实，像这样的例子还有很多，面对孩子在成长过程中的各种问题，家长没有找到症结所在，送其去特长班，是最简单、最偷懒的做法。如果特长班可以将孩子的成长烦恼统统消除，那所有的孩子都不需要操心，只要多花一点钱就可以了，即使是位高权重、富甲一方的家庭，还是存在很多教育问题。

家长的简单处理方式，让各种特长班的生意越做越红火，孩子的负担越来越重，而这种方式逐渐形成社会趋势，家长们的判断力也就越来越模糊了。但是特长班对绝大部分孩子来说，终究还是灌输式、命令式的教育，它的效果也是有限的。为了让孩子学习，家长们不惜节衣缩食，尽一切努力来改善孩子的外在学习环境，那为什么不思考一下，既便宜又有效的内在影响呢？靠废品改装和旧房改造，就顺利地教育孩子的安徒生的爸爸不就是最好的榜样吗？

爸爸妈妈先爱上阅读与"写作"

"有思想的人总会孤独，幸好我们有书可读。"一本书可以点燃一个人的热情，在静谧之中体验悲喜聚散，书籍让人自由，就像博尔赫斯所说"敢问图书馆的诸君，年少时，谁不曾梦想浪迹天涯"。书籍对成年人有如此的魔力，对孩子具有魔法的则是童话，它会打开孩子的思维世界，让他在天马行空的想象中体验情感。

很多人说："是的，我鼓励孩子看童话书，因此专门为他买了童话全集让他看。"大人都以为自己的责任是提供图书，童话是孩子们的玩意儿，父母是没有工夫去读的。其实，每个人的心中都有一个孩子。当自己成为父母，为找有效的教育方法而晕头转向的时候，何不走进孩子的世界，从阅读童话开始，唤醒自己内心的纯真，与孩子一起成长。

下班回家了，看见女儿乖乖地坐在自己的房间里读刚给她买的童话大全，妈妈很高兴。"来，让我们一起读这个故事吧。"于是，妈妈坐在女儿身边，开始听女儿抑扬顿挫地朗读起《灰姑娘》的故事。

"时间就要到了，我必须回家！"女儿模仿着灰姑娘的口气急切地说，她那投入的神情非常可爱，妈妈都被她逗笑了。两人在一起度过了半个小时的阅读时光，妈妈在最后语重心长地对女儿说："你也要像灰姑娘一样勤劳，将来才能收获美好的人生，知道吗？"然后，母亲心满意足地离开了房间。

上面这位母亲的表现怎样？也许你会觉得还不错，陪孩子阅读，又给孩子讲道理，两全其美。但是教育专家的意见却是，这样的母亲只能拿到刚刚及格的分数。能够有意识地与孩子在一起读书是很好的，但拥有一份阅读的心情，才是最重要的。

孩子的童话里常常充满了"胡言乱语"，这会让成人忍俊不禁，但这说明父母还没有进入阅读的状态，没有和孩子一起去体验那段感情，妈妈在危急的时候笑了，女儿这时却是真的感到十万火急的，这会让女儿感到妈妈没有和自己心领神会。

接受童话需要成人拿出孩子般的天真，童话就是一种文学形式，它和诗歌、散文一样值得认真地对待，如果父母总是置身事外，就很难体会到孩子经历的感情。

在故事的结尾，妈妈教育孩子像故事中的主人公那样如何如何，这其实也是不必要的。故事就是故事，不用拿着社会的道德尺标去衡量里面的角色，然后要求孩子们也做到。孩子在故事中已经体验到了各种情感，他们也会在生活中模仿这样的情感，父母的指点没有多大的效果，反而会扫了孩子读故事的兴致。如果想和孩子交流读书心得，不如换成"灰姑娘以后会怎样呢"这样的提问，激发孩子去续写故事。

另外，父母和孩子一起读童话的时候，不妨从听众变为演说者，自己为孩子们读一些故事，同时可以找邻居"借"几个小听众，一方面给孩子创造一种故事会的感觉；另一方面也为孩子找到了交流的伙伴。父母读故事，会让孩子感受到温馨，也让自己更加集中注意力，投入到角色当中。

如果有时间，父母最好能和孩子们分配角色，脱稿饰演故事中的角色，能做到这一点是最好的，饰演角色不仅会挑战孩子的注意力和记忆力，也会培养孩子的合作精神和表演才华，因为剧情需要，孩子还可以为人物添加一些台词，这和诗人创作诗歌是同样性质的，家庭的氛围也将在这种戏剧的互动中变得更加亲切融洽。

和孩子一起感恩生活

感恩在所有的文化中都是一种美德，"天地君亲师"曾是传统国人必须时刻谨记在心的感恩对象，一个成就再大的人，如果不懂感恩，人们会说他无情无义；相反，一个失足的浪子，如果还不忘亲友的恩情，人们仍然会对他有所怜悯。

养儿方知父母恩。等到自己为人父母的时候，我们首先想到的是父母养育自己时的辛劳。这种体验，也算得上是孩子送给父母的礼物。很多人成为家长以后，才发现生活的沉重：恋爱中的花前月下是那样美好，但生活本身是实实在在的小日子。婚姻中难免有冲突，当女人变成母亲、男人变成父亲之后，他们开始成熟，懂得忍让和承受。孩子让家庭成为一个社会的小细胞，孩子让父母发现自己与社会紧紧相连，所有这些改变，也是父母成长中的必经阶段，就像孩子会换牙、长高一样。养育的经历，值得父母心怀感恩。

父母要感谢生活，也要把孩子培养成一个知道感恩的人。对孩子恩情最大的就是亲人，我们要用"孝"来定义这种特殊的恩情互动。

有一篇著名的小说，里面讲的是父亲带着儿子生活，后来娶了一个女人。女人非常不愿意和年迈的爷爷一起生活，于是父亲买了一床毛毯，准备将爷爷送进敬老院。

拿到毛毯的爷爷心理虽然非常难过，但嘴上还是说："你真是个善良的人，这条毛毯真柔软，盖上它一定会很舒服的。"小男孩看在眼里，伤心极了。后来，小男孩说："不如将这床毛毯剪成两半吧，等我长大以后，另一半就用得着了。"

孩子的话让在场的父亲感到震惊和心痛，他没有想到，自己在孩子面前将爷爷送进敬老院，孩子将来也会学着把自己送进敬老院。没有人照料的孤苦生活是谁都不愿意的，孩子的话让父亲警醒：不能够这样对待养育自己的父亲。

小说中的故事告诉我们，要让孩子懂得孝顺父母，自己首先就应该孝顺

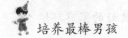

老人。如果孩子从小就看到父母孝顺爷爷奶奶，他自己也会受此影响，学着为父母做一些事情；反之，孩子也会按照父母对待老人的方式来对待他们，冷漠、自私的父母很难教育出知恩图报的孩子。

感恩这样的品德教育，虽然在历史上一直被反复强调，但是近些年来，孩子们身上暴露出来的正是学识有余、品行不足的缺点。智商和情商没有同步发展，教育出来的孩子将会是以自我为中心、自私自利的人。

感恩的教育要求父母一方面用行动去影响男孩，和男孩一起去感谢生活中帮助过自己的人，同时也感谢男孩给你的生活带来的快乐。心怀这种感恩之心，男孩也会体会到感恩的幸福。

正确爱你的男孩

拿捏好表达爱的分寸

天下没有不爱孩子的父母，但是，父母们往往拿捏不好爱的分寸，容易对孩子造成溺爱。溺爱的危害不言而喻。在探讨如何防止溺爱男孩之前，我们先做个小测试，看看你是否是溺爱孩子的父母、这种溺爱到了何种程度。

题目：请根据孩子的真实状况选择偏高、一般、偏低三个选项。（注：该问卷针对 6～12 岁孩子的父母）

1. 孩子会自己整理书包，准备上学用具。

2. 受到挫折的时候，不会向父母发泄。

3. 看到某些想要的东西，如果父母不给买，孩子就会放弃。

4. 孩子在找人借东西之前，都会向物主说一声。

5. 遇到什么困难都不会抱怨别人，并且希望下次做得更好。

6. 会关心其他的家庭成员。

7. 愿意与客人分享自己的食品和玩具。

8. 无论是看电视的时间，还是上床睡觉的时间，都有规律可循。

9. 需要做决定时，知道自己要什么，不会不知所措。

10. 做家务劳动的时候尽职尽责。

11. 能够清楚地表达自己的想法。

12. 遇到问题首先想到自己解决，不会马上让父母协助。

13. 见到别人会很自然地打招呼。

14. 善于反省自己的问题。

15. 不会乱发脾气，生气有原因。

16. 能够欣赏别人的优点，而不是嫉妒。

17. 对父母的付出懂得表达感谢。

18. 家里家外一个样。

19. 能适当支配自己的零用钱。

20. 总是喜欢自己、欣赏自己，对自己很有信心。

21. 容易亲近，善于与人合作。

22. 喜欢动手帮忙做家事，不懒散。

23. 在环境及外部条件恶劣的情况下，依然做好自己该做的事。

24. 不会和人比较物质条件。

评分标准：

偏高得 2 分，一般得 1 分，偏低得 0 分。答完 24 题之后，累计总得分。

测试结果：

37 分以上：你不是特别宠爱孩子，你的孩子已具备很好的社交能力，能应付这个繁杂的社会。

25～36 分：你有一点宠爱孩子，现在你要帮助他建立他较欠缺的与人交往的能力。

12～24 分：你很宠爱孩子，有时过度保护，有时又太放任，这样会阻碍他发展相关能力的意愿与标准。

11 分以下：你已经过度宠爱孩子，阻碍他很多能力的建立，不可以再宠他了。

父母对孩子溺爱，受伤最大的是孩子。溺爱的危害首先在于这样的男孩比较缺乏同理心。因为男孩可能从来没有被父母呵斥过，也就无法准确体会别人的情绪和需要。被溺爱的男孩也容易没有自信，因为父母为他做好了一切，他还会做什么呢？被溺爱的男孩其表达能力或多或少都会有所欠缺，因为在他表达出来之前，父母都已经为他做好了。

那么，父母应怎样正确地向孩子表达爱意呢？美国宾夕法尼亚大学莫尔学院的哈利亚特博士认为：家长应该给自己准备一份自我检查表，经常对照检查，检查的内容有：

1. 告诉孩子“我爱你”。

2. 通过温和的触觉传达对孩子的爱意。

3. 关心孩子的行踪。

4. 让孩子明确什么是对，什么是错。

5. 对孩子每一个小小的进步表示认可。

6. 向孩子询问对父母是否有意见。

7. 耐心地回答孩子提出的各种问题。

8. 交给孩子一些工作，让他懂得承担责任。

9. 让孩子对自己有足够的信心。

10. 尊重孩子的个性。

哈利亚特博士在进行研究的过程中，为家长总结出向孩子表达爱的三条途径：

第一，每天有固定的时间与男孩进行交流。可以是坐在地板上与男孩一起做游戏，可以是帮助男孩完成学习计划，可以是与男孩一起欣赏电影。

第二，用和蔼的语言让男孩感觉到被认同。当男孩向父母表达一种感受的时候，父母应该是以同样的心情回应他。

第三，帮助男孩正确表达自己的情绪。家长可以限制男孩的行为，但是要让男孩充分地表达自己的情绪。交给他正确表达情绪的方法，并不是单纯靠哭闹就可以解决问题。

按照这三条建议做，相信家长对孩子的溺爱行为能得到较好的纠正。

我家的男孩爱啃手指

在我们的身边，有很多啃手指或咬指甲的孩子，这个看似平常的现象，却有着深层次的心理学意义，孩子喜欢啃手指、咬指甲，可能是由于爱的需求得不到满足引起的。

小勇的父母都在一家大型企业上班，加班是经常的事儿，于是小勇独自在家也成了家常便饭。小勇已经6岁了，长得虎头虎脑的，人见人爱，但是令父母忧心的是，小勇至今仍保留着吸吮手指的习惯。

这天，小勇和父母一起去姥姥家。小勇很喜欢去姥姥家玩，因为那里有小表哥浩浩和小表弟涛涛陪他玩儿。三个小家伙有一段时间没见面了，刚一见面，浩浩就特别热情，还叫小勇玩自己的玩具枪。看到浩浩的玩具枪，小勇爱不释手，玩起来就不想放下了。没多久，浩浩和涛涛也想玩了，就央求小勇把枪给他们玩一会儿。但是，小勇不舍得把枪让给他们玩。浩浩和涛涛见小勇半天都不把枪给自己玩儿，于是两个人一起把玩具枪从小勇手里抢了过来，还把小勇推倒了。

"哇——"小勇大哭起来，父母闻讯赶来，从浩浩的嘴里得知了事情的原委，爸爸批评了小勇。父母走后，浩浩和涛涛哥俩也不理小勇了，看着他们玩得起劲，小勇默默地一旁看着，下意识地把手指塞进嘴里吮了起来。

每每看到小勇咬手指，父母都会严加斥责，甚至打骂。然而，小勇至今仍难以改变这种习惯，往往不由自主地就将手指塞进了嘴里。如今，小勇的右手食指都已经有一些畸形了。

　　日常生活中，只要我们稍加留意，就会发现身边有很多像小勇那样啃手指或者咬指甲的儿童。有心理学家指出，吮手指和咬指甲是儿童期发病率较高的一种心理运动功能障碍。美国一位心理学家经过长时间的调查研究，结果表明，在6～12岁的儿童中，有12％的儿童"经常"和"几乎整天"吮手指，而有44％的儿童经常咬指甲。

　　一般说来，大多数的婴儿都有吮手指的行为，特别是婴儿长牙的时候，这是正常现象。随着年龄的增长，大多数儿童吮手指或者咬指甲的现象会逐渐消失，但也有少数会持续到成年。

　　心理学家认为，儿童吮手指、咬指甲主要有以下几种原因：

　　1. 不用母乳喂养或者突然断奶。由于母乳不足，或母亲工作需要，不能用母乳喂养或者突然断奶，使婴儿的吸吮要求得不到满足，孩子就可能转而开始"吃"自己的手指。

　　2. 爱的需求得不到满足。父母工作太忙，对孩子要求过严，家庭成员关系紧张等原因，使孩子得不到充分的爱抚和关注，特别是缺乏母爱。

　　3. 适应困难。儿童适应新环境感到困难，或在心理不安、不满或紧张时，便常借吸吮手指、咬指甲等方式来平稳自己的情绪。

　　4. 缺少同龄伙伴。现在大多数孩子都是独生子女，当孩子从学校、幼儿园回来后，常常是一个人在家里做作业、玩玩具、看电视，当感到孤独、寂寞、乏味时，便不自觉地去吮手指、咬指甲，久而久之便养成了习惯。

　　5. 模仿。有的儿童啃手指是在幼儿园、学校里从同伴那儿模仿而来的。

　　6. 其他原因。如在饥饿、身体有疼痛或其他不舒服的表现时，吮手指、咬指甲可以转移分散儿童的注意力。若不良情境经常出现，则可能使这类动作形成习惯性动作。

　　吮手指、咬指甲，看似是两个很平常的现象，但是对孩子的影响和伤害却是深远的。因为，儿童从手指中吮到的远不止是病菌。

　　我们知道，人的手是接触外界最多的一部分，特别是孩子，出于好奇，总喜欢这儿摸摸，那儿抓抓，甚至会在地上爬。因此，孩子的指甲缝中和指尖上会沾有大量的细菌、病毒等。此外，一些儿童玩具、食品包装和学习用品等带颜色的塑料产品中含有大量的铅，孩子在吮手指、咬指甲时，无疑会把大量病菌和铅等有害物质带入口腔和体内，导致口腔、牙齿感染，儿童体

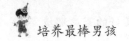

内铅含量过高等。

另外，经常吮手指、咬指甲还会对儿童的牙齿造成伤害，造成牙齿排列不整齐，如牙齿外暴，门牙缺角，影响孩子的容貌。咬指甲还可能造成指甲畸形，破坏甲床，引发出血或感染，造成感染化脓等，给孩子带来痛苦。

此外，孩子吮吸手指常会遭到小朋友的耻笑，引发他的害羞、焦虑等情绪；再者，经常吮吸手指，总是把手放在口中，会影响孩子手指肌肉发育和精细动作的发展，从而对以后的工作、学习及生活也有一定的影响。如果男孩有吮手指的习惯，应该注意帮助其进行矫治。具体有以下矫正方法：

1. 营造温馨和谐的家庭。部分孩子之所以会吮手指或咬指甲，是因为父母关系紧张，经常吵架，或对孩子要求太严，经常打骂孩子。因此，只有营造温馨和谐的家庭环境，才能使孩子情绪稳定，使他改掉吮手指和咬指甲的毛病。

2. 关注孩子的心理需求。父母应当从百忙的工作、家务中抽出时间，多与孩子在一起，交流感情，并多进行肌肤间的接触，陪孩子做游戏，陪孩子睡觉，在睡觉前给孩子以抚摸等温情，使孩子有充足的幸福感和满意感。

3. 鼓励孩子多与同伴玩耍。给孩子安排一些合适的手工活动，尽量使他们不闲待着。如让孩子玩积木、玩沙子、画画、做游戏等，以把孩子的注意力引向快乐、活泼的活动中，让孩子忘记这种不良行为。

4. 对孩子要宽容。在矫正孩子吮手指、咬指甲的行为时，父母的态度要和蔼亲切，语言动作要轻柔，千万不要大声呵斥、恐吓、打骂，不要采取简单粗暴的禁止，因为这样只会强化这种行为，使孩子感到更紧张，甚至产生自卑感、孤独感等不健康心理。

5. 运用"厌恶疗法"。在不得已时，可在孩子的手指上抹点胡椒粉，使他吮吸时产生一种厌恶感，可减少或逐渐消除这种不良行为习惯。

让男孩感受到自己"得宠"

一个孩子在生活中受到周围人的关注越多，在各方面就会表现得越好。当他感到自己"得宠"时，就有动力追求完美和优异。当一个孩子明显地感受到被关注，就越是希望表现自己，所有的才能都会被调动起来。

《鬼妈妈》是一部以美国畅销小说为题材改编的动画片。卡罗琳是一个只有十几岁大的小女孩，对身边的一切充满了好奇，但是由于爸爸妈妈在平常的生活中要处理很多关于工作的事情因而无暇照顾她，闲得发狂的卡罗琳只好在家里到处转来转去，并发现了一个惊天的秘密，她通过一扇奇怪的门走入了另一个"家"，那里有和现实生活中一样的居住环境和待人周到的"妈妈"——只不过那个妈妈的眼睛被纽扣缝上了。正是由于那个"妈妈"熟谙儿童的心理，热情地陪伴她玩耍，卡罗琳觉得自己找到了真正想要的快乐。只是，后来她发现那个"妈妈"是个女巫并进行了一场斗争……

从这部影片中，父母可以从中学到一些道理：孩子虽然小，但是他们确实希望得到爸爸妈妈更多的爱和关注。当孩子发现父母好像并没有将太多的注意力放在他身上时，其心里的黯然失落是非常正常的。

对于孩子来说，他们内心中最需要的是一种爱的感觉，他们希望有更多的时间和爸爸妈妈在一起，感受到更多的来自父母的关注和爱护，这种良好的感觉，是孩子在日后乐观、积极、自信的主要动力源。

或许，父母只是每天简单地问一句"今天在学校怎么样"，却传达出了对孩子的一个明确信号，那就是父母很在乎他在学校里的表现。有些家庭和家长可以从各方面关注子女的教育，而另一些只有时间去关注子女一两个方面的问题。但不论何种层次的介入，相信都会对子女的一生起到重要的作用。每天，我们可以在家中听孩子讲述他在学校中看到的有趣故事，和小孩子一起聊聊天，并不是什么难做到的事情，所能起到的作用却是最大的。

曾经有一位教育研究者给家长提出一道多项选择题：以下4个选择你认为哪项最能够帮助小孩在学校里提高学习成绩？

A. 为学校做义工

B. 监督小孩功课

C. 与小孩讨论学校所发生的事

D. 与小孩的老师保持联系

当然，以上的任何一项都对小孩的学习进步很有帮助，但是研究人员的统计结果表明：回答C的家长，他们的小孩在学校中的成绩是最好的。这并不意味着其他的选择不重要，而是更加深刻地说明了父母和子女共同参加一项活动是多么的重要。

弗兰克是家里的一名小主人，不但参与家庭中的各种活动，还参与家庭大事的决策。比如爸爸妈妈要购买什么样的汽车或者是家电，要怎样把房间布置一下，都要征求一下弗兰克是否有更好的点子。

父母对男孩如果不进行沟通引导，其结果常常会适得其反。美国有一个七岁小男孩在作文课上写给家长的信中写道："当你用权力来阻止我去做我想做的事时，我想说的是，我恨你！"家长要培养一个好孩子，应该与他们尽可能多地交流，交流得很好会促进你与孩子之间的融洽关系，也方便我们开诚布公地教导他们。

引导男孩"正向心理循环"

家长在教育孩子的时候应该注意培养孩子的"正向心理循环",当孩子被灌输了成功的意念之后就可以制造出成功的事实,而成功的事实又进一步强化了孩子成功的信念。这样的心理状态循环下去,就不用担心这个孩子不优秀了。

一位老师在美国某大学教书时遇到了这样的问题:一个学生在课上的表现相当地突出,而且有许多课程的成绩都是A,并且在学校中是个活跃分子,同时参与很多职位的竞选,还准备以后自己竞选公职。但他的数学得到的成绩是C,就叹了一口气,说道:"我不是学数学的料。"

"你怎么知道自己没有学习数学的天赋呢?"老师问他道。

"因为从小我的数学成绩就不好,也实在是没有兴趣。"这个孩子很认真地说道。

"你怎么可以根据目前的现状,就认定将来也会学不好吗?"这位老师对学生展开了心理辅导,"如果你很轻易地就形成了对自己的负面看法,你认定自己绝对不是学习数学的料,那么你就会不自觉地用行动来证明自己的言论了。长此下去,在你的心目中会形成一个负向的心理循环,最后就真的没有任何回旋的余地了。"

那个孩子听从了老师的建议,以后试着暗示自己可以学好数学,结果成绩一点点有了起色。

在课堂上,美国老师用得最多的词汇就是"very good""good job""wonderful""excellent"(都是"好""很好""不错"等夸奖之辞)等等。老师经常在每个细节和环节上鼓励学生,增强学生的自信心。

自卑对一个人来说是有百害而无一利的。一个人如果陷入了负面的心理,他能找到一万个理由说自己如何如何不如别人,比如:我个矮、我长得黑、我眼睛小、我不苗条、我嘴大、我有口音、我汗毛太多、我父母没地位、我学历太低、我职务不高、我受过处分等等。由于自卑而焦虑,于是注意力分散了,从而破坏了自己的成功,导致失败,即失败—自卑—焦虑—分散注意力—失败,这就是自卑者制造的恶性循环。一个人如果陷入了自卑,在人际交往中除了封闭自己以外,就有可能会奴颜婢膝,低三下四。

如果一个人从小就形成了对自己的某种负面观念,那将对其非常的不利,因为失败的信念会制造出失败的事实,而失败的事实又进一步强化失败的信念。而对自己的这种负面观念形成的越早、越深刻就越是难以自拔。

与此相反的就是形成"正向的心理循环"，成功的信念总会驱使人做出成功的事实，而成功的事实又使人更加认定成功的信念。如此循环下去，就不怕这个人不优秀了。

当家长发现自己的男孩在某些方面出现消极情绪的时候，及时帮助男孩建立"正向心理循环"才是最终的解决问题之道。不管是正向的还是负向的心理循环，都像是一个大轮子，家长则起到了关键的"第一推动"作用。为孩子建立一个好的"心理循环"，也算是家长为孩子做出的一大贡献。

孩子的恐惧心理源自不自信

现在的许多男孩，由于父母的溺爱，过着太过精细的生活。狭隘、软弱、琐碎、目光短浅、缺乏激情等缺憾在许多男孩身上存在着。家长在日常生活中对男孩限制过多，这也不准，那也危险，为男孩提供过分保护。如到公园玩耍时，不让男孩去爬山恐怕摔下来，不让男孩去湖边玩怕掉下去，等等。这些都会造成男孩胆小恐惧，遇到事情还没尝试就已经产生了恐惧的心理。

过分保护男孩会打击男孩的自信心，只有让男孩对自己充满信心，他才能勇敢地面对未来人生的一切挑战，才会创造美满幸福的生活。那么怎样才能让男孩充满自信心呢？最重要的就是让他拥有面对困难，不怕困难的勇气。男孩因为害怕失败而产生的心理压力，使得那些本来很容易就能完成的事情变得很困难。所以，家长在生活中要注意不能过分保护男孩。

爸爸在院子里安放了一个秋千。可秋千安放好之后他发现小瑞丰很害怕荡秋千。

当爸爸第一次将他抱上秋千的踏板上时，小瑞丰吓得哭了起来。

"不，不。"小瑞丰站在踏板上紧紧地抓住绳子，他的动作狼狈极了，不停地哀求爸爸把他放下来。

"这没有什么，很多孩子都会玩，你不用害怕。"爸爸一边说一边将他稳稳地扶住。

"爸爸，我不想玩这个，我会摔下去的。"小瑞丰哭着说道。

"你不会摔下来的。只要抓住绳子，这是很安全的。"

"不，我害怕。"儿子仍然坚持。

为了消除他的恐惧，爸爸把他抱了下来。说：

"这样吧，爸爸先给你作个示范。等你见到爸爸玩得很高兴的时候，你一定会改变主意。"说完，爸爸就上了秋千开始摇荡起来。

"爸爸，你真行！"见爸爸在秋千上荡得很高很高，小瑞丰高声欢呼起来。

"那么，你也来试试好吗？"他问儿子。

"好吧，可是我不要荡得那么高。"儿子终于同意试一下。

可当爷爷走过来见到小瑞丰荡秋千难看的模样时大笑起来："瑞丰，你是在荡秋千吗？怎么一点也不像呀。"

听见爷爷那样说，爸爸担心会由此而打击小瑞丰的自信心，连忙出声制止了他。"不，你应该说他做得非常棒。"

爷爷立刻明白了爸爸的意思，连忙说道："哦，我忘了，在我第一次荡秋千时还不如瑞丰呢。"

"是吗？"儿子听见爷爷这样说，便立刻来了精神，用力在秋千上摇荡了几下。

"是这样的。据我所知，每个人第一次荡秋千时都害怕得要命，爸爸也是这样的。"爸爸趁机鼓励小瑞丰，"我第一次上千秋的踏板上时比你还要害怕，站在那里一动不动，根本不敢晃动。你比我好多了，我相信用不了几天你就会荡得很高很高。"

"真的？"小瑞丰听见爸爸和爷爷都这样说，恐惧感顿时消失得无影无踪。

第二天，爸爸下班后回家，还没有走近住处便听到了院子中传来的欢笑声。小瑞丰和爷爷正在高兴地荡着秋千。

可见，孩子的恐惧心理源于他的不自信，我们在教育孩子的时候应该总是用赞美的语言帮助他树立起自己坚定的信心去解决困难，排除心里的烦恼。"我相信你，你一定能做好"应该是父母时常挂在嘴边的话，即使孩子做得很差，你也不应该失望，要善于对他进行夸奖，以免孩子感到悲观失望。

如果说得不到鼓励的孩子如同久旱的秧苗，那么那些不但得不到鼓励反而时常受到打击的孩子只会变成渴死的枯草。哈佛心理学教授波利斯·塞德兹这样说："打击只能使孩子变成一个懦夫，变成一个无能的人。当然，放纵孩子也不是一个明智的做法，但起码能让孩子自由自在。打击却不一样，它能毁掉孩子。"

家庭潜藏的教育危机

"红白脸"是错误的教育方式

在男孩的成长过程中，父母担任的角色是不同的，应该负责的任务也是迥异的。一般来说，母亲是榜样，父亲是权威。

母亲对于一个男孩有着无与伦比的影响，因为母亲对男孩的影响从准备怀孕的那一刻就已经开始了，因此，母亲的观念和信任对男孩人格的健康成长起着直接的引导作用。母亲是善于表达自己情感的，她的情绪、态度、处世方式、审美情趣往往会在潜移默化中传递给自己的男孩。母亲对自己生活的满意度高，男孩就更易养成乐观、开朗的个性，并与母亲更亲近；母亲勇敢、坚强，男孩也会成为一个积极进取、不惧苦难的人；母亲的言谈举止，甚至一个细微的表情，往往会在长大成人的男孩身上重现。

而对男孩来说，父亲提供一种男人的基本模式。男孩往往把父亲看作是将来发展自己男性特征最现实的"楷模"。父亲是一种权威的象征。父亲对男孩是否积极评价，决定他是自信还是自卑；父亲的鼓励对男孩的激励作用，不亚于母亲的鼓励。

因此，在日常生活中，母亲最重要的教育任务，就是时刻做男孩最好的榜样，给予男孩正面、积极的引导；父亲最重要的教育任务，就是给予男孩更多积极的评价和肯定，以及更多的关爱。

尽管在教育子女的过程中，父母分工不同，但要切记一点：在教育子女的时候父母态度一定要达成默契，要自始至终保持一致。

由于父母各自生活经历不同，受教育的程度以及自幼得到的家庭教育的不同，所以形成对男孩在教育要求、态度、方法上的不一致，这是正常的。但教育子女是个严肃的问题，双方应坦诚交换意见，服从正确的教育观和教育方法。即使父母意见上有分歧，也不能在男孩面前公开化，而是要避开男孩进行讨论，双方都要自觉维护对方在男孩心目中的威信和形象。

如果在家教中采用"红白脸"的教育方式，父管母护，父严母慈，或父从母命，在这种家庭环境中成长的男孩往往觉得家里只有一个人说了算。只怕一个人，只听一个人的话。"红脸"在家时，他会安分守己，乖巧得很；而一旦只有"白脸"在家，他则会顽皮，我行我素，为所欲为，甚至无法无天。对外界刺激麻木、冷漠，无动于衷，成为难以管教的男孩。

例如，当爸爸不允许男孩边看电视边吃饭时，妈妈就应与爸爸站在同一阵线，并告诉男孩："要听爸爸的话，吃饭时不可以看电视。"然后，等男孩上床入睡了，父母双方再心平气和的讨论、沟通："你那样管教男孩不妥当，我认为应该……"不要让男孩有机会拿妈妈的话当挡箭牌，去拒绝接受爸爸的要求。

教育男孩的态度保持一致，不仅仅限于父母，还包括爷爷奶奶、姥姥姥爷。在有些家庭里，男孩做错了事，父亲要处罚男孩，而爷爷或者奶奶则要庇护男孩，有的甚至当着男孩的面责备父亲，哄男孩说："都是你爸爸不好，把宝宝给弄哭了。不哭了，奶奶替你打爸爸。"说着还假装打几下爸爸。

这种结果不但造成了爸爸的管教毫无效果，而且损害了爸爸在男孩心目中的威信。

家庭成员对男孩的态度不一致，还会造成男孩无法辨别是非，无所适从。男孩年龄小，分辨不清怎样做是对的，怎样做是错的，需要加以帮助才能逐渐辨明是非，如果父母的意见不一致，男孩到底该听从谁呢？

这样教育的后果可能就会造成他谁的也不听，或在谁面前听谁的，谁对自己有利就听谁的，过早学会两种面孔对人、看人行事等不良行为。总之，父母应对男孩的成长营造一个合作、统一的空间，对男孩的教育态度要恪守一致，保证在男孩面前观念一致，意见相符。

"隔代亲"教育隐患多

随着生活压力的不断增大，很多忙碌的爸爸妈妈纷纷走出家庭外出工作，以至于没有时间和精力照顾自己的孩子，正是因为如此，照顾孩子的重任就落在了我们的父母辈——爷爷奶奶、外公外婆的头上。

这种现象的普遍似乎已经司空见惯了，如果在放学的时候你在学校门口观望一下即可得知：接送小朋友的大多都是他们的爷爷奶奶，而不是爸爸妈妈。这些老人慈祥地搀扶着孩子，或者是抱着孩子，或背着孩子，任由这些孩子在他们面前撒娇撒泼。而老人们的脸上一般都洋溢着幸福的笑容，对孙辈们的疼爱溢于言表，一切尽在不言中。能够和孙辈每天共享天伦之乐，实在是人生一大乐事。

在这种美满生活的表面之下，掩藏着深重的教育危机，又有多少人能够意识到呢？

我国自古就有"子不教父之过"的古训，强调的就是，爸爸妈妈才是家庭教育的主要负责人，他们是孩子的主要监护人。现在的家庭已经越来越重视科学教养的作用了，对于养育孩子而言，无论是从教育理念、教育方法，还是知识掌握等各个方面来讲，父母无疑是教育下一代的最佳人选。但是目前的实际情况却非常令人担忧：幼儿的教育存在着严重的角色错位问题，也就是说，原本应该由父母担当的家庭教育已经完全由爷爷奶奶或者是外公外婆来担任了，隔代教育已经成为目前教育形式下一个躲不开的话题。

除去父母的工作压力大之外，祖辈们主动地大包大揽也是造成这种现象的主要原因。这些新"上任"的爷爷奶奶中，很多也不过只有五六十岁，他们也正处在精力旺盛、经验丰富的大好时候，有足够的精力和体力来照顾孩子的生活。同时，生活的历练也使他们看不惯这些爸爸妈妈带孩子时笨手笨脚的样子。他们不忍心、也不放心自己的子女来带孩子，干脆亲自出马，对孩子的照料实行"一条龙式服务"，绝对服务到家。相反，如果年轻的父母不希望他们带孩子，他们还会感到失落呢。

正是由于这些原因，使隔代教育已经成为我国家庭教育的主要模式，但是这样的教养方式很容易形成一些不好的弊端。比如说"隔代疼"会使老人们出现放纵、溺爱孩子的现象，缺乏科学育儿的观念、态度和系统知识，由老人们带大的孩子会在身体、心理及人格方面存在诸多的缺陷，大体说来，主要有以下几种：

1. 过分地疼爱容易让孩子"以自我为中心"。平时男孩在家里，爷爷奶奶都哄惯了，凡事都是呼风唤雨，他会觉得别人为自己做一切都是理所应当。

2. 被娇惯长大的孩子不能吃苦。

3. 隔代教养长大的男孩容易形成不健全的人格。因为这些孩子大多数时间都是和老人们在一起的，所以接触的小朋友少，在个性上就会有点孤独，会显得比较难相处。

4. 家庭的教育观念不一致，影响男孩的身心健康。有时候，我们的父母在教育观念上与我们有所不同，这使得在教育过程中会产生一些分歧，无法形成"统一战线"，这对于孩子来说是极为不好的。

生活中，做父母的最好不要双方一同外出，而是至少要留一个人在家中工作，做好养育男孩的工作。即便是双方都要外出工作，也要经常回家同男孩进行各方面的交流，给予男孩正确的引导和鼓励，以弥补老人教育上的不足。

建议老年人多看看教育方面的书籍，改变自己的观念，为了培养下一代，想方设法填平与男孩的"代沟"，多和男孩进行感情交流，用言行来引导男孩，加强对男孩的思想品德教育。

让孩子看到父母吵架怎么办

夫妻之间很少有不吵架的，无论是大的原则问题，还是鸡毛蒜皮的小事，总免不了有些摩擦。夫妻吵架总是床头分、床尾和，反而更能增加感情，不是什么大不了的事。不过，当夫妻成为父母之后，吵架这件事就值得重视了，因为身边多了一个"第三者"——孩子。

一对小夫妻吵架了，声音都不大，但是家里的气氛很不好。这时，他们三岁半的小儿子慢慢地走了过来，抱抱爸爸的腿，又抱抱妈妈的腿，眼里含着眼泪，脸上全是恐惧的表情。这个时候夫妻二人意识到原来吵架对孩子的心灵产生如此大的影响，父母的心情和表情足以让一个孩子幼小的心灵感到不安和恐惧。

一位儿童教育专家曾对小学和幼儿园的孩子做了"你最喜欢什么样的家"的调查。结果发现，孩子们对父母和家庭的要求放在首位的并非是经济、物质条件，他们对吃的、穿的、用的和玩的东西似乎都不大在意，相反，却很关注自己家庭的精神生活。孩子们最喜欢的家有五种，而排在第一位的是：和睦、团结、友爱的家。孩子们最喜欢爸爸妈妈和和气气，不吵架、不斗嘴，全家老小和睦相处，让家里始终充满爱。

还有一位英国学者曾经走访了 20 多个国家，对 1 万多名肤色不同、家庭经济条件各异的学龄儿童进行调查，发现孩子们对家庭的精神生活及家庭气氛十分重视。这位学者总结出各国儿童对父母和家庭最重要的 10 条要求，而"孩子在场，父母不要吵架"高居榜首。

根据调查显示，有 85％的宝宝最怕的就是父母吵架。如果一个孩子长期在充满冲突的家庭中生活，容易变得退缩、自卑，与人交往时往往显得不自信、不主动，不能很好地与他人建立信任关系，容易陷入人际交往的障碍。

几乎所有的孩子都渴望自己的爸爸、妈妈能够相亲相爱，希望自己的家和睦、友爱、温暖。而许多父母却时常忽略孩子的这点心理与要求。检讨一下自己，是不是与伴侣意见分歧时，也总是毫无顾忌地大吵大闹？是否情绪激动时，在孩子面前也忘记了父母的榜样作用，说脏话，不顾及家长的形象？

良好的家庭气氛是孩子成长的重要条件，如果父母真的在孩子的面前吵起来了，应该做以下几种补救行为：

第一，首先要安抚受惊的孩子。

鼓励孩子把当时的感受说出来，弄清楚孩子害怕的是什么，是父母吵架时的腔调和表情，还是怕父母分开之后不要自己了。作为家长可以适时使用肢体语言，比如拥抱或者亲吻来传达对孩子的关爱，同时向他保证父母不会不要他，让孩子安心。

第二，父母双方最好再当着孩子的面来和好。

可以向孩子说明，吵架的事情已经过去了，爸爸妈妈以后不再吵了。然后要向孩子解释清楚，你们当时是因为一时冲动，没有控制住自己的情绪才吵架的。尽管孩子对这些解释并不完全懂，但是当他看到爸爸妈妈在一起和往常一样心平气和地讲话，自然就会平静很多。时间久了，只要父母不再吵架，孩子就会渐渐淡忘掉。

第三，让孩子了解父母吵架和他无关。

父母在吵架之后应该告诉孩子，大人吵架的事情和他无关，不要让孩子认为是自己不好才让父母吵架的，避免孩子产生自责心理。并且要让孩子知道，不论父母之间是否在争吵，都是非常爱他的。

夫妻之间恩爱、和睦的家庭氛围能够为孩子的身心成长注入生机与活力，增加孩子对生活的信心与勇气。如果男孩在一个紧张压抑的家庭氛围中成长，会逐渐变得忧心忡忡、缺乏热情、性格内向，严重的还会形成心理障碍。在良好的家庭氛围的影响下，你的男孩一定可以健康、茁壮地成长。

拒绝"家暴"，别让孩子成为失败婚姻的牺牲品

我听说，通常在战争后就会换来和平，为什么看到我的爸爸一直打我妈妈。就因为喝醉酒他就能拿我妈出气，我真的看不下去，以为我是懦夫。从小到大，只有妈妈的温暖，为什么我爸爸那么凶。如果真的，我有一双翅膀、二双翅膀，随时出发、偷偷出发，我一定带我妈走。

从前的教育，别人的家庭，别人的爸爸，种种的暴力因素，一定都会有原因。但是呢，妈跟我都没有错，亏我叫你一声爸："爸，我回来了"。不要再这样打我妈妈，我说的话你怎么不听？不要再这样打我妈妈，难道你手不会痛吗？

这是周杰伦的一首歌《爸我回来了》的歌词，一个年少的孩子对暴力父亲的反抗跃然眼前。这首歌引起了很多青年人的共鸣，孩子们的传唱和留言已经证明，家庭暴力是一个不争的事实。

家庭暴力中最容易受伤的，也许不是成年人，而是目睹这一切的孩子。当一个孩子看到自己的亲生父母拳脚相向的时候，他该去怨恨谁心疼谁？当他的同学们都在讲述自己家庭中温馨有趣的故事时，他们的心中是怎样一种酸痛和委屈？但是，今天在很多家庭中正上演着家庭暴力的悲剧，城市化、打工浪潮和网络交友等正在考验着每一个家庭，暴力也不仅是拳脚，更可能是精神上的折磨，幸福似乎已成为这个时代很奢侈的一个词语。

有个中年人进城做生意发了财，就在城里买了店面，很少回家。他的妻子在家带着两个儿子种地，他只能逢年过节的时候回家看看。

随着生意越做越好，他把大儿子也接到城里来读书，小儿子依然在家里跟着妈妈。渐渐的，他与妻子的感情疏远了，他在城里也有了一个"事实上"的家庭。后来他回家协议离婚，妻子不同意。"你让我痛苦，我也不让你好过。"双方都抱着这样的想法生活，一拖就是十年。这期间大儿子已经上了大

学，小儿子渐渐长大要读书，而他拒绝付学费，"你不是我的孩子。"他这句话不仅让家里的妻子怒火中烧，也让小儿子对他恨之入骨。

面对丈夫的冷暴力，妻子只能天天对着小儿子数落爸爸的各种不是，就这样，小儿子立下了将来要为妈妈报仇的志向。他勤奋读书，考上了最好的高中，学费都是亲戚凑的，他的爸爸完全不想认他。复仇的火焰在小儿子的心中燃烧，"总有一天，我要让他们把欠我的全部还给我。"

如果说失败的婚姻是成年人半辈子的痛苦，那么在失败的婚姻中成长的孩子则可能是一辈子的不幸福。世上最大的不幸莫过于本应该爱你的亲人却伤害你，而孩子这无辜的生命在家庭暴力中却要承受太多。

当然，婚姻破裂是夫妻关系的极端状态，在平时的生活中，更多的时候是爸爸表现出的对妈妈的不尊重。

比如喝完酒胡言乱语，发泄心中的牢骚时，对妻子谩骂、诋毁，比如心情不好的时候对妻子恶言恶语，比如平时有意无意地嘲讽妻子的话，嘲笑妻子的娘家人，诸如此类，都能让孩子感觉到爸爸对妈妈的不尊重，谁能忍受自己最爱的人被别人欺负，哪怕这个人是自己的父亲？

小说家乔治·桑曾写过一段话："她想，和一个对妻子不尊重、不信任的男人过日子，这无异于希望让一个死人复生。"和不尊重自己的人生活在一起是没有快乐的，如果妻子表示了对丈夫的不屑，很多人可能都会受不了；同样，丈夫不尊重妻子，妻子的心中又怎能好受，又怎能尊重自己的婚姻呢？如果父母双方互不尊重，对孩子来说无异于是精神上的折磨。就像周杰伦的歌词中呼喊的那样："如果真的，我有一双翅膀、二双翅膀、随时出发、偷偷出发，我一定带我妈走。"

著名的翻译家傅雷曾经对儿子傅聪很凶，以至于让妻子饱受心灵的煎熬。后来傅雷给儿子写信的时候，一直无法原谅自己曾经的暴躁：

昨夜一上床，又把你的童年温了一遍。可怜的孩子，怎么你的童年会跟我的那么相似呢？我也知道你从小受的挫折对于你今日的成就并非没有帮助；但我做爸爸的总是犯了很多很大的错误。自问一生对朋友对社会没有做什么对不起的事，就是在家里，对你和你妈妈做了不少有亏良心的事。——这些都是近一年中常常想到的，不过这几天特别在脑海中盘旋下去，像噩梦一般。可怜过了45岁，父性才真正觉醒！

在爱的环境中成长，孩子懂得了尊重和感恩；在恨的环境中成长，孩子记住了伤痛和仇恨。就算是以爱孩子的名义，爸爸也需要尊重自己的妻子和家人。不然的话，很多父亲到了中年和晚年，也难以面对对家人的内疚。

父母很少与孩子沟通

和孩子的交流沟通绝对不是一件无足轻重的小事，它关系到家长与孩子之间的和谐关系，关系到对孩子求知欲的培养以及对其人格的尊重。但是遗憾的是：现代家庭教育中，与孩子有效沟通总是被忽视。

教育专家多湖辉在实践教育中多次强调，父母应该重视与孩子的沟通，这样才能走进孩子的内心世界，知道孩子在做什么，想什么，才能更切合实际地为孩子的成长提供一个良好的环境。与孩子沟通就应该像对待大人那样对待孩子的提问。

有一次，多湖辉在美国街头看见一个约四五岁的男孩子，抓住一位留着乱蓬蓬胡须的嬉皮士问："对不起，你为什么赤着脚走路呢？脚不痛吗？"那位男子注视着孩子的脸，像对大人一样地说："这是我的哲学，不想隔着鞋，想直接与地球接触。"这个孩子像是终于理解了，于是小声地说："好，是哲学。"这个时候，这个孩子必定是切身理解了"哲学"这句话。所以，这位男子像对待普通大人一样认真地回答问题，使孩子感受到了自己的提问得到了回答的价值。相反，如果大人采取不认真的态度，孩子的问题最终也得不到回答，很可能会导致孩子缩手缩脚。

很多家长也许已经注意到了，孩子到了 3 岁，每天都会提出"为什么""怎么办"等一连串的问题，说明孩子开始萌发了求知欲，这个时候，父母首先应意识到不能马马虎虎回答孩子提的问题，而要尽量拿出合乎道理的解答方法。大人采用有逻辑性的、科学的回答方式，是想让孩子能正确认识问题。但是在孩子看来，无论对其做什么样的回答，都不能全部消除其疑问，因此，大人就没有必要一定坚持完全正确性。

相反，大人可以反过来对孩子的提问进行"如果"的反问。通过这样的提问和对提问的解答，必然会拓宽孩子的思维空间。这种办法并不是对孩子随意的提问马上直接回答，而是让孩子更清楚地认识自己所提问题的本身，并且启发他自己找出答案。比如，对于孩子"为什么夜里必须睡觉"的问题，就可以反过来问："那么，你认为不睡觉会怎么样呢？"这个时候孩子就会自己思考"如果不睡觉会怎么样"的问题。因此就促使孩子从各个方面探讨所产生的可能性，于是，孩子就想出了"不睡觉就发困""不睡觉就会疲乏""不睡觉早晨就起不来"等答案。

鼓励男孩玩耍，杜绝呆板

男孩不会玩也是一种"病"

生活在当今社会中的孩子比起过去的小孩，缺少的不是物质，而是童年的快乐。跳皮筋、打沙包、扇纸牌、弹玻璃球……这些游戏曾给我们很多人的童年带来快乐。而现在，电脑、网络已经取代了父母童年的游戏。并不是他们不喜欢沙包、皮筋，而是因为现在的孩子没有时间玩，更重要的是没有一起玩的同伴。

英国教育家夏洛特·梅森说：我们对孩子的态度，决定着我们和孩子的关系。让孩子高兴就是养育孩子的原则。梅森指出，孩子们的大部分时间还可以更进一步、更有效地运用起来。因此，一个好的父母应该教孩子怎么玩，并且尽可能地陪着孩子一起玩，这样他们才能始终保持快乐的心情。

童年是人生最快乐、最美好的时期，但同时也是最脆弱、最天真的时期。我们要小心地呵护儿童的生活感受，按照他们的接受能力让他们适当地接触生活。

"贪玩"是男孩的天性，玩可以启发男孩的观察力、想象力与创造力，而父母还可以借此了解男孩的想法、和其他幼童的互动模式是否正确、游戏的安全等。"我家男孩太爱玩了！真头痛！"如果因为男孩与生俱来的"本事"而大伤脑筋或感到麻烦，甚至担忧他因此耽误学习，其实，你就极有可能大错特错了。

看看那些生来有缺陷的特殊儿童，如自闭儿、智障儿及患有其他疾病的儿童等，即使老天剥夺了他们部分能力，但仍然仁慈、智慧地保留了他们玩耍的权利。玩耍是每个男孩的天赋特权，我们不仅不应该抱怨或剥夺，还要学会感恩而且善加利用。

陪孩子玩耍是父母责无旁贷的功课。大人陪孩子一起玩耍的基本守则，应该建立在与儿童"对等平视关系"上，而并非传统的上对下。孩子才是游戏互动关系中的主角。

当然，户外活动对孩子来说也是必不可少的。除了家人之外，多让孩子和其他儿童及大人接触互动，等于创造了更多玩耍、学习的机会与空间。

现代社会由于繁忙以及双薪家庭居多，虽然并非每位父母都能熟稔于和孩子的互动对答技巧和游戏方式，但是其实每个大人都曾经是孩子，也都隐藏有一颗童心，只是你我常常忘了启动那颗童心的"魔法咒语"罢了。

　　每位父母要趁孩子的童年时光，尤其是学龄前的"黄金时光"，多陪陪孩子，多陪他听音乐、学说话、学沟通，而且要学原生母语。当我们找到开启童心的魔法钥匙后，每个大人都可以再变回孩子，重新陪你的孩子再享受一次美好幸福的童年。

在游戏中激发学习兴趣

　　当男孩小的时候，他们最喜爱的事就是能够自由自在地玩耍。有时他很向往一个地方，但还缺乏自己单独出去的能力，做家长的也经常不放心让他单独去。这时候应该怎么办呢？一个最有效的办法就是你经常抽时间带你的男孩到他感兴趣的地方去玩。

　　也许一些家长会用这样那样的理由为自己没有满足孩子的要求找借口，比如说："我太忙了，确实抽不出时间。"或是："我那天不知道因为什么忘了这件事，下次我一定带他去。"无论哪一种借口都是不能成为理由的。有什么比自己的孩子更重要的呢？

　　兴趣是最好的老师。但兴趣这东西不是天生的，需要后天的培养。

　　美国教育家波利斯·塞德兹教授的儿子小塞德兹从小的学习都是自愿的，如果他不想学，塞德兹不会强行要求他学。况且，每学一样知识，小塞德兹总会觉得快乐，并主动要求学更多的知识。

　　在一次旅行中，小塞德兹曾毫不费力地掌握了一个物理学原理。

　　坐在火车车厢里的小塞德兹指着窗外说道："那些树木在飞快地向后面跑，爸爸。"

　　"不，那不是树木在向后跑，而是我们坐的火车在向前跑。"塞德兹笑着对儿子说。

　　"不，我认为我们坐的火车并没有动，而是窗外的树木在动。"儿子天真地说，"因为我在这儿坐了很久了，但并没有发现火车有什么变化，反而发现外面的东西都变了。这不是说明窗外的东西在动还能说明什么？"

　　"那么，假如现在你不在火车上而是在窗外的话，你会怎么想呢？"

　　"这个嘛……"小塞德兹想了想说，"一定是我也会向后跑，就像那些树木一样。"

　　"你能够跑那么快吗？"

　　"是呀，我能跑那么快吗？这可有些奇怪了。"小塞德兹充满疑问地说。

　　"虽然你不能回答这个问题，但我仍然向你表示祝贺。"

"什么？祝贺我什么？"

"你今天发现了一个物理现象，当然应该祝贺你啦。"

"我发现了一个物理现象？"儿子不解。

"你刚才发现的，正是一个参照物的问题。"于是，塞德兹耐心给他讲解，"你之所以说窗外的树木在向后跑，是因为你把火车当成了参照物，也就是说相对于火车来说，树木的确是向后移动了。反过来，如果把树木当成参照物，火车就是向前跑了。"

"噢，我明白了。怪不得我会认为火车没有动呢！这是因为我把自己当成了参照物。火车带着我向前行驶，我们一起在运动，当然就不会感到它也在动！"小塞德兹说道。

"那么，把你放在窗外会有什么效果呢？"塞德兹问道。

"嗯，假如我站在窗外的地面上并以我自己作为参照物的话，火车就是运动的了。"小塞德兹回答道，"假如仍然以火车作为参照物的话，我就是和树木一样在向后飞跑了。"

"那么，你能跑那么快吗？"塞德兹又一次问道。

"当然能，因为这是相对的，火车能跑多快我就会跑多快。"

事实上，这样类似的讨论在父子之间发生过许多次。也正是这种看似闲谈般的讨论使小塞德兹在轻松和有趣之中学到了那些在书本上显得极为晦涩的知识。

家长有时间应该多带孩子出去玩，但目的性不能太强，因为有益的影响一般都是潜移默化的，而不是强制灌输得来的。如果将孩子的玩和游戏也套上学习的枷锁，那么也就失去了玩的意义，上面塞德兹的做法就是最好的例子。

别让父母的虚荣心束缚了男孩

在早期教育领域，有一个人是不能不谈到的，他就是"教育奇书"《卡尔·威特的教育》的作者卡尔·威特。这位德国乡村牧师的教子经验，被中国图书界以各种版本推荐给家长，故事也编写得越来越富有传奇色彩。卡尔·威特的教子经验之所以能够得到大众的热捧，这其中必然有大家感同身受的道理，而"非功利教育"理念就是其中的亮点。

卡尔·威特在他的书中非常强调自己的教育理想，就是将孩子培养成为一个接近完美的人。在他看来，那些接受了片面教育的偏才和高分低能的儿童都是"俗物"，一个真正的天才应该是身体和心灵都得到健康发展的人，要让孩子全面发展，家长首先就必须抛弃功利性的教育思维，杜绝将孩子培养成"供人观赏的玩物"。他在书中记叙了这样一段耐人寻味的故事。

十多年前，报纸上报导了一个"神童"的事迹。据说一名叫里斯米尔的小男孩在绘画方面有超人的天赋，这件事引起了我的注意，我特意去访问了这个孩子。

在他的父亲的引见下，我看到了里斯米尔所获得的各种荣誉证书，但是在我走进房间之后，里斯米尔始终坐在墙角一动不动，似乎没有注意到我，两眼无神而茫然地盯着前面的石膏像。

里斯米尔的父亲赶忙解释道，小里斯米尔正在思考他的作品。"卡尔博士，我为了让儿子成为一名伟大的画家，一直对他要求很严。你也看见了，他无时不在考虑绘画的事。可以这样说，他的那些成绩完全来自于努力和勤奋。"

这件事对卡尔·威特的触动很大，在他看来，这个孩子在父亲长期的"强行教育"下，已经变成了只会画画的机器。威特一直相信，孩子需要全面的发展，当他看到那位神情痴呆的"绘画天才"的时候，他断定这个孩子的大脑发育是不健全的，将来未必能有所成就。

"我暂且不说要将孩子培养成完美的人，仅就艺术来说，在那种方式下里斯米尔根本就不可能学到真正的艺术。真正的艺术家，都是些博学、有丰富知识的人。他们不仅多才多艺，而且充满智慧；他们有思想也有生活的乐趣，那些创作手法只是他们表现自己的一种手段罢了。然而，里斯米尔所受到的教育完全是舍本求末。我能判定，他不可能成为一个真正的艺术家。"

据说后来的事实也应了威特的结论证明，几年后里斯米尔的"天才"便不复存在了，人们也没有见到他们所期望的这位"天才"有任何的成就，在平庸的生活中，里斯米尔成了实实在在的平庸者。

就因为父亲对绘画天才的向往，一个孩子从健康活泼的儿童变成了对生活毫无感知的木偶，这样的故事听起来让人感到沉重。但是这样的悲剧，也在我们的生活中上演着，父母为了将孩子推上各种荣誉和头衔的位置，不惜大刀阔斧地改造孩子的成长空间，让他们向着自己满意的方向生长，结果养出一盆盆"病梅"，满足了观众的眼睛，却捆绑了孩子的天性。

正如威特所说，真正有意义的教育，应该着力于对孩子本身的培养，抛弃种种功利性，以合理的方式开发出他们潜在的能力。如果仅仅是为了实现父母的愿望，教育将变成可怕的改造人的手段，孩子的一生都将生活在痛苦

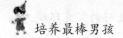

当中。

多给男孩一些自由的空间

世界充满了机会，儿童充满了好奇。家长要重视保护孩子的冒险精神，鼓励孩子做探路者，而不是模仿者和追随者。想想你在平时是不是有过类似情形：限定孩子出去玩耍的时间，并告诫孩子不能够乱跑乱碰等；孩子对自然界陌生的事物感到好奇时，会情不自禁地去尝试，这时你会顾虑产生危险而禁止孩子去冒险探索未知的事物。

不让孩子冒险，就不能使其度过人生的大危险。来自现实教育的报告指出，小孩子使用工具的能力很差，不能用刀削铅笔，上版画课时，让孩子带雕刻刀，马上就把手划破了。

但是，如果人一次也不体验危险，也就不会产生回避这种危险的智慧。这或许有些夸张，但是可以说人类的历史就是反复与这种危险进行斗争的历史。

然而，现在的孩子们几乎没有得到尝试这种错误的机会了，用一句话来说，这就是父母过于保护的结果。

当然没有必要让孩子平白无故地去冒险，在生活中存在着许多培养孩子克服一定程度危险的机会，有时让孩子成为掉落谷底的狮子也是很必要的。孩子未必一辈子都能在安然的环境中生活，应当尽量让他们去体验，让他们增强适应能力，这也是父母所应尽的责任。

每个人在成长过程中都需要冒险，都需要面临失败。其中，也许有些孩子失败的次数比较多，家长也会由此变得不安，他们担心孩子的前程，于是处处防患于未然，不让孩子失败。

要锻炼孩子的勇气，常常对父母自身的勇气是一个考验，他们往往对孩子的安全过于忧虑，为防止万一发生危险，而宁愿牺牲孩子锻炼的机会。然而，这样做事实上是很自私的。父母更多地是为了保护自己的孩子不受万一可能发生的危险的伤害，害怕自己不能承受由此而来的打击，所以为求保险而加倍保护，造成孩子缺乏勇气的弱点。我们需要克服这种自私，为孩子的将来着想，大胆鼓励他们去做力所能及的事情，做一个勇敢的孩子。

为培养孩子的勇气，以及给予他们更多自由的玩耍空间，父母就应当多鼓励孩子，少打击孩子。比如孩子的脚还蹬不到自行车蹬子就想骑车，从未离开过父母就想和同学一起去郊游时，不要轻率地否认孩子想要试一试自己能力的努力，不要说"不行，太危险了"之类的话。

一位儿童心理学家说："人应该有探索，有追求。而这些都离不开冒险探索的精神。""初生牛犊不怕虎",孩子本来是无所畏惧的,他们喜欢冒险,积极探索的精神就是从这里产生的。

西方幼儿教育很注意让孩子们在各种冒险活动中去体验成功的滋味,锻炼勇气和信心。比如在看马戏时,让一头身挂很多玩具的牛在舞台上来回走动。主持人宣布,愿意上台摘玩具的孩子,只要把玩具拿到手便归自己,另外再发奖品。孩子们都踊跃上台,而在座的家长却没有人会加以阻止。如果孩子在拿取牛身上的玩具时表现得很勇敢很机灵,便会博得全场一阵阵热烈的掌声。孩子们在克服重重困难的过程中增强了勇气和信心。这种积极进取、不畏艰险的精神,是由既放心又放手的勇敢的家长培养出来的。

因为害怕危险而不敢让孩子去冒险,无异于因噎废食。作为父母,应该鼓励孩子成为探路者而不是模仿者。

第五章 听说之间有玄机——零吼叫养出 100％好男孩

和男孩沟通有技巧

不在气头上说话

　　薛飞妈妈和客人正在客厅聊天，薛飞拿着试卷走上前来。"又考那么低！看看这分数！还好意思拿到我面前，真丢人！"妈妈抖着哗哗作响的试卷，像在寻求客人的同情。客人略显尴尬。

　　"看书去！怎么还不去！你真是笨得够呛！"

　　看着薛飞没有动静，妈妈更加生气："我说错了吗？他一直都这样，我看是改不了了！"

　　"我也不报什么希望了！"妈妈气愤失望的表情让薛飞无地自容。

　　有位客人说道："孩子小，一两次考得不好是正常的情况，别这么说孩子。"

　　面对客人的担忧，妈妈说："小孩子不说他就不懂，非得我来骂他两句！孩子就得经常说，要不就忘，你看上次我跟他老师提了一次他尿床的事，以后不是再也不尿了吗？6 岁的孩子，说出来我都觉得丢人。"

　　母亲尚且觉得丢人，更何况是作为当事人的薛飞，不仅要忍受母亲的唠叨还要承受自己被当众揭短的难堪。

　　"你看看你，笨手笨脚还老忘东忘西的，上次打碎水杯，这次又丢了鞋。有哪件是好事啊？"面对一屋子的客人，妈妈的嗓门一点都不小。

　　对于孩子，家长们总是忘记一个事实：孩子和我们一样，也是个独立的个体，是一个和我们一样有着自尊的人。

　　先来设置一个场景，假如在公司的年终舞会上，有一个同事突然大庭广众之下笑说："你的舞怎么跳得这么差啊，就像是大象在扭动。""你唱歌可真是难听"时，你是怎样的反应？实际上，你当众愤怒地揭孩子的短时，他和

114

你此刻的感受是没有区别的。

其实任何人都会犯错，家长的不宽容让男孩日后也变得苛刻，对别人的要求也会多。当众揭短，男孩容易自卑，走不出家长对自己的描述和定位。

而且，因为家长一次又一次在气头上说的话，孩子认识世界的渠道发生了倾斜。在成长初期，孩子往往通过家长这个窗口来认识世界，来完成和巩固对自己的判断。家长的当众评价无形中对孩子认识世界造成了一定的错误指向，孩子会认为这个世界苛求完美，不会保护个体的尊严，在以后的生活中，孩子也极容易将此要求延续到和他人的交往中，甚至以后自己组建家庭后，他的家教模式也会受到严重的影响。

最后，孩子的小心灵也会惧怕赤裸地暴露在众人之前。爱孩子就真正为他着想，停下嘴中的不满，尤其在众人面前。当问题出现时，家长不妨寻求解决的办法，这样远比批评有效。明确地告诉他，他没有做好，他要为自己的过错负责，这样便在建立了孩子的责任意识的同时又转移了自己的愤怒。

伟大的教育家洛克说："父母越不宣扬子女的过错，则子女对自己的名誉就越看重，因而会更小心地维护别人对自己的好评。如果父母当众宣布他们的过失，使他们无地自容，他们越觉得自己的名誉已受到打击，维护自己名誉的心思也就越淡薄。"

在家庭教育中，教育者的心态和教育的出发点直接影响着教育结果，所以不要因为他是你的孩子，就在众人面前让他的缺点一览无余。或者因为无法掩饰你愤怒的情绪，就伤害孩子。孩子的自尊心有时是透明的玻璃物，碎了就很难复原，伤害也许是永远的。

其实，有的家长也明白孩子的自尊心非常敏感，不能伤害。但是有时候看到孩子还是老样子，就忍不住怒火攻心，恶语相向了。怎样避免这种情况？很简单，当你觉得自己在气头上的时候，忍住怒气，离开孩子。当你有意识地躲避孩子，就会少说很多令他伤心的话。这也是一个无可奈何的解决方法。

气头上的话，总会放大过去的小抱怨，爸爸妈妈们千万要管好自己的嘴巴。

别让孩子看到你就害怕

这天，在教育咨询中心工作的赵老师收到一封信，是一位妈妈写来的。赵老师打开信，上面写着：

"赵老师：

你好！

我和我爱人都是大学教师，可是儿子却让我头疼不已。他现在上初中了，可是总是说谎。这次期中考试结束后，我问他考得怎么样，他跟我说还行吧。后来成绩出来了，他告诉我考了全班第十名，听到这个消息我和他爸爸都很开心，因为他之前都一直都在20名左右徘徊。可是，后来我见到他的班主任才知道，原来他只考了全班第40名，比以往任何一次都考得差。

以前孩子说谎还有些不自在，现在经常编谎话骗我们，居然说得像真的，没事人似的。我没法理解，我那么用心地教育孩子，孩子怎么学会了撒谎呢。他考得不好我能原谅，可是我没法原谅他说谎骗人。"

类似这样的案例赵老师接到过很多。看完这位妈妈的信，赵老师心情也很沉重。他能理解这位妈妈的气愤，但是同时也很同情那个男孩子。因为这位妈妈只看到了孩子说谎骗人，却没有去细心体会孩子在那些日子内心所受的煎熬。

生活中，相信有很多妈妈都有类似的困惑，孩子说谎，他们不知道是哪里出了问题。很多妈妈以为是孩子品行不好，事实上，简单地将孩子说谎归咎于品行不好是错误的。因为，很多孩子说谎并不是因为品行不好，而是迫于父母的压力。

像上例中提到的那个男孩，他考试没考好，其实内心已经很痛苦了，有很大的压力，不知道如何向父母交代，而恰恰此时，母亲询问他的考试情况，为了不让母亲伤心，他只好编谎话来骗人。尽管他也知道，过不了多久，妈妈就会从老师那里知道自己的真实成绩，但是他却宁可撒谎也不愿意告诉妈妈自己的真实成绩。

这是为什么？因为孩子没有将妈妈当成不幸的分担者，孩子这样做，肯定是出于经验。相信在以往的生活中，一定是孩子一做错了事，总会遭到严厉的批评。于是，孩子为了逃避一时的批评而撒谎了。

生活中，很多妈妈习惯把儿童的品行问题归咎于孩子自身，所以习惯指责孩子；可是很少有人去反思自己的教育方式。事实上，孩子的品行习惯依赖于妈妈的教育方式。所以每一位妈妈在思考改变孩子的问题时，切入点永远应该是如何改变自己的教育方式。哪怕你认为孩子的毛病就是来自孩子自己，你也有责任通过改变你自己唤起孩子的改变。不这样思考，你就永远找不到改变孩子的路径。

当发现孩子说谎的时候，千万不要立即去教训孩子，此时，不妨冷静地坐下来想一想，孩子为什么会说谎，是因为自己给了孩子很大的压力？还是因为在以往的生活中，每次孩子犯错误都会遭到严厉的批评？抑或是不尊重孩子的想法，凡事要求孩子按照自己的意愿生活？……找到原因后再对症下药，这样才是解决问题的根本之道。

只有从根本上消除孩子的后顾之忧，才能让孩子远离谎言，生活在真实的世界里。

告诉孩子"你并不孤独"

每一个孩子都希望父母关注他，但有时很难得到关注。记住，无论再忙，也要抽时间陪陪孩子，当他得到你全身心的关注时，平静的几小时会影响孩子一生的记忆。

据世界卫生组织公布的一次研究成果表明，平均每天能与父亲共处两个小时以上的孩子要比其他孩子智商高。经过许多实例和科学研究表明，父母不管多忙都要抽空陪陪孩子，以满足孩子的情感要求。

"在家觉得孤独"，这恐怕是许多独生子女的感觉和心理。随着职场父母的增多，事例中类似这个孩子的情况也越来越多。许多父母觉得给孩子吃好的、穿好的，关心他的学习，孩子就会感到很幸福。其实不然，要让孩子感到幸福，绝不仅仅是提供物质上的满足，更重要的是与孩子在精神上有很好的沟通。而每天抽出一定的时间陪陪孩子，就是与孩子进行精神交流的最好渠道。科学研究证明，最有威信的父母就是那些每天能安排一些时间和孩子一起游戏的父母。

"职场父母一定要多挤点时间陪陪小孩。你可以把孩子交给保姆、老人，但是谁也取代不了父母在孩子心目中的地位。千万不要以忙为借口把孩子推给保姆、老人，不管多忙，一定要记住和孩子多聊天、多沟通。"这是一位职场妈妈在总结自己的育儿经验时发出的感慨。在孩子小的时候，她和丈夫因为忙于事业，便把孩子送回了老家。他们给孩子创造了很好的物质条件，却忽视了孩子的情感需求。现在孩子长大了，他们也有时间了，但他们却痛苦地发现：孩子根本不愿意和他们沟通。

这些缺少大人陪伴与沟通的孩子被称为"情感饥饿"的孩子。"情感饥饿"的孩子跟别的小孩不同，他们喜欢撒娇、任性，偶尔还会做出一些古怪的行为，而且做什么事情都喜欢用眼睛看着别人。其实，孩子这样做的目的是为了引起大人对他的注意，让大家觉得他很重要。家长在发现孩子有这些行为以后，千万不能张口就骂，而是应该自我反思一下，看自己是否忽视了孩子的情感需求，是否应该合理安排，挤出些时间多陪陪自己的孩子，让他感受到你对他的爱与重视。

作为父母，无论自己平时工作多忙，每周或者每天都要抽出时间跟孩子们在一起，陪伴他们成长。这不仅仅是享受天伦之乐，重要的是让孩子知道，你是多么在意并且关注他。

有这样一句格言：一个好父亲胜于一百个教师。马克思就是这样一位父亲，尽管他一生都在为人类的解放事业进行着不屈不挠的斗争，却一刻也没有忘记作为一个父亲应尽的责任和义务。女儿爱琳娜在回忆父亲时深情地说："他是儿女们最理想的朋友和最可爱的、最愉快的同伴。"

不要随意打断孩子的叙述

每个孩子都有自己的心声，家长一定要耐心去倾听，才能够真正了解孩子的想法、感受，亲子之间才能良好沟通，建立和谐的关系。

东东是小学三年级的学生，最近，老师发现东东变了，以前活泼开朗、上课积极发言的他，现在变得沉默寡言，总是一个人发呆，学习成绩也下降了。老师经过细心的了解，才知道了东东不爱说话的原因。

东东以前是个很活泼的孩子，每天放学回家后，都会把学校发生的趣事说给父母听，可东东的父亲是个对孩子要求非常严格的人，他把全部希望都寄托在东东身上，希望东东将来能考上大学，出人头地，因此，对东东的学习抓得越来越紧。他觉得东东说这些话都没用，简直是浪费时间，因此每当东东兴高采烈地说话时，父亲总是会打断他："整天只会说这些废话，一点用也没有，你把这心思放在学习上多好，快去做作业！"一次东东说班里发生的一件事，正说得兴高采烈时，父亲说："说了你多少次了，让你别说这些废话，你还说，再记不住，看我不打你！"吓得东东一个字也不敢说，回到自己房间里去了。

慢慢地，东东在家里话越来越少了，每天放学都闷在自己的房间里，因为父亲也不让他出去玩，渐渐地他的性格也就变了。

亲子之间的沟通交流是影响亲子关系、孩子性格发展的重要方面。许多家长都忽视了与男孩的交流，不注重倾听男孩的倾诉，时间久了，不良的影响就会表现出来。

生活中，大多数父母对孩子在生活上十分关爱，可在真正平等地对待孩子、注意孩子自尊等方面做得却很不够。孩子学习和生活上有什么问题，在向父母诉说时，稍不如意，就被打断。家长不让孩子把话说完，轻则斥责，重则打骂，对此，孩子只能将话咽回去。据某一项调查显示，70%以上的父母承认没有耐心听孩子说话。

男孩的想法得不到父母的重视，他们只能把自己的秘密埋藏在心里，做父母的就很难知道孩子的所思所想，这样对孩子的教育就会无所适从。男孩的说话权得不到父母的尊重，久而久之，孩子就会与父母产生对抗情绪，以至双方相互不信任，沟通困难。一份调查显示：70％～80％的儿童心理问题和家庭有关，特别是与父母对孩子的教育和交流沟通方式不当有关。另外，父母不让孩子把话说完，一方面不利于孩子语言表达能力的提高，另一方面也易使孩子产生自卑情绪。孩子对着父母诉说内心的感受，是提高表达能力、增强社会交往能力的极好机会。

我们都渴望有人听自己说话，在大多数的情形下，人与人不能沟通，就是因为只有人说话而没有人听。如果父母们能对孩子的倾诉多一点耐心，不急于打断孩子的话，那么孩子遇到事情时就会乐于向父母倾诉，与父母进行良好的沟通。

仔细倾听孩子的诉说并回答孩子的问题对加深亲子关系大有裨益，这可以加强孩子的自信心和安全感。要引导孩子对别人的语言和谈话内容感兴趣，对和别人交谈感兴趣，并且在双方交谈时对对方的讲话感兴趣，对父母讲的故事感兴趣，对儿童电视节目感兴趣，对外语和其他的方言感兴趣。如果孩子能够专注地倾听一段谈话、一个故事和一个电视节目，这说明孩子养成了倾听的习惯。

孩子说话时，无论你有多忙，一定要用眼睛看着孩子，不要随意插嘴，尽量表现出你听得很有兴趣。让孩子发表他们的观点，完整地听他所讲的话，如果你在某一重要原则上表示不同意他的看法，应告诉他你不赞同他的什么观点，并说出理由。在提出反对意见时不要过于武断，不应否定一切。即使孩子是在胡说八道，也要控制你的火气，不妄下定论，直到完全理解清楚。

一位母亲问她5岁的儿子："假如妈妈和你一起出去玩时渴了，一时又找不到水，而你的小书包里恰巧有两个苹果，你会怎么做呢？"

儿子小嘴一张，奶声奶气地说："我会把每个苹果都咬一口。"

虽然儿子年纪尚小，不谙世事，但母亲对这样的回答，心里多少有点失落。她本想像别的父母一样，对孩子训斥一番，然后再教孩子该怎样做，可就在话即将出口的那一刻，她突然改变了主意。

母亲握住孩子的手，满脸笑容地问："宝贝，能告诉妈妈你为什么要这样做吗？"

儿子眨眨眼睛，满脸童真地说："因为……因为我想把最甜的一个留给妈妈！"

那一刻，母亲的眼里隐隐闪烁着泪花，她在为儿子的懂事而自豪，也在为自己给了儿子把话说完的机会而庆幸。

试想，如果母亲没有听完孩子的话就对孩子进行指责，将对一颗纯净的童心造成怎样的伤害？倾听是了解孩子最有效的途径，家长只有耐心地倾听孩子说话，才能看清孩子的内心世界。

此外，家长应该试着用不同方法使得孩子愿意与你交流。作为父母，在倾听孩子说话时，理应更加细心，更加富有同情心。父母应该努力地尊重孩子，从而营造出更加友好的交流氛围。

看到孩子眼里的重大事件

对于孩子来说，他们最幸福的时候，就是不在父母干涉的情况下做自己喜欢的事情。如果父母能够体谅孩子的心，让他全身心地去做，那么他一定能给家长带来巨大的惊喜。

喜欢篮球的家长，一定不会对乔丹感到陌生。实际上，打篮球就是乔丹小时候最喜欢做的事。

美国一代篮球巨星乔丹是很多人的偶像，他在很小的时候就对篮球产生了兴趣，每天最喜欢做的事情就是打篮球。有一天，他把自己对篮球的爱好告诉了母亲："妈妈，我找到了自己最喜欢做的事，我喜欢上了打篮球，我每天都想打，将来长大了还想去 NBA（美国全国篮球协会）打球，成为巨星！"母亲听后，大加赞赏，为他有了自己的爱好向他祝贺："太棒了，孩子，你的话听起来简直棒极了，妈妈支持你！"他的母亲还鼓励他向篮球明星学习。

因为有了母亲的支持，小乔丹每天活跃在篮球场上，好像感觉不到累，在一群伙伴中间，他的球技是最好的。在数年之后，乔丹开始引人注目，并如愿成为 NBA 篮球巨星。

与乔丹一样，几乎每个孩子都有自己喜欢做的事情，或许是他的兴趣，或许是他的梦想。不幸的是，面对不同的父母，一些孩子的美梦被压制了，有的瞬间破灭。在现实生活中，很多父母常常对孩子感兴趣的事情不屑一顾，甚至向孩子泼冷水，他们认为只有好好学习才是正业。如果孩子的兴趣和你认为的不一致时，你会怎么做呢？支持还是反对？这都是你的教育方法的一种体现。

兴趣是孩子最好的老师，这是一句再质朴不过的道理。家长在面对孩子的兴趣时，哪怕有些不可思议，父母都应给予积极的肯定和鼓励。鼓励孩子去大胆地做自己喜欢的事情，这时，孩子就会从内心产生强劲的内驱力，即使面对各种困难也会主动想办法克服。

哈佛育子经验在这方面对家长的建议是，对于男孩喜欢的事情，有些家长担心影响到他们将来的发展，其实这个大可不必。研究发现，如果男孩有喜欢做的事情，说明这方面可能是他的潜能所在，因为他喜欢，他就会非常投入、充满热情地去做。一个有他喜欢的事情做的男孩，很容易成为一个健康向上的孩子，只要家长能去培养他的兴趣，陪他做喜欢的事情，去发展他的兴趣，就能使孩子走上一条快乐的人生之路。

给落伍的沟通方式升升级

敢于为自己的错误向孩子道歉

不少父母认为自己是"一家之主"，需要保持自己的"形象"与"威信"，因此不愿意在孩子面前承认自己的缺点和错误。比如：有些父母明明知道自己做错了事，冤枉了孩子，或误导了孩子，还给自己护短，不当回事儿。这就违背了做人的基本原则，也是家庭教育之大忌，次数多了，父母就会在孩子心目中失去威信，更不用说教育了。

实际上，父母如果从不向男孩承认自己的缺点、过失，男孩就会产生"父母说的永远正确，但实际上老是出错"的观念，久而久之，对父母正确的教诲也会置之脑后。父母如果在做错事后总能郑重地向孩子认错、道歉，孩子就会懂得承认错误并不是一件可耻的事，就会提高分辨是非的能力，尝到原谅别人的甜味。比如当男孩"闯祸"后一些父母由于一时冲动，对孩子进行不恰当的、过重的批评或惩罚，事后又往往会后悔。这时，倘若父母能真诚地向孩子道歉，补救自己的过失，就能引导孩子更好地发展。被称为"西班牙王国上空的一颗光辉灿烂的巨星"的拉蒙·依·卡哈的成长，就说明了这一点。

卡哈小时候调皮得很，13 岁时用所学的知识造了门"真"的大炮，把邻居家的孩子打伤了，闯了大祸，被罚款和拘留。当他从拘留所出来后，身为大学教授的父亲把这个"顽童"着实训斥了一顿，并责令他停止学业，学补鞋子。后来，父亲越来越觉得这样的处罚过于严厉，孩子闯了祸是要管教，但不能因噎废食。一年后，父亲上补鞋铺接回了卡哈，搂着孩子深情地说："爸爸做得不对，向你道歉。我不该因为你闯了一次祸就中断你的学业。从现在起，你就在我身边学习吧，你会有出息的。"从此卡哈潜心学习骨骼学，终于成为举世瞩目的神经组织学家，并荣获了诺贝尔奖。

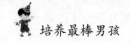

我们无法预想，如果卡哈的父亲为了自己的面子不肯让卡哈继续学业，等待卡哈的将是什么样的人生。也许卡哈凭着自身的天分与勤劳依然能将诺贝尔奖揽入怀中，但是他的父亲在他的心目中，必然是另一种形象。

闻一多也曾为自己的错误向孩子道歉。

有一次，闻一多因心烦动手打了还不懂事的小女儿，恰好被次子立雕看见了。立雕挺身而出，批评父亲不该打小妹，并且"大义凛然"地说："你自己是搞民主运动的，天天讲民主，在家里怎么就动手打人呢？"闻一多一愣，沉思片刻后走到立雕面前，十分严肃地说："我错了，不该打小妹，小时候父母就是这样管教我的，所以我也用这样的办法来对待你们。我现在知道这种方法是不对的，希望你们将来不要用这样的方法对待你们自己的孩子。"

这样的道歉，无疑会使父亲在孩子们心目中的形象显得更加高大。

实际上，人类就是在不断地犯错误并且不断地改正错误的过程中取得进步的，所以，作为父母不妨坦陈自己的缺点或错误。记得以前有一位母亲在教育孩子时，曾经多次将自己在成长过程中犯过的错误告诉孩子，并详细地分析主客观原因，尤其是分析自己的一些缺点在产生的这种错误中所起的作用，其目的就是让孩子在今后的人生道路上不再和她一样，以类似的个人"缺点"犯同样的"错误"。

父母应该意识到，当自己向孩子道歉时，就等于在教孩子相信他自己的洞察力。如果父母不停地批评孩子、辱骂孩子，孩子就会形成一种对生活本质和对世界的负面看法。父母应该让男孩懂得，任何人都会犯错误，父母也一样，每个人都要对自己的错误负责。

每位家长身上都蕴藏着改变孩子命运的神奇力量。当你自己从内疚、自责和愤怒中解脱出来的时候，你也解救了你的孩子；当你终止了旧的家庭模式给你的束缚时，你就等于给自己、也给了孩子一份厚礼。他会记住自己的父母是如何勇敢地对待自身的缺点，这种勇气与坦率会鼓励男孩做终生的探索与自我培养，而不至于迷失方向。

努力从孩子的角度看问题

作为家长，我们应该懂得用孩子的眼睛来看世界，努力让自己通过孩子的视角让他们掌握基本的做人原则，并鼓励他们用这样的原则来理解大人。

深冬的早晨，在一个社区中心健身房外的走廊里，有个两岁的男孩突然大发脾气：他一下子趴到地上，又哭又叫，两脚乱踢，两手乱抓。而他的母亲就在他身旁却一句话都不说，她放下手里的包袱，先蹲下，再坐下，后来索性全身趴在地上，使她的头和儿子的头成了一个水平线，两个人的鼻子也碰在一起。走廊里来来往往的人很多，大家都小心地绕开他们，尽量不去注意他们；母子两个旁若无人地趴在那里好半天。最后，孩子脸上的愤怒慢慢消失，显露出平静，哭叫声变成了耳语，终于把哭红的小脸靠在地板上，他的妈妈也同样把脸靠在地板上。孩子看母亲，母亲就看孩子。最后孩子站起来，母亲也站起来。母亲拿起丢下的包袱，向孩子伸出手来。孩子抓住了母亲的手。两人一起走过了长长的走廊，到了停车场。母亲打开车门，把孩子放在儿童座上扣好，亲了一下他的额头。孩子的情绪已经变得非常安稳甜蜜。而在这整个过程中，当母亲的居然没有说一句话。在一旁一直跟踪观察他们的作者，简直要情不自禁地为这位母亲鼓掌！

这是旅美学者薛涌转述的育儿作家 Barbara F. Meltz 作品中的故事，讲述的是发生在美国街头的一幕场景。母亲专心致志地趴在地上，仿佛要尽自己最大的努力从孩子的角度来理解他发脾气的原因。正是由于这近乎虔诚的努力，两个人建立了默契的沟通，孩子平静下来，而这位母亲自始至终没有说一句安慰孩子的话。也许你会感到很奇怪：既然母亲一句话都没有讲，是什么力量安抚了孩子原本不平静的脾气呢？

很多父母为自己的男孩感到头痛：孩子心里有秘密不会告诉你；孩子遇到了难过的事情不会找你诉说，甚至是孩子遇到了困难都不愿意找你来帮助。难道我们不爱自己的孩子吗？他们为什么对我们充满了敌意呢？你的至理名言，被孩子当成了耳旁风；你苦口婆心的唠叨，让孩子感到心烦意乱。作为家长，如果不懂得从孩子的角度来和他交流，那一定会使沟通出现重重的障碍。

与男孩交流，首先最重要的就是要懂得用孩子的眼睛来看世界。在日常的生活中，可能很多人都有这样的经验：当我们被人理解之后，内心就会感到温暖，处在这种情况下的人通常容易打开心扉畅所欲言。而当一个人感到自己不被人理解的时候，内心就会感到委屈孤独，什么都不愿意说，甚至是刻意疏远别人。成人都如此，更何况是孩子？我们在爱护男孩、在教育男孩的时候，也应该设身处地地把自己放在男孩的角度考虑他是否可以接受。

有一位妈妈，对自己的孩子很是头痛，因为她的孩子深深迷恋于游戏不能自拔。爱子心切的母亲每当看到孩子总会劈头盖脸地训斥一番，可是她不曾想过，孩子怎么会甘之如饴地接受她的责骂呢？虽然我们是出于对孩子的爱护，但是却不可能收到良好的效果，反而会加重孩子的逆反心理。

但是另一位妈妈就很懂得教育的艺术，她在教育男孩之前用心体会了男孩的心态，虽然对孩子沉迷于游戏的状况感到担忧，但是却用了让儿子可以亲近的方式，比如用孩子气的语言问儿子："你今天的手气怎么样？有没有破纪录？"通过这样的问法，我们可以轻松得知孩子现阶段对游戏的痴迷程度，而且不会让孩子有所警觉。结果，这个孩子兴致很高，说："我今天打到了10000 分。"这位妈妈的问话传递出的信息并不是对游戏的厌恶，而是好奇，所以让孩子觉得家长对游戏也很感兴趣，因为你们对同样的事物感兴趣而愿意和你交流，只要愿意和你沟通，以后的说服就会变得容易很多。

因此，父母应尽量少用训斥或者是命令的口气来和男孩交流，而是应该在和男孩交流的时候俯身倾听。当父母试图努力让自己用孩子的角度来看问题的时候，孩子才会逐渐意识到应该学着用爸爸妈妈的眼光来理解世界，我们的价值观念，才得以传递给孩子。

不要求男孩成为"乖孩子"

刚上学的男孩还没有什么是非观念，看到有孩子打架，觉得很好玩，也跟着打了起来，回家的时候，身上脏兮兮的，脸上也破了一块皮，但是他觉得自己很勇敢。"你怎么啦？和别人打架了？"爸爸看到孩子进门，就问他。

"嗯，爸爸，我们有五个人一起打架，有两个人哭了，我没有哭。"孩子很天真地等待表扬，但是爸爸把脸一沉。

"那你多行呀！早上干干净净地出门，现在回来的确是像个收破烂的，你这样的孩子谁会喜欢？大家都喜欢干净文明的小孩。"

"不说脏话的孩子才招人喜欢。"

"听话的孩子人见人爱。"

你是否用"怎样怎样的孩子人见人爱"的理由来教育过孩子呢？孩子也许真的从此以后听话了，不骂人了，但是这样的改变真的值得骄傲吗？

其实仔细想想，就会发现这样的教育是有漏洞的。用怎样才能讨人喜欢这种方式来教育男孩，最容易培养出一个迎合他人、没有自我的"小奴才"。男孩在很小的时候，没有什么主见，他的人生观等等容易被大人的话影响，如果家长总是在强调"讨人喜欢"，男孩就会为了得到别人的夸奖而卖弄、吹嘘，或者像个小大人等等。

也许，家长有时候并没有直接说"人见人爱"这样的话，但是他们的行为无疑鼓励了孩子讨好别人。在这种环境下成长，男孩很容易变得不再天真，不再无忧无虑，而是充满了成人式的世俗和玩世不恭。

"你们老师有什么了不起的，他也就买得起个自行车！"这样的言语无意间向孩子传达一个信息：再读书再学习也是没用的，钱才是硬道理！

"孩子，你要是也能……那我们全家就出名了！""儿子，好好学习！将来当大官！"这样的话在我们的生活中是常见的，敢问，这些语言中有真正鼓励孩子的心灵的东西么？为了让家长高兴，让自己成名成家，这样的理由能带给生命多少滋润呢？

"你要是学习不好，就去当环卫工人去，一辈子也没什么出息。""你看你那同学又黑又瘦，长得不好，穿得多寒碜，家里估计也不怎么样！那个同学一看就知道穿的是名牌，啧啧，就是不一样！"慢慢地，孩子学会了挑剔，学会了攀比。

一颗果子要想甜美可口，就要自然成熟，我们有责任保护孩子不让他们被催熟，怎么做？很简单，意识到它的重要性，然后尽可能地避免给孩子灌输。对于这些世俗的社会现象，以健康的心态来引导孩子，比如给老师送礼，告诉孩子，这是为了向老师表达谢意，是对老师的尊重，而不是为了得到特别的照顾。比如，对孩子的同学给予客观积极的评价，在金钱名利、工作岗位等方面也给予正确的引导……爸爸的责任就体现在这些方面！

为什么现在有很多家长感慨，孩子渐渐成了小人精、小大人，他们懂得的东西与他们的年龄不相称，其实，这些都是家长在引导上的失职。爸爸是家庭的意见领袖，当孩子不讲卫生的时候，不要再说什么"别人不喜欢"这样的理由，你可以说"妈妈洗衣服很辛苦，她的劳动成果做父母的要珍惜；讲卫生才能健健康康，脏的容易携带病菌"，这些才是孩子做人需要学会的东西。

亲切交谈，把道理藏进故事里

现在的市面上出现了很多亲子阅读的书籍，虽然质量上参差不齐，但都说明了一个问题：人们越来越在意和孩子之间的互动了。因为给孩子讲点什么，它的意义已经远远超过了教育，而是一种爱的表达。与孩子一起读书，是在帮他整理出发前的行囊，也是在给他储存生活所需要的爱和安抚。

无论是在客厅、公车上还是在孩子的书桌前，打开一本书，父母就变成了最好的老师和朋友，而孩子是唯一的听众，父母和孩子一起，开始了一段充满爱和乐趣的学习旅程。这时候，如果能讲点对他今后有帮助的东西，就更是锦上添花了。所以，很多父母都选择给男孩讲点"有意义"的东西，什么四书五经、人文常识，这些东西如果能被孩子吸收，当然是很好的事情，但是如果父母不懂得讲故事的技巧，以读书的语速和情绪去和孩子一起阅读，未必能达到应有的效果。

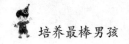

最好的选择是，能够和孩子讲点你过去的故事，或者你们的亲人过去的故事。

家长对自己童年的回忆，能拉近自己和孩子的距离，很多爸爸小时候都有"英勇事迹"，其实大可以拿出来和孩子分享，既是在增添一份欢乐，又是在让孩子了解一家人相亲相爱的感觉。当家庭聚会的时候，常常听到爷爷们以这句话开头："我们祖上有一个状元，他……"一家人会一再地讲起当年的故事，这些东西，就像一个家庭的"精神遗产"，是别的东西无法替代的。

同样的，孩子人生中要明白的很多道理，也可以用故事的方式讲给孩子听。比如说讲到放下嫉妒心的时候，可以用寓言故事里《孔雀与夜莺》的故事；讲到人的本性应该善良的时候，可以引用王尔德的《星孩》的故事……哪怕是爸爸们即兴编造的一个故事，只要情节精彩，对孩子照样有启发性和吸引力。

这里可以推荐爸爸们去读一读著名的寓言、童话和经典名著，这当然是为了孩子，也是为了提高自己。其实，好的儿童读物，成年人也可以读出一番自己的道理来。

没有孩子会拒绝一个好故事，有时候一个精彩的故事，其营养胜过一本枯燥的励志书。只有当孩子们带着快乐的心情去聆听的时候，他才能真正地融入故事中，吸收其中有益的养分。

父母这样说，男孩才会听

男孩喜欢你与他商量事情

家长希望男孩"怎么做"，或"不要怎么做"时，都不宜采取强制方式。因为强制的结果，要么造成男孩被动心理和懦弱性格，遇事没有主见；要么使男孩产生逆反心理，脾气更犟，说什么都不听。

例如，当孩子看电视或小说正起劲而忘了已经到学习的时间时，或知道该学习了，但不想停下来时，一般不宜立即强制孩子停下来，马上去学习；更不能采取夺下小说，关掉电视等"强硬"的行为。因为这样做，孩子要么不愿意，和父母顶撞争吵，要么即使勉勉强强坐在了书桌旁，也不会专心。结果，既破坏了孩子的兴致，也没有使孩子安下心来学习，使孩子整个晚上烦躁气恼，一无所获，甚至到第二天情绪尚难平静。而没有好的情绪，不可能有好的效率，这样下去只能是一事无成。

其实在这种情况下你只需要轻轻提醒一句"该停了"或"到学习时间了"，无须多说，随后就走开去办你自己的事，给孩子留下"自觉"的机会。往后，你越是相信他，他也就越是会遵守自己的承诺，会按时停下其他活动，及时地坐下来专心学习。

在此之后，明智的父母若想彻底改变男孩的不良习性及给予适当建议时，可以找个适当的时间和机会（例如在散步时），在轻松愉快的气氛下，给他讲明道理。说明一味凭兴趣，总任着性子干，成不了大事，建议孩子以后一定要以理智和意志支配自己的行动。这样孩子一般能愉快地做出"以后到时间，就去学习"的承诺。

家长们希望孩子能力强，首先应该在培养其自信心方面下工夫。在独生子女人格调查中，我们发现，家庭的教养方式对孩子的自信心影响很大。家庭教养方式主要有六种类型，即溺爱型、否定型、民主型、过分保护型、放任型、干涉型。其中，民主型家庭教养方式和否定型家庭教养方式对子女的自信心影响最大。一般来说，在民主型家庭中，家长们是孩子的朋友，他们经常和孩子商量事情，尊重孩子的想法和意见，经常给孩子表扬和鼓励。所以，孩子的自我接纳程度较高，相应地自信心、自尊感和成就欲望较强。而生活在否定型家庭中的孩子，家长经常打骂、批评孩子，对孩子的责罚多于赞扬，因此，孩子们的自信心相对较差，他们往往不相信自己的能力，总是甘居下游，对未来担忧，对前途充满恐惧。

因此，激发孩子天赋和潜力的重要做法是做民主的父母，对孩子采用民主型的教养方式。家长应尊重孩子，做事经常考虑孩子的想法和意愿，不把孩子当成"附属品"，而当成"独立人"看待。遇事和孩子商量、沟通，多对孩子说"这件事爸爸妈妈想听听你的意思"，"孩子，这是个严重的问题，咱们商量一下看怎么解决好"这一类商量的话。受到这样的"邀请"，孩子会非常开心。他在家中的地位得到了体现，他会从父母的重视中感受到一份尊重，也不再觉得父母高高在上，反而会有种亲近感。

商量的魅力在于，能使家庭关系变得和谐。商量，能使孩子得到大人的尊重，从而使孩子懂得尊重别人，并学会用商量的办法去对待父母和他人，避免冲突和对抗；商量，能使孩子学会从别人的角度来观察事情，思考问题，学会民主和平等、尊重和友谊。

家长在涉及孩子的问题上，尤其要和孩子商量，听一听孩子自己的意见，比如给孩子选什么才艺班、怎样花好零花钱、什么时间看电视、暑假时间怎么安排，怎么玩、去哪玩等，这些都关系到孩子生活能力、兴趣和爱好等的培养。如果不和孩子商量，独断专行，男孩容易产生逆反心理，或对学习丧失兴趣。

80％的时间倾听，20％的时间讲话

作为家长的你是否经历过这样的情况：当你拖着疲惫的身体，努力地打起精神，准备和儿子好好沟通沟通时，却不是被儿子三言两语打发了，就是被噎得半天回不过神来，不但不能达到了解孩子的目的，还惹了一肚子气，逐渐丧失了和孩子谈话的兴趣，以至于越来越不了解孩子，越来越不知道该怎样教育孩子。因此，家长一定要学会与孩子交谈的技巧。

1897 年，意大利经济学家帕累托偶然注意到英国人的财富和收益模式，他发现，社会上的大部分财富被少数人占有了，而且这一部分人口占总人口的比例与这些人所拥有的财富数量具有极不平衡的关系。于是，帕累托从大量具体的事实中归纳出一个简单而让人不可思议的结论，如果社会上 20％ 的人占有社会 80％ 的财富，那么可以推测，10％ 的人占有了 65％ 的财富，而 5％ 的人则占有了社会 50％ 的财富。这样，我们可以得到一个让很多人不愿意看到的结论：

一般情况下，我们付出的 80％ 的努力，也就是绝大部分的努力，都没有创造收益和效果，或者是没有直接创造收益和效果。而我们 80％ 的收获却仅仅来源于 20％ 的努力，其他 80％ 的付出只带来 20％ 的成果。这就是"二八"法则。

显然，"二八"法则向我们揭示了这样一个道理，即投入与产出、努力与收获、原因与结果之间，普遍存在着不平衡关系。小部分的努力，可以获得大的收获。起关键作用的小部分，通常就能主宰整个组织的产出、盈亏和成败。

所以，我们做事情应该把自己的精力花在重要的少数问题上，因为解决这些重要的少数问题，你只需花 20％ 的时间，即可取得 80％ 的成效。而和孩子谈话，亦是如此。

家长和男孩能够顺利地交流思想，对于相互之间保持良好关系非常重要，家长都希望男孩能跟自己讲讲他们内心的感受，这样家长就可以理解和帮助他们。如果我们问家长："你经常与孩子交流吗？"

得到的回答常常是："当然啦，我们经常说可他一点也不听。"

其实，家长所谓的交谈，其中很大一部分是唠叨、批评、说教、哄骗、威胁、质问、评论、探察、奚落……这些做法不管出发点是多么好，都只会使相互间的关系更加紧张和充满敌意。试想，如果孩子是你的朋友，你总是板起面孔不管不问地说一大堆，你们的友谊还能维持多久？

家长们常常犯一个重要的错误，就是他们说得太多。他们过早地对孩子

进行长篇大论式的谈话，并且还常用一些孩子听不懂的词。那些在孩子很小的时候就开始对他们讲大道理的妈妈发现，随着孩子年龄的增长，他们变得越来越不好管教。当他长到十几岁时，他的爸爸妈妈又试图用严厉的惩罚来对待他，但是已经听惯了大道理的孩子甚至比一般的孩子更不接受这种惩罚。

所以要根据孩子的年龄和成熟程度把握好谈话的"度"。美国著名的成功学大师在教导人们怎样对话的时候，建议我们把 80％ 的时间留给对方来发言，把剩下的 20％ 的时间拿来提一些能够启发对方说下去的问题。可以说，对话的过程重在倾听，父母们更是要懂得这个法则。

一般而言，最好对年龄小的孩子侧重管教，而对大孩子则多交谈。例如，告诉 2 岁的孩子电源是危险的所以不能碰，就不如把他的手一把拉开并严厉地说"不能碰"，这样更能使他立即理解你的意思。

可是，如果你不对一个 13 岁的偷偷抽烟的孩子详细解释尼古丁的害处，而是简单地责罚他，便不能收到好的效果。在这些男孩的世界中，他们需要大量的空间去表达自己、需要耐心的听众，爸爸妈妈们应多多倾听，让他们说出自己的想法，并且及时解答他们的疑惑。这就像大禹治水，重在疏导，而不是想办法用东西堵塞。

训练孩子"不唯父母是听"

如果一个孩子从来不与人争辩，看上去总是一副与世无争的样子，那么这个孩子的勇气、进取心和正义感就很值得怀疑了。父母在教育孩子的时候，更要注重孩子是否以自己的观点来和父母进行争辩讨论，这样有利于判断孩子的独立思考、辩论的能力。

随着男孩年龄的增长，到了 3～4 岁时，其独立欲望明显增强。他们开始意识到自己的存在，不愿处处被人压制，不满足于模仿成人，而是要求独立思考，独立行动。如果父母对男孩照顾过多，干涉过多，就会使他们特别反感。其突出表现是不听指挥，自行其是，经常跟父母顶嘴，令父母头疼。随着年龄的增长，大概到了 7～8 岁，男孩和爸爸妈妈顶嘴的事就多了起来，到了 11～12 岁时，男孩几乎会天天和妈妈顶嘴。所以，如果不能够从一开始就很好地解决孩子顶嘴的问题，以后做父母的就会更加头疼了。

现在的男孩接受教育较早，看书看报多，接受知识多，他们的知识面比父母当年要宽得多。这直接的结果是判断是非的能力强了，要求独立的心理强了。还应该看到，顶嘴也是他们表达自己的判断的一种特定方式。男孩追求独立性，要加强自己判断是非的能力，这与男孩的"不良品行"是不能相提并论的。男孩表达自己的判断，不可能像大人那样圆滑和委婉。所以对男

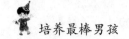

孩的顶嘴，家长不要一概斥之为不礼貌，不尊敬长辈，要区别对待。

心理学家认为："能够同父母进行争辩的孩子，在以后会比较自信，有创造力，也会更合群。"事实表明：争辩有利于思想的沟通。因此，孩子与父母争辩，父母不应怕面子，不要担心孩子不听话，不尊重你，与你为难。孩子也是讲道理的，你与孩子争辩，孩子觉得你讲道理，会打心眼里更加爱你、尊重你、信赖你。你要孩子做的事，他通过争辩弄明白了，更会心悦诚服地去做。

然而，中国的家庭教育更多的却是"听话"教育，"听话"是中国的父母对子女教育的口头禅。听话的孩子就是好孩子，这是中国传统教育下人们的一种共识，"听话"成了中国家长对孩子使用频率最高的两个字。

男孩小的时候，自理能力差，让孩子按大人的意愿去活动，避免出现危险，总用"听话"教育孩子无疑是对的。但是，男孩逐渐长大，自我意识逐渐加强，就不能总用"听话"两个字去进行教育了。

总是用"听话"两个字去教育男孩，势必在孩子的幼小心灵里灌输一种观念：大人的话、父母的话、老师的话都是对的，这在相当程度上限制了儿童质疑精神的发展，会使孩子形成唯唯诺诺的性格。

试想，如果一个男孩处处、事事都按照父母的话去做，按照老师的话去做，而没有自己提问题的心理空间，这样培养出来的孩子能有创新意识吗？能有创新能力吗？父母应该允许争辩，不要介意孩子顶嘴，这看起来是管教态度，实际上是教育思想和理念的一种反映。

但是，如果孩子顶嘴习惯成自然，也不利于他的学习和成长，甚至会影响他长大成人后的人际关系。对于孩子的顶嘴，专家开出如下"药方"，"药方"的主旨是，要从父母自身做起：

1. 建立和谐的家庭氛围。如果家庭成员彼此间缺乏尊重，动辄脏话满嘴，或者互相说些"抬杠"的话，男孩一旦具备了一定理智水平，就会从心底不尊敬父母，顶嘴便成了家常便饭。家庭成员之间要相亲相爱，互相关怀，即使存在分歧，也尽量不要在孩子面前争吵，而是通过协商解决。

2. 尊重男孩要求独立的愿望。放手让男孩自己去干、去做、去想，父母尽可能为孩子提供活动机会，创造活动环境。不要一味地要求孩子按照成人的模式行动，当孩子有了一个与众不同的设想，做了一件从来未做过的事，父母应积极支持，及时赞许。

3. 引导男孩说理，为自己申辩。固执地要求孩子按照自己的要求去做而不顾及孩子的感受，这样孩子会感到很委屈。发扬家庭民主，给孩子更多的发言权，首先要允许孩子申辩，鼓励孩子申辩。既然你批评孩子，就应允许孩子有这种权力。这样的好处是让孩子感到无论做什么，有理才能站稳脚跟，对发展孩子个性很有利。

4. 培养男孩良好的性格品质。父母要教育孩子尊重长辈，启发男孩对别人的意见要多动脑筋，认真考虑后再讲话，以培养稳重、忠实，善于克制自己的良好的性格品质。

5. 注重与孩子的精神交流。每个孩子都渴望得到成人的理解，父母应学会经常听听孩子的意见，努力理解他们的感受，并用"我想……"来表达自己的意见和评价，使孩子感到父母的温存、抚爱，从而乐于接受父母的意见。

6. 父母的教育方式不能简单粗暴。父母教育男孩时，不要用命令的方式。如果只是发号施令和严厉训斥，孩子会暂时做出听话的样子，但他再稍大一些，则不会买父母的账，引发孩子的逆反心理和对抗情绪。

7. 批评教育男孩切忌唠叨。父母对男孩的不当言行，有责任作必要的提醒、忠告，乃至严肃的批评，但必须言简意赅，切忌一味重复，有的父母缺乏这方面的知识，说话抓不住重点，反反复复，唠唠叨叨，让孩子十分厌烦，这也是引起孩子顶嘴的原因之一。

你是唠唠叨叨的"唐僧式家长"吗

小乐早晨喝完牛奶，就在手上抛着空盒子玩，结果一不小心把空奶盒从窗户扔了出去，正巧打着楼下的一位阿姨。

"谁这么没素质啊，乱扔东西，哟，里面还有牛奶呢！脏了吧唧的……"

小乐一下子意识到自己闯祸了，蹲在窗户边上不敢出声。在一旁的爸爸觉得这是一个很好的教育机会，马上斥责孩子："你知道这种行为的严重后果吗？"

"爸爸，我错了，我以后再也不往楼下扔东西了！"小乐眼里的泪水已在打转。

"幸亏你扔的是纸盒，如果是铁盒、砖块呢？还不把人家脑袋砸破？万一砸出人命来怎么办？人人都往楼下扔东西，这个小区还能住人吗？"

"爸爸，我不是故意的，我正在……"

"大人说话的时候，你哪来这么多借口？越来越没有规矩了。"

"你自己犯了错误，不知道主动道歉，却躲在这里，我平时是怎么教育你的？"

……

爸爸连连质问、斥责，由纸盒到铁盒到砖块到人命开始，说了一大堆，

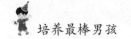

越说越严重，越说越玄乎，似乎还不满足，仍想继续"发挥"，但这时，孩子变得充耳不闻，表情淡漠了。

经常有家长抱怨，说孩子不听话，一件事讲好几遍也听不进去，讲多了，孩子又嫌自己烦。其实家长应从自身找原因，唠叨的家长往往是缺乏自信、性格软弱的人，对自己讲过的话、做过的事不放心，才会一遍遍地重复。男孩生长在这样唠叨的环境中，很难形成良好的个性。

有位老师，问过孩子们这样一个问题："你们最喜欢什么样的爸爸妈妈？"结果比较集中的回答是：

"平时不多唠叨，而当我心里有事时，他们——"

"说得上话！"

"救得了急！"

"解得了闷！"

……

家长在教育孩子的过程中，的确需要讲究"语言艺术"，唠唠叨叨只会给孩子带来厌烦的情绪。

孩子犯错误后，你还念念不忘地时常唠唠叨叨吗？

当孩子想要与你交流时，你是否依旧自顾自地说，而不在意孩子的沟通意念？

唠叨并不只是一再地重复要求，即使你加了"请"这个字，还是充满了命令的意味。一个不停地嗡嗡作响的警报器是每个人都想关闭的。

男孩不会主动穿衣服、洗澡、做功课、做家务、使用电话、吃饭、打扫、练习诸如此类的事情，家长要有耐心去教导他们，但是有的家长常会唠唠叨叨的。假如你认为有必要重复地说，那就要改变唠叨的语气，换成提醒的口吻。唠叨让人很厌烦，易招致怒气，提醒的语气听起来则有帮助的意味，表示你和孩子站在同一边。

避免唠叨还要切实地提供男孩自由选择的空间。"记住在晚餐前将你的房间清理干净。"这样的说法能给予你的孩子喘息的空间，尽可能不要经常要求男孩立即做某件事，没有人会对俯冲的轰炸机有正面回应的。

没有人喜欢被控制，也没有人喜欢人家告诉他应该怎么做，特别是如果这个"吩咐"并不有趣。家长越逼迫，孩子就越抗拒，不管他年纪多大，但这并不仅是因为他不想做。持续不断的叨念只会升高家长和孩子之间的温度，制造挑战。谁要让步？谁会赢？

还有一点相当重要，家长必须要注意，那就是男孩想要亲近你又不要太依赖你的持续内心交战。"唠叨"刚好就给了他推开你的机会，但这是不好的开场。而尽可能在降低冲突的气氛下帮助你的孩子学会独立，给孩子一些喘息的空间，让他感觉自己有选择权会相当有帮助的。

总之，在这个问题上应注意以下几点：

1. 别只盯着孩子的缺点。

2. 批评的话不宜多。

3. 注意和孩子的情感交流。

另外，父母对孩子讲话也要经过大脑过滤，要讲在点子上，不要信口开河。说出去的话、下达的命令要算数，不能出尔反尔。

父母不能对男孩讲的话

"你只管好学习就行了"

勤奋的人未必成功，在学习上尤为如此。很多家长主张孩子学习时间越长越好，认为学习时间越长，熬夜熬得越晚说明孩子越勤奋，学的知识就很多。事实上这是错误的，学习好的学生不一定就是学习时间长的或者经常熬夜的学生，学习成绩的好坏跟学习时间有一定的关系，但是这种关系不是绝对的，因为有个效率的因素在里面。

教育学家们更注重的是如何提高孩子的学习效率，而不是强调孩子长时间地学习或者"开夜车"学习。

因此，学习效率是决定学习成绩的重要因素。学习效率的提高，在很大程度上取决于学习之外的其他因素，如人的体质、心境、状态等诸多因素，这些都是与学习效率密切相关的。并不是说让孩子每天除了学习其他的事情一概不做就能够使他的学业进步，效率才是提高学习成绩的关键。

那么，我们如何引导孩子提高自己的学习效率呢？

首先，一定要孩子自信。很多的科学研究都证明，人的潜力是很大的，但大多数人并没有有效地开发这种潜力，这其中，人的自信力是很重要的一个方面。无论何时何地，孩子做任何事情，有了这种自信力，就有了一种必胜的信念，而且能使他们很快就摆脱失败的阴影。相反，一个人如果失掉了自信，那他就会一事无成，而且很容易陷入永远的自卑之中。

其次，教育孩子学习的时候注意力要集中。学习的过程，应当是用脑思考的过程，无论是用眼睛看，用口读，或者用手抄写，都是作为辅助用脑的手段，关键还在于用脑子去想。举一个很浅显的例子，比如说记单词，如果你的孩子只是随意地浏览或漫无目的地抄写，也许要很多遍才能记住，而且不容易记牢，而如果他们能充分发挥自己的想象力，运用联想的方法去记忆，往往可以记得很快，而且不容易遗忘。现在很多书上介绍的英语单词快速记忆的方法，也都是强调用脑筋联想的作用。可见，如果能做到集中精力，发挥脑的潜力，一定可以大大提高学习的效果。

再次，要孩子保持良好的情绪。孩子在精神饱满而且情绪高涨的情况下学习就会感到很轻松，学得也很快，其实这正是他们学习效率高的时候。因此，保持自我情绪的良好是十分重要的。

此外，要提高学习效率，我们还应尽量要求孩子做到以下几点：

1. 每天保证 8 小时睡眠

晚上不要熬夜，定时就寝。中午坚持午睡。充足的睡眠、饱满的精神是提高效率的基本要求。

2. 坚持体育锻炼

身体是"学习"的本钱。没有一个好的身体，再大的能耐也无法发挥。因而，学习再繁忙，也不可忽视放松锻炼。有的同学为了学习而忽视锻炼，身体越来越弱，学习越来越感到力不从心，这样怎么能提高学习效率呢？

3. 主动学习

只有积极主动地学习，才能感受到其中的乐趣，才能对学习越发有兴趣。有了兴趣，效率就会在不知不觉中得到提高。有的学生基础不好，学习过程中老是有不懂的问题，又羞于向人请教，结果是郁郁寡欢，心不在焉，提高学习效率更是无从谈起。这时，唯一的方法是，向人请教，不懂的地方一定要弄懂，一点一滴地积累，才能进步。如此，才能逐步地提高效率。

4. 注意整理

学习过程中，把各科课本、作业和资料有规律地放在一起。待用时，一看便知在哪里。而有的学生查阅某本书时，东找西翻，不见踪影。时间就在忙碌而焦急的寻找中溜走。没有条理的学生不会学得很好。

"少和那些成绩差的孩子玩"

中国有句老话说"近朱者赤，近墨者黑"，言简意赅地点明了环境对于一个孩子成长的重要性。很多家长将这句话照搬过来，并且奉为信条，对孩子的朋友限制得很严格。

一位家长中午回家，打开家门，发现上小学五年级的儿子正和两个同学"大吃大喝"，碗筷摆了一桌。儿子见妈妈回来了，忙站起来，叫了声："妈！"

她没应声，两个同学站了起来，叫了声："阿姨，您回来啦！"这位家长非常不满意，对这些孩子训斥道："你们几个人的成绩在班上的排名都不算靠前，聚在一起不知道多讨论学习，反而在这里浪费时间，大吃大喝，一点出息都没有。"到了晚上，孩子回到家，情绪显得十分低落。尽管父母轮番相劝，孩子还是滴水未进，而且一连几天食欲大减，情绪低落，打不起精神，没有笑容。

父母尊重孩子的小伙伴就是尊重孩子自己，他会在我们的尊重中得到欣慰和心理的满足，同时也会得到同伴的认可和接纳。如果我们因为孩子的同伴学习成绩不好而加以嫌弃，那么他幼小的心灵中会留下阴影和创伤，在朋友中会遭到嘲笑和冷落，很有可能我们这些不利的言行会影响到孩子的朋友圈。

孩子的小伙伴到家里来，这是再正常不过的事情了。从做父母的观点来说，到家中来玩的同学中必然有较受欢迎的和不受欢迎的。若是能和自己的孩子安安静静做功课的同学，就是受欢迎的小客人；如果在进入别人家的时候，只知任意嬉戏的同学，则被列入不受欢迎的名单中。

但是，当父母发现自己的孩子与那些学习成绩不好的孩子玩得很好的时候，千万不要对孩子加以指责，而是要合理地引导孩子，希望孩子能够取其长处，避其短处，既能够帮助自己的小伙伴，同时又能让自己保持上进。

帮助别人就是帮助自己，在孩子的学习问题上，这句话具有深刻的含义。

首先，当孩子主动地帮助其他同学的时候，他的大脑处于学习的最佳境界，因为，他一定会努力像老师那样积极地思考问题，我们通常说"要教给别人一杯，自己得先有一桶"，为了能帮助同学，孩子在心理上就会为自己提出更高的要求，这样一来，对于知识的掌握和理解就很容易超出自己原来的水平。

其次，当孩子无私地帮其他同学的时候，心中是自豪的、宽容的，当他全身心投入的时候，无形之中锻炼了自己的自信心，对于下一步的学习，就会更加充满热情和活力，因为他学习的价值在帮助别人的时候得到了充分的展现。

可见，只要是家长用恰当的方式对孩子进行积极的引导，孩子是不会变坏的。家长观察孩子的朋友，不要总是一味地以学习成绩来衡量，而应该综合多方面来考虑，如果孩子的朋友是一位成绩一般，但是见识广博、有想法，或者品德很高尚，那或许也会成为孩子难得的挚友，孔子说过："益者三友：友直、友谅、友多闻。"并不是说所有成绩好的孩子都值得成为朋友。

"你比谁都聪明，就是不认真刻苦"

真正的学习是轻松的，轻松地学习才会有快乐，同时，轻松地学习，也会使我们的学习效率更高，学习效果更好。也只有在轻松的状态下学习才能不被学习所奴役，才能发现学习的兴趣。

家长在督促孩子学习的时候，要让孩子学会一种轻松学习的态度，而不要硬逼着孩子去多么努力刻苦地学习，更不要给孩子讲什么"凿壁借光"之类过时的故事。养成轻松学习的习惯，才能使孩子的学习状态发挥到最好。

首先，轻松学习需要劳逸结合，合理安排时间。

心理学专家认为，每天要有充足的睡眠时间：初中生为 9 小时，高中生为 8 小时。为了更好地学习，每天至少要保证 8 小时的睡眠时间才能有充足的精力高效率地学习。

一个人的精力如同一根弹簧，你如果在它的弹性限度内拉开它，手一松，就会弹回去，恢复原来的状态。但假如你无限度地拉，超出了弹簧的弹性限度，当你再松手的时候，它就不会再恢复原状了。

如果你的孩子睡眠不足，每天超负荷学习，就好似超过"弹性限度"，时间长了，必定影响身体健康。同时，由于大脑连续工作时间过长，会疲劳不堪，从而感到学习很累，轻松更无从谈起，学习效率也会大大降低。我们的大脑每天都处在兴奋和抑制的交替进行状态，即学习时大脑皮层兴奋，随着学习的进行，兴奋逐渐减弱，并出现抑制，这就需要使大脑得到休息。

如果你的孩子在学习时感觉到很累，最好让他小睡片刻，这样精神就会很好，因为这时睡觉会马上进入梦乡，所以睡眠质量很高，可以马上补足精神，精神补足后，学习效率就会提高，学习也变得相对轻松起来。

要让孩子养成学习中途休息不超过 10 分钟的习惯，因为超过 10 分钟，会较难收心。中午时分，如果能小睡一下，下午和晚上都会更有精神。体育锻炼是休息的最佳方式，这是一种积极的休息方法，对提高学习效率非常有帮助。事实上，只有做到劳逸结合，学习才会变得轻松起来。

其次，轻松学习也要适合自己的个性。在学习中，每个人的个性各有其优势，不必羡慕别人，别人的方法也未必适合你。

再次，轻松学习需要培养自己的记忆力。许多家长认为，人的记忆力是天生的，无法培养。事实上，这种说法是错误的。没有一个人在生下来的时候就认识他的妈妈。他之所以能够认识自己的妈妈，是因为妈妈经常和他在一起。因此，人记忆力的好坏不仅与遗传因素有关，更重要的是和记忆的条件、记忆的方法有关。许多父母以为孩子记忆力不佳是资质比较愚钝，其实不然，大多数孩子记忆力差，是因为没有掌握记忆的规律，缺乏正确的记忆方法。只要我们有意识、有目的地加以培养，任何健康的孩子都是能够提高记忆力的，高效的记忆会提高学生的成绩。

最后，轻松的学习需要从压力中走出来。当自己的孩子感觉到学习压力大时，让他们自己彻底放松一下，从学习的压力中走出来。这时，可以听听音乐、做做运动，也可以出去散散步。

言传不如身教：让男孩看在眼里，记在心上

男孩大都"吃软不吃硬"

对于未成年的孩子来说，他们由于不成熟、自我约束力差、自我纠错能力差，所以在成长过程中不但错误百出，而且经常犯同样的错误。作为成年人的家长最感到头疼的是："孩子怎么没记性?""为什么屡教不改?"于是频繁批评，意图把男孩"骂"醒。但是不管你是苦口婆心地骂、言词激烈地骂，还是语重心长地骂，这种带有批评成分的教育效果都不十分理想。尤其是针对处于青春期阶段的男孩，他们的逆反心理作祟，容易与父母形成对立局面，那么这时候的批评不但无效反而会适得其反。如果再碰上一个破罐子破摔的男孩，被批评烦了后果更是不堪设想。

老教育家孙敬修先生有一次看见几个孩子在摇一棵小树，孙老并没有上前大声训斥。沉思片刻后，他走过去把耳朵贴在小树上，孩子们看见觉得很奇怪，好奇地问孙老在做什么? 孙老态度严肃，用十分痛惜的语气对孩子们说："你们听，小树在哭呢! 因为你们快把它的命根摇断了!"孩子们听了，羞得满脸通红，一个个惭愧地低下了头。而后，孙老和孩子们一起给小树培土、浇水。从那以后，这些孩子不但不再摇树，还成了护树"小卫士"。

孙老在这里是采用"良性刺激"的方法，把准儿童心理，用极富童趣的话语使孩子从心底里感知犯错、认识错误并改正错误。在批评孩子时，最忌讳不假思索脱口而出的伤人心的话。所以，不管孩子犯了多么不该犯的错误，在批评孩子之前，父母都要平息一下自己的情绪。

一般来说，当男孩犯了错误后，往往心里已经产生了愧疚。所以，父母在批评时，没必要一遍一遍诉说自己多么痛心，这种做法无异于在孩子心灵

的伤口上撒盐。对于已经具备是非判断能力的中学生而言，批评只要点到为止，就会使孩子记忆深刻。如果过度批评，不但不会加深孩子的印象，相反还会使孩子更加反感。

没有人喜欢被人批评，父母在批评男孩时一定要注意方式方法，尽可能采用积极的批评方式，给批评穿一件表扬的外衣。

已经上高二的小斌仍然"玩"性不改，每周六都要玩一会儿电子游戏。说是"一会儿"，实际上却是好几个小时。因为他每次都要打一局，而一局至少得打过好几关，有时甚至能从头打到尾，这样几个小时就过去了。有时母亲看不过，便吼他："别玩了！快去写作业。"他往往会以"只差一点就过关了"为理由，再拖半个小时。

为了帮助儿子改掉贪玩的坏毛病，母亲想了个好办法。又一个周末，母亲约了自己的几个朋友聊天，并让小斌服务。就在小斌为阿姨削苹果的时候，母亲提起了如何对待孩子贪玩的话题。几位朋友都有十七八岁的孩子，所以都有话说。其中一位说："我儿子已经上高三了，还整天惦记着玩，家里看得紧，他就到游戏厅、网吧玩，我都快愁死了。"小斌在旁边很紧张，生怕母亲揭自己的底。

小斌的妈妈接过话茬说："你越管得紧，他越不听话。我就从来不管小斌，每周他都可以玩一个小时的游戏，而且很守时，说一个小时，就一个小时。"说着，看了看表，然后对小斌说："儿子，到了玩游戏的时间了吧？去吧，玩一个小时就停。"

那天，小斌很自觉地在游戏机旁放了一个闹钟提醒自己，一个小时后，干干脆脆地退出了游戏。以后，不管母亲在不在旁边，小斌都只玩一小时，到了时间就立刻停止，再也不用母亲费心了。

小斌妈妈很讲究批评的艺术，她的做法很值得父母们学习。然而，很多父母在批评孩子时，难以做到心平气和。于是，这样的话不绝于耳："都这么大了还不懂事！""就知道玩，这么大了还让我操心！""好的没学会，就学会打架了，你是不是想把我气死？"可想而知，这些话会带给孩子什么样的心灵感受。当孩子犯有过错时，家长往往一味责备孩子，甚至打孩子，一点不讲批评技巧，结果往往事与愿违。那么，家长批评孩子时，应注意掌握哪些技巧呢？

第一，把声音放低。压低声音讲话，容易使孩子注意倾听你说的话，这种低声的"冷处理"，往往比大声训斥的效果要好。

第二，保持沉默。孩子一旦做错了事，总担心父母会责备他，如果正如他所想的，孩子反而会有一种"如释重负"的感觉，对批评和自己所犯过错也就不以为然了；相反，如果父母保持沉默，孩子的心理反而会紧张，会感到"不自在"，进而反省自己的错误。

第三，使用暗示。孩子犯有过失，如果家长能心平气和地启发孩子，不直接批评他的过失，孩子会很快明白家长的用意，愿意接受家长的批评和教育，而且这样做也保护了孩子的自尊心。

第四，批评孩子要言简意赅。有的家长批评孩子时唠唠叨叨说个不停，却说不到要点上，净说一些废话和孩子反感的话，引起孩子的逆反心理，孩子索性左耳进右耳出。所以批评的话不在多，要言简意赅，恰到好处。

第五，批评孩子一定要就事论事。批评孩子的时候不要把过去的事情扯出来，家长常犯的毛病就是喜欢秋后算总账。孩子本来有几件事情做错了，当时父母心情好，就不管不说，等到后来孩子的举动越来越不像话，这才开始发火，而且把已经过去了的事情重新提起，这样做只会增加孩子的抵触情绪。

第六，批评孩子千万不能损伤孩子的自尊心。特别是那些有辱人格的语言绝不能使用，批评孩子的场合也要有所选择，尽量不要当着外人或孩子朋友的面批评孩子。场合不对，本来孩子可以接受的意见也会引起孩子的反感。如果伤害了孩子的自尊心，他们甚至会做出某些难以预料的举动，让父母十分尴尬，下不了台。

总之，父母要充分考虑男孩的心理感受。根据孩子的具体情况，采取朋友般的做法，通过谈心、启发、聊天等方式，用委婉的口气指出孩子的不足，用商谈的口气消除孩子的对抗心理，与孩子一起共同分析错误，允许孩子申辩，及时澄清问题真相。这样不仅可以使男孩真正感觉到自己在人格上和父母一样平等，而且可以拉近父母与孩子之间的距离，消除彼此间的隔膜，收到积极良好的教育效果。

身教比说教效果好

批评是扼杀天才的行为，在教育孩子的时候一定要有耐心，家长要循循善诱，让孩子认识到自己的错误，而不要一味呵斥和批评。无论在任何时候，作为家长都要慎用你批评孩子的权利。

如果批评不当不但起不到教育的效果，还会在失去在孩子心中的威信，真是得不偿失。很多教育专家都建议家长，要尽量避免批评孩子，如果真的要动用批评的武器，也要艺术地对孩子进行批评教育。

已经上高二的小涛仍然"玩"性不改，天天晚上都要玩好几个小时的游戏。

面对这个让人发愁的孩子，妈妈感到很为难，但是小涛有他自己的话说："爸爸每天下班回家吃过晚饭之后，总是坐在电脑桌前玩游戏，看网页，一个晚上就这样耗过去很正常。为什么我就不可以呢？"

妈妈不止一次地对儿子进行思想工作，告诉孩子说"你现在的年纪正在上学啊，等你以后长大了，完成学业了，就可以随便玩了。"尽管妈妈这样讲，还是很难使孩子心悦诚服，毕竟，他生在一个这样的家庭环境中，所以不懂得学习是一件快乐的事。作为父母即便我们死死地按住他，就算是把他箍在课桌前，他难免也会心猿意马。

所以，作为家长，千万不要妄想用自己所谓的"威严"来要求孩子，而是首先要懂得反观自己。批评是教育孩子的一种方法，但是并不是所有的问题都能用这一种方法得到解决。作为家长，应该让孩子对我们心悦诚服，这样才能够收到最好的教育效果。

在孩子犯错误的时候要保持冷静，要心平气和，批评的时候讲究艺术，不能一味呵斥和责备。

此外，批评孩子的时候还要注意以下两点：

第一，批评与表扬相结合。平时要本着多表扬少批评的原则，该表扬的时候表扬，该批评的时候批评，孩子会觉得父母是公正的，如果只批评不表扬，孩子会因你只看到他的缺点看不到他的优点而不满，从而不愿意接受批评。

第二，批评孩子要适时适度。孩子的时间观念比较差，昨天发生的事，仿佛已经过去好些天了，加上孩子天性好玩，刚犯的错误转眼就忘了。因此，家长批评孩子要趁热打铁，不能拖拉，否则就起不到应有的教育作用。

多让男孩承担家庭事务

人活在世上，就要学会负责任，而父母要培养孩子的责任意识，让他处理家务便是一种很好的方式。

在生活中，引导孩子调整好自己的作息时间，安排好自己的事情，做到自己管理好自己。例如：早晨一旦闹钟响起，就一定要起来了，上学迟到，自己要负责。在学校里，无论是班委还是各项工作的负责人都要认真负起自己的责任，在活动中得到锻炼，培养责任心；在学习上，每天按时做作业，认真检查，反复练习，形成一种习惯，久而久之就能形成学习的责任心了；

在为人处世上，遇到困难的时候，首先思考一下自己的责任是什么，然后再去做。

责任心，是一个人的基本素质，是今后他对社会、对家庭的价值体现。一般来说，培养孩子的责任心，家长应把握以下几个常用的原则：

1. 告诉孩子，要对自己负责，同时也要对别人负责。不可想象，对自己不负责的人，何谈对他人负责？因此，家长对孩子责任心的培养应从孩子自身抓起，为孩子灌输责任意识，纠正以往不负责任的举动。

2. 教孩子"只为成功找方法，不为失败找借口"。找借口几乎是人的天性，孩子也不例外。生活中孩子常常会找出这样那样的理由和借口，来推托自己所做的事情。家长们应及时而理性地纠正孩子这种不良的行为习惯，清除滋生"不负责任"的土壤。

3. 帮助孩子树立承担家庭事务的观念。孩子作为家庭的一名成员，既应该享受其权利，当然也应承担一定的家庭责任，包括承担一定数量的家务劳动，父母可通过鼓励、期望、奖惩等方式，督促孩子履行职责，培养责任心。

4. 引导孩子从小事做起。让孩子在生活中感受责任的分量，哪怕只是倒一次垃圾，洗一块手帕，维护一次公共财物的举动，一件表示同情心的事情。孩子积极主动时应给予表扬鼓励，疏忽或漠视时应给予批评和修正。只有这样，才能让孩子超越"以自我为中心"，了解自己周围的世界，从而强化自己对他人负责，对周围环境负责的责任心。

5. 父母身体力行，能够更好地感染孩子。父母自身对家庭、对社会的责任心如何，对孩子来说也是一面镜子。从一定角度来说，父母的责任心水平可以折射出孩子的责任心。

可以不擅长艺术，不能不热爱艺术

男孩需要艺术的熏陶。但这并不是指每个男孩都要从小学弹琴、学画画，这些应依男孩的兴趣而定。男孩可以不擅长艺术，但却不可以不热爱艺术。

艺术可以拓宽男孩的视野，增加男孩的见识，培养自己良好的情趣。有才华的男孩总是会令人印象深刻，并且给人带来愉快的心情，古今中外都是如此。当这样的男孩走入社会后，写一笔遒劲的好字，可以给上司留下深刻的印象；弹一手漂亮的钢琴，让平时普通的他多了一份浪漫色彩；甚至当他以后结婚成家后，做一盘可口的家常菜，更令妻子惊喜和佩服。才艺不仅可以丰富男孩的生活，更有益于养成平和恬静的心境，让他的内心世界和生活本身一样多姿多彩。

一般，男孩3岁以后，开始对自我和环境有审美要求。到了这个年龄段

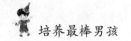

会对自己的衣着等各方面产生浓厚的兴趣，有些男孩甚至更早就在这方面有了敏感性，这个时候，如果父母对男孩进行正确的指导、引导、鼓励，男孩就会对艺术产生浓厚的兴趣。

深谙交际技巧的男孩可以很快认识朋友，但要赢得尊重和好感，还需要有自己的见地和特长。

日常生活的感触琐碎细小，终日谈论生活是非，终归显得没有风度。而一个思想上站得更高的人，见地往往不同凡响，能赢得听众发自心底的赞叹。那么什么可以让人的灵魂站在更高的境界？答案是艺术。

提到艺术，很多人认为它代表古典音乐、美术、雕塑、舞蹈等具体的学科，因而很多家长以为将孩子送到艺术学校，学一门才艺就算是跨进艺术的门槛了，这其实是对"艺术"一词的片面理解。我们没有必要去用学术的观点讨论艺术的定义，通俗地说，艺术是抒发、传递、调动思想情感的手段。

按照这样的定义，每一个人都是艺术家，每个人的日常生活都可以成为一门艺术。艺术并不是专属于大师的，它属于每一个人，因而也就没有必要盲目地崇拜西方的交响乐和让我们迷惑的希腊神话。

培养艺术领悟能力的方法之一就是学习乐器、倾听音乐、参观画展等，这一点已经得到很多家长的重视，不论孩子们是否喜爱，家长都愿意花钱将孩子送进才艺学校去受熏陶。但是这样的方式达到的效果是有限的，如果孩子自己不喜欢，反而会增加他的厌学情绪。

针对目前家长和孩子面临的学艺困惑，再去强调学习一技之长的重要性已经显得有点多余，我们需要面对的已经不是孩子学习艺术的资金投入问题，而是如何让孩子与父母的相处成为愉快而祥和的艺术的问题。太多家长寄希望于乐器，却忽视了自己对孩子的艺术修养的引导作用。

希腊有个习惯，妇女在怀孕期间要观看美丽的事物，据说这是为了使孩子也能成为美丽的人。美能使人精神愉悦、情绪放松，而愉悦和舒适能使人变得更加美丽。

教育家斯特娜夫人也建议给孩子营造一个优美、舒适的室内环境。孩子的房间应选择空气新鲜、阳光充足的屋子；墙壁最好是有利于视力发展的暗绿色，上面最好挂有各种美丽的装饰，可以是名画的复制品；床要洁白，被子要软而轻；最好在桌上陈列一些孩子喜欢的雕塑。

与斯特娜夫人的主张相似的还有教育家洛克，他号召家长让孩子多接触音乐，并相信旋律可以刺激大脑的发育。

父母在孩子的生活中处处留下了痕迹，即便是孩子对艺术的理解也不例外。能够对艺术有敏锐的感知的孩子，心灵往往也敏锐纯洁，这样的心灵需要父母来呵护。说到底，还是要求父母自己有涵养。

如果父母的言语和动作都粗俗不堪，又常常在孩子面前谈论是非、吵架骂人，给孩子留下的就会是一副市井小人的形象，一方面孩子会模仿，自己成为一个缺少教养的人；另一方面，孩子的心灵也会被母亲的大意损伤，这样的孩子面对青山绿水、天高云淡的美景也会无动于衷。

与孩子一起学习名著、排演戏剧、朗读诗文是很好的接触艺术的方式，做孩子的听众，让他在家里演奏乐器，就像开自己的演奏会一样，这是激发孩子学习的最好方式，也是让孩子的心灵得到爱的最好方式。

当然，艺术的魅力不仅是激发心灵、调动情绪，它还能丰富孩子的灵魂，使孩子建立起一种对美的信仰和追求。有艺术修养的人，气宇轩昂、谈吐不凡，更容易赢得别人的敬重，这也是艺术带给人生的一种财富。

第六章 拔苗助长≠苗壮成长——"慢养"男孩才能成大器

养育男孩，欲速则不达

赢在起跑线上，却可能输掉一生

在很多人看来，美国的初等教育实在是不值得一提，甚至可以说是一塌糊涂，很多在美国的华人孩子甚至觉得在学校里没有书可以念。

似乎美国的初等教育不可救药，这种建立在"摇摇欲坠"基础之上的美国教育，究竟还有什么地方值得我们效仿呢？如果单纯以初等教育来衡量一个国家的教育水平，那么中国无可怀疑地会成为世界上数一数二的教育强国。可是令人费解的是美国的高等教育尤其是名牌大学却备受全球学子的青睐，其学术成就和科技创新有目共睹。

在当今这个全球化的时代，"常青藤"也不再是专属美国的概念了，而是世界的概念。常青藤是美国最好的大学，也是世界上最好的大学。伦敦出版的《高等教育增刊》中列出了全球大学的排名，也恭恭敬敬地把哈佛这样的大学排在第一位，而本国的名校剑桥、牛津反而退居其次。

美国的精英大学除了吸引世界各国的留学生之外，大多数还是美国本土的学子。奇怪的事情出现了：这些被认为初等教育薄弱的学生，为什么进入了大学之后就变成了创新人才了呢？

有这样一则故事：

一位华人把 9 岁的孩子带到了美国上小学，起初的那段日子他忧心忡忡，因为孩子每天在学校里至少玩两个小时，下午不到三点就回家了，而且在学校也没有教科书，家长无从知道孩子在学校里都学了些什么。当美国老师看到他带去的中国小学四年级的课本之后，说："你的孩子已经达到小学六年级的水平了。"但看着孩子每天都是背着空书包兴高采烈地去上学，他心里不免一阵哀伤。

不知不觉间一年过去了，孩子的英语水平大有长进，放学之后已不直接回家了，而是常去图书馆，还不时地背一大摞书回来。原来老师考虑到学校里移民的孩子比较多，就布置作业让每个孩子写文章介绍自己的家乡。过了几天之后，孩子的作业写完了，没想到打出来一个20多页的小册子，从黄河一直写到象形文字，从丝绸之路写到了大唐盛世，看上去内容丰富极了。这位华人家长看了孩子的作业，感到大吃一惊。这个在美国教育中不知不觉变得无拘无束的孩子已经有了很多自己的想法。

　　六年级快要结束的时候，老师为同学们布置了一系列关于二战的问题："在这场战争中谁负有主要的责任？对于美国投放原子弹你是如何认为的？……"由于孩子们已经对图书馆非常熟悉，他们直接到图书馆查找资料，对于相关的问题提出了自己的看法。

　　这个家长似乎领会到了老师的良苦用心：美国的老师虽然没有在课堂上对孩子们进行"填鸭式"的大量知识灌输，但是却想方设法把孩子的眼光引向了校外的那个无边无际的海洋，鼓励每一个孩子自己去探求，自己去思考。老师教给孩子的是对陌生领域寻找答案的方法，竭尽全力肯定孩子的一切努力，保护孩子们的潜力。

　　也许，在初等教育上，美国输在了世界的平均水平，那些教育让人看了实在是感到很幼稚。而美国虽然输了那十几年，却让孩子们赢了一辈子。

　　美国的教育重视多元化，但是评选资优的学生并不是单看个人成绩，老师所要推荐的是学生的作品，比如涉及天文地理、数学人文等各种学科的研究课题，而并不是学生的分数。所以在美国，动手动脑、探索观察从小就受到鼓励。

　　美国排名第一的高中——弗吉尼亚州汤姆斯·杰弗逊科技高中，毕业生升入大学率百分之百。这里的学生在学习一般的常规课程之外，学校还重视培养他们对科学的兴趣。学校里设有天文、海洋、机器人、计算机、新能源及大脑神经系统等13个科学研究室。虽然学校也做升学辅导，而且上名牌大学的学生比例也很高，但是学校的指导思想不是让这些有潜力的学生把时间花在复习考试上，而是鼓励他们在科学上探索研究。

　　学者们相信，美国的教育从小鼓励学生在真实的世界里观察、批判、想象、研究，而并不是背诵、做题、考试，这或许是美国学生有创新力的重要原因。大家无法相信一个孩子从小把所有的基础都学得扎扎实实，长达成人之后想象力一下就冒了出来，那时恐怕就为时太晚了。

　　家长应该避免让男孩学一些在他能力承受范围之外的东西，望子成龙的

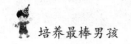

家长经常习惯过早地"开发智能",不断挑战男孩的能力极限,而许多早期智力开发往往适得其反。

急功近利的教育会起到反效果

现在的父母,经常强迫男孩去学钢琴、学画画,他们的功利心极强,家长们往往认为学就要学出个样子来,至少要有几张含金量高的证书,以体现男孩的特殊性。还有的家长认为,现在的艺术学习的目的就是要把孩子培养成一个足以炫耀的艺术家。加上现在人们以孩子在艺术活动中获得奖状的多少来评价学校艺术教育的质量。这些都造成了现在艺术教育的偏差。

老威特一直鼓励卡尔·威特从事艺术方面的活动。他喜欢画画,喜欢音乐,老威特都给予他支持和鼓励,因为这些爱好有助于增强他的想象力和创造力。但这并不意味着非要把他培养成一个艺术家。

当然,如果是出于他的本意,如果他想成为艺术家就是另外一回事。

老威特认为,爱好的最大特点是它的抒情和非功利性。有人认为,老威特培养孩子绘画、音乐、文学方面的兴趣是为了在人前炫耀,这是人们对他的极大误解。老威特从来不想把卡尔培养成某一方面的天才,也从来没有把他的才能向别人过分地流露。

老威特说:"我只是想让卡尔能够成为一个接受完美的人,只是想让他的一生在充满情趣和幸福之中度过,仅此而已。"这是一个父亲对孩子的期望——完美,相信也是所有父母对孩子的期望。如果你也已为人父母,那么快行动起来吧,努力把孩子培养成全面发展的人才,让他的一生都充满快乐幸福。

为了让卡尔得到全面的发展,老威特不仅教给他很多"有用"的东西,也教给他很多在别人看来无用的东西。

比如老威特教会卡尔认识了池塘水中的倒影、阳光下的阴影,卡尔还会很有兴趣地注视自己的手的影子,小手一翻一翻的,非常有乐趣。

这些可以帮助卡尔扩大视野,扩展联想的范围,形成更多的情感。因为艺术在很大的程度上是抒发人的思想感情。

老威特对卡尔爱好的培养都经过了精心的安排,首先从住宅开始做起。老威特在住宅的房间中,决不放置任何没有情趣和不相协调的东西。墙上贴着使人心情舒畅的墙纸,并且在上面挂上经过精心挑选的有边框的画。还尽力在室内摆设很有情趣的器具,决不摆设任何不合身份的东西。

如果有人赠送的礼物和家具的陈设不相协调,老威特决不会摆出来。在衣着上,全家人都极为讲究,不仅是老威特自己,他也要求家人衣帽整齐,打扮得干净利索。

老威特在住宅的周围修上了雅致的花坛，栽上那些各色各样从春到秋常开不败的花卉。他从来不会种植那些没有情趣和不协调的花卉。

另外，老威特还培养卡尔的文学爱好。老威特从小就给他讲一些有趣的故事，到他能够自己阅读之时，老威特把一些好的文学作品推荐给他。很小的时候，卡尔就成了一个了不起的文学通，他几乎能背下所有的名诗，像荷马、维吉尔这些伟大诗人的作品，他都非常喜爱，并且很早就会写诗。

老威特的做法，都很值得今天的家长学习和借鉴。

唤醒男孩沉睡的天赋

有一句名言："一切为了孩子，为了一切孩子，为了孩子的一切。"许多父母对孩子也确实是有求必应，爱到无以复加的地步，恨不得孩子一夜成龙。如此看上去一切为了孩子，实际上是耽误了孩子，甚至害了孩子。

每个男孩都有某个方面的天赋，只是，天赋也需要激发，如果父母对孩子的爱的方式不当，则其天赋会被压抑甚至扼杀。

在国际上享有盛誉的教育实践家和理论家苏霍姆林斯基认为，老师和父母眼中所谓的"差生"，有三种类型：

第一种是思维尚未"觉醒"的学生。如一位叫费加的学生，最大的障碍是算术应用题以及对乘法表的迅速遗忘，因此被定位为"差生"。而正是这位"差生"后来成为一名物理专家。费加就是一位思维尚没有"觉醒"的学生，家长和老师的任务是激发它的觉醒。

第二种是"天赋"面纱尚未揭开时的差生。巴甫里克就属于这类学生，他曾被判定为"没有能力掌握知识"的学生，直到他的生物老师发现了他具有植物学方面的天赋。后来巴甫里克进了农学院，成为农艺师。

第三种是"理解力差和头脑迟钝"的"学习有困难"的学生。

在苏霍姆林斯基看来，前两类"差生"实际并不是"差生"，只不过他们的潜力或天赋暂时没有被发现罢了。从心理学的角度看，对于多数学生来说，确实存在着"天赋"上的差异。

一些学生往往表现出强烈的学习兴趣而成为优秀生；另一些学生的"天赋"则呈"隐性"，由于还没有被发现，再加上教学方法方面的因素，而被判定为"差生"，巴甫里克就属于这类学生。从另一个角度讲，学生作为一个心智尚待开发的具有主观能动性，有认知潜能的活生生的人，这种学习潜能需要家长和老师去挖掘。第三类学生也不是不可转变的。只要循序而进，持之以恒，同时有耐心（能够忍受学习困难的儿童那种迟迟不肯开窍的局面），柳

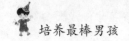

暗花明的时刻必定能够到来。

许多男孩的天赋得不到激发的原因有三点：

第一，家庭因素的影响。

在一次对家长的问卷调查中有这样一道题："孩子犯错误时，您对孩子说的第一句话是什么？"接受调查问卷的53％的父母回答是："你看某某多好，你有他（她）一半，我就知足了。""你怎么搞的，又闯祸了？"从中我们可以看出，有些父母不能正确评价孩子，关键是评价标准有问题。他们常常觉得别人的孩子是天才，自己的孩子是蠢材；别人的孩子是金子，自己的孩子是沙子。

有个小男孩委屈地说："我从来没当过干部，做梦都想当，好不容易当了个队长，乐得屁颠儿屁颠儿的。回家跟我妈说：'妈！我当上小队长了！'我妈不但没夸我，反而把嘴一撇，说：'小队长有什么好吹的？这是中国最小的官儿了！我小时候当的是大队长！'可我妈不知道，我哪赶得上她呀，我能当上小队长有多不容易呀！我跟老师说了很多好话，作了很多保证，老师才让我当这个小队长，还是个副的，老师说，随时准备撤下去！本来想给我妈一个惊喜，没想到，我妈还是瞧不上我！"

面对父母这样的指责和不屑的态度，孩子的天赋又怎么能不被压抑呢？

第二，教师教育方法简单、粗暴。

有个学生对植物怎样吸收营养、怎样呼吸弄不懂，生物老师经常训斥他："难道你连这么简单的东西都弄不明白吗？你究竟能干点什么？"这个学生渐渐失去了学习信心，并产生了逆反心理。有一次，生物老师在路旁栽上自己培育的栗树苗，在课堂上告诉学生："再过几天，幼芽就要长出来了，我们全班都要去观察。"并对这位学生说："到时要是你还说不出别人都明白的东西，你就毫无希望了。"当全班同学来到路旁时，那位教师惊呆了：栗树上的幼芽全被剥掉了。在大家垂头丧气的时候，这位学生的目光里露出幸灾乐祸的神气。

第三，孩子的"思维尚未觉醒"，需要家长和教师用心灵把这沉睡的思维唤醒。

如果孩子自暴自弃，失去了自尊和自信力，长此以往，他就会成为一个"不可教育的人"。

素质培养是"慢养"的关键

一流的孩子需要一流的观念

很多家长都有这样的理想，那就是希望自己的孩子考上一流的大学，大学毕业之后可以进入一流的工作单位任职。其实，只要是教育得当，这个愿望也并非是可望而不可及，只不过我们不要在男孩一出生的时候就用这种功利的"一流意识"来灌输他就好。男孩从小就被家长灌输实用哲学，以至于所有追求理想的空间都被封杀，一切都是为了实际而读书。这样的做法，不知会导致多少天才被埋没。

美国的学校，尤其是小学特别强调个性、创造力和与人和谐相处的能力，因为他们认为这是决定孩子未来发展潜力的主要因素。所有的老师和家长都不认为学习成绩是教育最重要的衡量标准，老师在教学中始终不把孩子学习成绩的排名情况公布给家长和孩子，成绩只是老师自我检验教学成果的一种方式。同时，老师在准备测验的时候不要求学生在考前做任何准备，也不要求学生做课前预习或是课后的复习，一切都在课堂上完成。老师甚至不希望家长给孩子安排舞蹈、音乐之类的课外学习，他们认为孩子放学之后就应该出去玩或者是参加社区活动。如果要学习舞蹈或是音乐之类的课程，也完全是孩子凭自己的兴趣来做决定。学校规定家庭作业只是将课堂上没有完成的功课做完，一年级学生的家庭作业时间不超过半小时，以后各年级逐渐增加10分钟，但是最多也不能超过一小时。

教育的目的在于培养对社会有用的人，学生不仅要掌握知识，更重要的是要掌握获取知识的方法，发展自己独特的个性，开发创造力，培养积极融入社会的能力。学生最重要的也不是要掌握多少知识，而是要培养对学习的兴趣和学习的能力，使孩子在今后成为终身学习者。最为关键的是，如果孩子缺乏参与社会的能力，发展成孤僻自闭的性格，不仅对自身发展不利，还可能对社会构成危害。

对于成功的理解，不同的人有不同的认知，但至少我们灌输给男孩的不是那样具有功利性就好。一个人如果一天到晚只想着自己的那一点点个人需求，一定不可能成为对他人有利的人，也注定不会赢得别人的尊敬。那些只顾自己的人，又能体会到多少人生的真义呢？

在美国，越是低层次的学校，实用的专业就越是风行。学习实用专业的

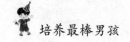

孩子目的很明确：出来容易找工作赚钱。而在最好的大学中，这些很实用的专业基本上是不入流的，学习这种专业的孩子，基本上都是普通阶层家庭的孩子，无论是经济水平或是受教育程度都要略低一等。

而在美国"常青藤"这样的精英学校，可以发现，那些不实用的专业往往是最具有人气的，人文学科一直呈现出越来越热的趋势。例如在著名的耶鲁大学，在近二十几年来，历史一直都是头号热门专业；在哈佛大学，最热门的是政治学专业。

"一流的孩子需要一流的观念"，确实如此，教育孩子不一定要有同样的一个模式，只要方法得当，相信孩子终归会成为"一流的人"。美国迪士尼公司的前总裁迈克·埃斯纳，他在大学期间学习的是英语和戏剧，从来没有学过工商之类的实用课程，然而却一样可以做到总裁。他对于大学教育有自己独特的理解，他认为："学习文学对人的帮助是难以置信的，因为人在做生意的时候总是免不了要处理人与人之间的关系。但是通过学习文学可以帮助你了解如何说能够打动别人。"对大学教育比较理解的中高产阶层明白这个道理：来到大学学习是为了接受宏观而抽象的通才教育，扩宽对生活视野的认知，加深对人本情怀的理解，更好地从宏观上来把握世界。当受教育者有如此之高的着眼点，高度已经在众人之上，还怕将来不会成为成功的人吗？还怕将来无法解决生活的实际问题吗？

智商与情商，谁与成功关系更紧密

15岁的美国中学生杨格，在10年级还没有结束就已经自学完高中所有的数学与科学课程。他决定提前申请大学，而且是美国一流的大学。没有想到的是他竟然会在科场连中三元，美国最顶尖的三所学校——哈佛、麻省理工和加州理工同时录取他。

不管有怎样的天赋，15岁的杨格毕竟还是个孩子。如果杨格决定当年就进入大学读书，就会出现一个很有趣的难题：因为他没有修完高中毕业所需要的学分，所以无法获得高中毕业文凭，但是在4年之后他可以得到美国最一流大学的毕业文凭。不过杨格想延后一年进入大学，先把高中毕业证书拿到手。至于选择哪一所大学，杨格自己也拿不定主意，他甚至孩子气地说，如果实在无法抉择，那就会用扔硬币来决定。

杨格的妈妈是一位普通的办公室文员，普普通通的美国女性。她对于儿子能被哈佛大学录取，心里自然也是欢喜的，但她没有显得很牛，也没有觉得自己在别的家长面前很有面子。这位"神童"妈妈倒是说了一句很令人深思的话:"这个孩子好奇心很强烈,冲劲也很足。我唯一担心的是,他好像不明白一生的青少年时期只有一次,将来还有很多时间慢慢成长,我希望他早日了解这一点。"

这位美国妈妈讲述的是一个年轻人成长中很深奥的道理,那就是不论一个人如何有才华,在他的少年时代其心理素质依然脆弱。什么才是父母不应该忽略的男孩教育呢?那就是孩子的心理建设。孩子的心理建设有多么重要,会影响到一个人的一生。所以这位美国妈妈不怕孩子没机会上大学,而是更注重让孩子在青春期有一个快乐的童年并培养出健康的心理素质。

曾经有一位华裔妈妈谈到他14岁的孩子上大学的故事,这位妈妈是个过来人,她很有感触地提到,孩子从中学跳级到了大学之后,要立即面对大学课程,同学又都是比他大三岁或者四岁,想法都差了一截,除了讨论课程之外,根本难以沟通,无法交往。孩子感觉自己无法享受到多姿多彩的大学生活,最终只得辍学在家。

研究表明,天才们大多也会被同样的烦恼所困扰,波士顿大学的心理学教授艾伦·文纳在他的著作《天才儿童:神话与现实》一书中说到了天才儿童必然要面临一个残酷的事实:"在一个个人魅力和性格更能决定失败的世界,他们的考试成绩不再重要。新的认识可能会让人感到措手不及。"

被广泛引用的例子是在20世纪的20年代,美国的心理学家特曼曾经做过一项大规模的研究,他首先使用智力测验来鉴别超常儿童。通过测试,他筛选出了1200个天才儿童,在美国政府的支持下为他们提供最好的教育条件,给他们提供尽可能多的知识积累,精心进行培养,希望他们中间出现像爱因斯坦那样伟大的人物。50年后,特曼的追随者们寻找到了其中的800人,调查的结果发现,在他们中间,大师级的科学家并不多见,对国家有杰出贡献的一组人,是具有坚强的意志品质和良好人格特征的人。

"情商"看起来和成功密切相关。美国儿童心理和行为矫治专家们的一系列新研究已经证实,正是神童的超常智力,有可能成为他们在社交生活中意想不到的一大障碍,尽管他们的智商很高,但"情商"未必高,心理上也远未发展到成熟的阶段。

14岁的美国人罗伯特·枚瑟是人们所说的超级天才,他在穿着尿片的时候就和母亲在超市里讨论应该买什么牌子的衣物柔顺剂,他躺在摇篮里的时候就已经在思考转世轮回的问题,可是他有的时候却对自己的天赋充满着诅咒,因为巨大的天赋往往伴随着巨大的期望。再加上媒体的大肆追捧,使得这些孩子畏惧失败,在沉重的外界压力之下,导致心理疾病。

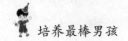

什么样的教育对天才儿童才是最好的呢？美国加州的"天才教育"理念被越来越多的人所认同，它的特点是，从与社会隔绝的"精英教育"转向根植社会，从重视学生单方面的才能转向多种能力的均衡，从只重视学习成绩转向重视学生的社会情感需求。

智力开发能培养出神童吗

也许我们都有这样的体验，在镜子前对自己笑一笑，心情马上就会变得愉快轻松。对于大脑的潜能开发也一样，如果能不断输入积极的意识，让意识通过下意识对大脑提出要求，潜意识就会调动体内的潜能发挥作用。有一道题苦思冥想都没有做出来，在睡前将有关的条件、信息输入大脑，第二天早上起来，说不准答案就出来了。

人们常说，我们只使用了我们全部智力潜能的10％，的确，目前对人脑潜力的开发还远远不够。就人脑的复杂性和多用性而言，它远远超过地球上的任何计算机。对于激发男孩的学习潜能，家长们要尽量做到哪些呢？

心情法

经过研究，科学家发现，天才的秘密就是智力潜能比一般人开发得多一些早一些而已。所有天才的诞生都源于为他们的幼年生活安排了丰富多彩的环境，并获得了较好的心灵阳光。莫扎特出生在一个音乐世家，很小的时候就听他父亲演奏音乐，在他的周围有许多乐器。他5岁时就拉小提琴并为小提琴作曲，8岁时谱写了他第一部交响音乐。那么，怎样使用环境法开发孩子的潜能呢？为孩子的心灵生活布置充足的阳光，培植健康的情感世界，让孩子始终有个好心情。

暗示法

1960年，哈佛大学的罗森塔尔博士曾在加州一所学校中做过一个著名的实验。新学年开始了，他让校长把三位老师叫进办公室，对他们说："根据过去三年来的教学表现，你们是本校最好的老师。为了奖励你们，今年我们特别挑选了三班全校最聪明的学生给你们教。这批学生的智商比同龄人都要高，希望你们能有更好的成绩。"

老师们表现出掩饰不住的喜悦，临出门时，校长又叮嘱他们：要像平常一样教他们，不要让孩子或者家长知道他们是被特意挑选出来的。

一年之后，这三班的学生成绩是整个学区中最优秀的，比平均分数高出两三成。这时候，校长才告诉老师们真相，这些学生并不是刻意选出来的，而只是随机抽选出来的普通学生。三位老师万万没有想到事情会是这样的，只有归功于自己教得好而已。而校长又告诉他们，其实他们也是随机抽选出来的。

在这里，暗示发挥了重要作用，这三位老师觉得自己很优秀，充满了自信与自豪，工作中自然就格外卖力，学生知道自己是个好学生，肯定会努力学好，结果就真的全部优秀起来了。

遐想法

爱因斯坦既是一个思想家，也是一个科学家，同时还是一个脑袋里充满符号和公式的数学家，是个左脑发达、逻辑思维极强的人。但是，爱因斯坦的思想，首先来自于图像和形象，然后把它们翻译成词句和数学符号。他创立相对论不是通过他的理性思维，他没有坐下来用纸用笔一步步算出这个理论，最后得到符合逻辑的结论。理论的诞生是在一个夏天的下午，当爱因斯坦躺在长满青草的山坡上，透过微闭的眼睑，凝视着太阳，玩味着通过睫毛而来的光线，当时他开始想知道沿着光束行进会是什么样子，他就像进入了梦境一样，躺在那里，让他的思想随意遨游，幻想着他自己正沿着光束行进。突然他意识到这正是刚才所探求的问题的答案，这个意识正是相对论的精髓。

计划法

我们经常从照片上看见以万里晴空为背景的冰山景观，相信每一个人都会发出由衷的赞叹，而我们所看到的，也只不过是浮出水面的一部分而已。到底是什么造就了冰山之美呢？是那部分隐藏在底下的冰山。堆积在底下的冰山，渐渐地就会将一部分瑰丽地呈现在水面上，在这里"呈现"是不可预料也不好控制的，而"堆积"是完全可以通过计划实现的，而事实上，实现了"堆积"，"呈现"就是不速而至的。"堆积"要有计划，包括有目的、有计划、有准备、有措施、有安排、有步骤、有反复、有效率、有节制、有效果。

儿童的智力发育及发展，长久以来没有定论，至今还是个谜。家长应该做的是给男孩的心智发展提供良好的渠道和方法，使其充分发挥自己的潜力。

学习成绩好不等于学习能力好

几乎所有的家长都会特别关注男孩的学习成绩，认为学习成绩的好坏就是成功与否的标志，只要男孩学习好，其他的缺点就可以忽略。这是不正确的，家长应该把眼光放得更长远一些，重视孩子学习能力的培养，而不要老盯着眼下的考试成绩。一个学习成绩好的孩子不一定有很好的学习能力，但一个有很好学习能力的孩子将来迟早会有所成就，而且可以为他的长期发展打下良好基础。

人生是一条漫长的学习之路。根据专家的分析：在农业时代，一个人只需 7 至 14 岁接受教育，就足以应付往后 40 年生活之需；在工业时代，求学时间延伸为 5 至 22 岁；而在目前的知识经济时代，由于科技急速发展，每个人必须随时接受最新的教育。要在这个社会中成功，不只靠一张名牌大学的文凭，而取决于不断持续的终身学习能力。

有报道说，在英国大约有 65％的毕业生从事的职业与他们在学校所学的专业无关，这种现象在我国也许更为突出。这是为什么？原因就在于当今世界信息和知识飞速增长，使灌输知识为主的教育已无法面面俱到。针对世界发展变化的重大趋势，著名的未来学家托夫勒在 20 世纪 90 年代早期预言："未来的文盲不再是不识字的人，而是没有学会学习的人。"1999 年，美国教育部组织了 16 位著名的心理学、认知学专家，对近三十年来学习科学领域大量涌现的研究成果，进行了为期两年的研究分析，他们得出的结论是："20 世纪 90 年代以来，学习理论和教育研究发生了人类有史以来最本质与革命的变化。"并指出：新世纪教育的目的要从传统的灌输知识为主的模式，转变为"帮助学生发展必要的认知（智力）工具和学习策略，使他们能够获得创造性地思考有关历史、科学技术、社会现象、数学和艺术时所需的知识，使他们成为自我维持的终身学习者。"

有位社会学家曾经调查了几十位诺贝尔奖获得者，发现这些获奖者大多认为，学生学习时期，并不一定是班上学习成绩最好的，而是掌握了学习的方法，这是学生获得学习能力的重要环节。伟大的科学家爱因斯坦回顾自身的教育经历，在一篇《论教育》为题的讲话中曾深刻指出："发展独立思考和独立判断的一般能力，应当始终放在首位，而不应当把获得专业知识放在首位。如果一个人掌握了他的学科基础理论，并且学会了独立地思考和工作，他定会找到他自己的道路。"

事实证明，学习能力是决定男孩能否成为优秀人才的决定因素。学习型组织的倡导者、《第五项修炼》的作者彼德·圣吉说过："因为未来唯一持久的优势，是有能力比你的竞争对手学习得更快。"为了让我们的孩子在未来社会立于一席之地，家长有责任培养孩子一生受用的学习能力，并着力培养孩子学习的浓厚兴趣。教育应该从教孩子接受知识，转向教导孩子全方位地学习，以满足终生学习和成长的需要。在注重孩子学业成绩的同时，家长更应关注全面培养孩子的学习能力，让孩子享受学习的快乐，拥有成功的学习经验。

心理学家研究发现，学习能力应该是学习时的注意力、写作业的速度和正确率、听课能力、计算能力、书写能力、语言表达能力，还有情绪的稳定性。这些能力又是相互影响的，上课注意力与前庭平衡能力、大脑对身体的控制能力、智商、情绪等因素都有关。写作业速度与智力、注意力、手眼协调性、情绪因素有关。听课能力与脑耳协调训练有关。计算和书写能力与脑—手—眼协调训练有关。语言能力与本体感训练有关。情绪稳定性与触觉训练有关。也就是说，孩子的学习能力都是可以通过专门的训练提高的。因此，家长千万不要因为孩子的成绩不好而不分青红皂白地批评他，如果盲目地以分数为标准来判断孩子的学习，那很容易让孩子的着眼点放在应付考试上，最终将影响孩子的求知欲和学习兴趣。

启蒙教育，迈稳人生第一步

婴儿的吸收能力远超过你的想象

人们常常认为新生儿是无能的、被动的个体，因为我们看到他们在出生后头一年里，许多时间都在睡觉。也有很多父母不知道婴儿到底能接受些什么，做出了一些不利于婴儿学习的事情。比如，有些父母认为"月子里的孩子怕光"，常常白天用窗帘遮光，晚上把灯调暗，其实这样会限制婴儿视觉的发展。

日本教育家井深大曾经主持幼儿开发协会进行了一个尝试性的实验。实验以俳句作材料，以调查婴儿能否听到声音，并对声音进行记忆。

首先让播音员录制一首俳句"小猫之扑竟是树叶"，然后把录音磁带交给怀孕的母亲，让她每天听。一天两次，一次三分钟。就这样，同一首俳句每天能重复好几遍，同一种刺激每天能让腹中的婴儿听到好几遍。由于俳句具有日常话语和音乐所没有的独特旋律，所以选俳句作为实验的素材有助于今后了解婴儿的记忆情况。

婴儿出生后，井深大选定第二天到第六天的时间段做测试。测试分两组，一组是出生前听过俳句的婴儿，一组是出生前没有听过俳句的婴儿，以进行比较。要让婴儿听的磁带内容有三种：一种是实验磁带，录有"小猫之扑竟是树叶"的俳句，一种是录有其他俳句的磁带，还有一种是录有普通说话声的磁带。为了了解婴儿对这些声音的反应情况，井深大通过记录婴儿的心跳变化来进行实验。

实验结果耐人寻味。在出生前没听过俳句的婴儿，听到三种内容不同的磁带后反应一致。而出生前听过俳句的婴儿，当他（她）听到在出生前重复播放的俳句时，也许是因为听惯了的缘故，他（她）显得十分平静。而当播放他（她）没有听过的俳句时，他（她）反应强烈，脉搏和心跳都发生了变化。但当他（她）听到普通的说话声时，他（她）的反应则是平静的。

从上述结果可以看出：婴儿是能够区分该句自己听没听过的。

因此，井深大认为：婴儿能够对出生前听过的俳句进行记忆。当他（她）在听韵律相同的不同俳句时，也许会想："这是什么啊？"从而作出反应。

通过这样的例子，我们深深地感觉到：婴儿所吸收和学习的东西远比我们想象得要多得多。我们必须站在结合认识胎儿高超能力的立场上，从妊娠、生产、育儿和教育的角度出发，重新看待什么是可能的、什么是必要的以及什么在失去和什么不足等问题。

最理想的启蒙教育内容是什么

井深大虽然也不能肯定趁孩子幼小时教给他更多的东西会在将来什么时候派上用场，但这并不表示教幼儿这些是白费力气。他认为，现在就断言这事情对婴儿徒劳，那事情对婴儿没用的说法未免操之过急。

如果婴幼儿在不断吸收的话，我们就应该教给他尽可能多的知识，而不应该考虑这些知识他需不需要。不管这些知识是什么，汉字、音乐、美术……只要婴幼儿感兴趣，他就会不断吸收。

婴幼儿掌握的这些知识将成为他们日后接触新事物的基础，所以井深大希望家长不要想着这些知识会在什么时候派上多大的用场。

井深大告诉家长，如果孩子不喜欢，他就会拒绝接受那样的"教育"。只要孩子没有腻烦的情绪，就没有必要担心教得太多。

启蒙教育到底应该教哪些内容才是最理想的呢？对此，井深大认为有两个方面要着力去培养。

一个方面是，人们常常谈到的对孩子进行语言、音乐、文字、图形等的训练，为孩子的未来奠定智能活动的基础；另一个方面是，要在这一时期把做人应有的基本规范或态度灌输给孩子，这一方面人们往往强调得不够。

谈到做人的态度，有人也许会觉得，它就是指一个人的人生观或价值观，但很难捕捉到它具体的意味。还有人甚至怀疑，由于幼儿还不具备批判能力，如果将父母主观的人生观硬往他脑子里灌输，是否恰当？但事实上，我们只要回归现实，就会发现它并不只是人生观等高深莫测的东西。

客观上，作为一个人，就有人人都认同的起码规范。无论思想、见解多么与众不同的人，都有自认为"做人的最基本原则"。

例如，生命是可贵的，必须珍惜；不要只顾自己，同时要多为他人考虑；凡事不要依赖别人，要用自己的脑筋思考，等等，这些都是极为自然的做人原则。

或许有人说，这些都是一些近乎无聊的约束。但仔细推敲一下，你也会同意，在这个复杂的社会，如果人人都能确实以身作则，按照这些规范行事，相信所有人都会过得更加安详、更为顺心。

在井深大看来，父母对幼儿所能做的最大贡献即在于此。实际上，做到这一点并不难，它根本无须你向孩子说明这个规矩为什么必须具有，那个规矩为何重要，只需要做父母的从孩子呱呱坠地时起以身作则，就能不失时机地把做人的最起码原则灌输给他们。当孩子长大之后，也就自然能够了解父母教导的意义，甚至可以说，当那个孩子已经完全吸收了那些做人的原则，将它当作理所当然的事之后，或早已习以为常，不再有所怀疑时，便能自然而然循规蹈矩地做人了，这才是最标准的所谓的"教养"。

幼时培养起来的生活模式，的确能成为一个人不可磨灭的、与众不同的"教养"，并使他的人生更丰富、更完美。

类型记忆孩子的特殊能力：类型记忆

井深大认为孩子和成人认识事物的方式不同，成人喜欢把事物拆开，而孩子却习惯于把事物作为一个整体也就是一个类型去接受。

从井深大家的公寓，能看到窗外闪烁的霓虹灯。在他孙子的年龄还很小的时候，井深大用手指着一个个的霓虹灯问他，他看了一眼上面的文字和标牌，就能准确地说出"那是日立""那是丰田"和"那是NEC"等。而且，不仅他的孙子，他还发现许多幼小的孩子也有这方面的"特殊能力"，当他们看到某辆车时，他们能说出车的种类；当他们听了两三遍的广告词以后，他们能记住广告词。

井深大认为，孩子常常能发挥这方面的"特殊能力"，是因为孩子和大人的认识方式存在着差异。

例如，当大人看到"COCACOLA"的招牌时，要通过一个字母一个字母去认，然后才读出"可口可乐"。但孩子不同，孩子具有把事物作为一个整体去看的能力。

井深大主张正确地把握孩子所拥有的这种能力，并通过"类型"的重复来对其能力进行积极的推动。这种通过重复来推动孩子的类型认识力，并让孩子自然掌握事物的学习方法，叫"类型教育"。类型教育的类型范围很广，从汉字、外语到生活态度，从看得见的东西到看不见的东西无所不包，而且对孩子没有难易之分。井深大以汉字为例，进一步阐释了他的观点。

父母可能经常会发现一件奇怪的事，大人觉得难学的"麒麟""斗魂"和"八面六臂"等汉字，孩子们往往会记得特别清楚，而对于简单的"日""目""种""重""家"和"象"等汉字，他们反而容易混淆。

其实只要从类型教育的角度来看，就不难理解。

对于平生第一次看见汉字的婴儿来讲，无论该汉字是表示抽象的事物，还是表示具体的事物，其难度都是一样的。

而当孩子长大到五六岁以后，他们开始通过理性把握事物。这时候，他们会觉得：有具体意义的事物更容易理解。

日本有位汉字教育的先驱叫石井，他认为"汉字教育最好从小时候开始"、"孩子喜欢笔画多的汉字"等，这些都是石井先生经过长期的资料积累和研究的成果。

据说，石井先生在开始对幼儿进行汉字教育的时候，当时还未满一岁的长子就开始懂得"教育"的"教"字。不过，虽说是开始懂得，但是因为孩子还小，还不怎么会说话，所以他不可能将这个汉字念出来。可是，孩子总得想个办法告诉父母：这个字，我看了这么多天，记住了。有一天，当他看到有本书名上出现"教"字时，他拼命地通过身体的姿势将它告诉母亲。当石井太太明白孩子要告诉她什么时，她非常感动，并将此事告诉了石井先生。

当然，也有人对石井先生所说的事情提出质疑：如此小的小孩怎么能认得如此之难的"教"字呢？当我们被婴儿的超凡能力所打动的同时，也肯定会有人对此表示怀疑，这毫无疑问。

正是因为这样，井深大认为，由于在小孩进入幼儿期后，我们会不断地教给他具体的事物，所以，在小孩尚未进入幼儿期时，我们不妨多教给他一些抽象的要素。

井深大所说的类型教育并没有一个固定的方式和方法，但他提出了这种教育中应该特别注意的三点问题：第一，给婴儿的材料要多次重复；第二，不用进行解释和说明；第三，不要急于求成。

任何事情，只要重复婴儿就能吸收。这一点已得到证实。井深大指出：对于婴儿来说，事物本身并没有难易之分。"这对幼儿太难啦，还没有必要让他去记"，这完全是大人的感觉。关于这一点，井深大很支持铃木镇一的教育思想：一个打从娘胎开始就反复听本国语的人，对本国语言具有非凡的记忆能力。每天反复听优美的音乐，任何一个孩子在此环境之下都会熟练地弹奏优美的巴赫和莫扎特。

同样，对婴儿也没有好坏之分。

孩子不会知道：记住这些东西有用没有，或者因为这事不好就赶紧把它忘掉。因此，如果光给婴儿坏的事物，他就会不断地记住坏的事物。

井深大认为，我们应该把通过理解去记忆的东西和通过死记硬背去记忆的东西区别开来。他指出，"理解性教育"只有在孩子进入小学后才能显示出它的效果来。也就是说，六岁前后是左脑和右脑进行优势转换的时期。即使孩子不能理解，在幼儿阶段灌输到他的脑子里的东西也会随着他年龄的增长而得到理解。

拿学习汉字卡片为例，井深大告诫母亲们，在给孩子看卡片的时候，不要做任何解释，如说"这个字是爱，那个字是情，两者结合起来就是爱情"，等等。井深大认为如果人长大了才学习汉字，他就要对汉字进行理解。这样一来，要掌握汉字，他就必须付出比小的时候多出好几倍的努力。

井深大并不认同以往的"教育"观认为的不讲明意思就让人死记硬背的方式。他认为如果我们拘泥于以往的教育观，把"理解"看作金科玉律，那么等到孩子有了理解能力的时候，我们恐怕已经把孩子重要的时期给耽误了。

因为孩子不需要理解和说明，所以，类型教育的类型可以是任何事物，既可以是具体事物的名称，也可以是抽象的单词。因为孩子不需要理解，所以无所谓困难和容易。

井深大说的不要急于求成，实际上是告诫家长千万不要急于谋求教育的效果。

例如，当我们给婴儿读画册并让他去听的时候，我们不能指望婴儿能给我们谈什么感想。对婴儿的教育可能会进行很长时间后才能看到效果。这样一来，可能会使家长产生误解，使他们认为：教给小孩子知识是白白浪费工夫。正是因为他们的这种看法才造成了以往教育的重大过失。

我们经常能看到母亲问孩子的情形。当一个母亲在教孩子读音的时候，她会这样问孩子："那个字，你知道怎么读吗？"如果通过考问能增加孩子的兴趣固然是一件好事，但是这种想知道孩子是否真正记住的心思则是不可取的。因为，如果大人急于求成，孩子好不容易萌发的好奇心就会受到打击。

等孩子有了理解能力，他就自然而然地理解了以前所记住的"材料"。而且，这种理解不能强求，而只能靠孩子自身的能力去实现。井深大提醒家长们，在和婴儿接触时，应该注重婴儿具有的旺盛的吸收能力，而不应该只图眼前的效果。

在家中营造小班授课的环境

现在有很多父母愿意利用周末的时间给男孩报名上个"小班"，帮助孩子提高学习成绩。和传统的大课相比，这种"小班"有很多独特的优点：

首先，在小班上是允许学生随时发言的。我们记忆中的课堂，是老师站在高高的讲台上，下面是专心致志的学生。而小班化的教学可以把提问的权利还给学生，当碰到问题的时候，随时都可以发问。

其次，小班授课允许学生质疑。当老师在讲授知识出现错误的时候，学生可以及时纠正补充，和老师平等地交换意见，甚至是争论。

不管怎样，小班授课的优势显而易见：小班可以使男孩从老师那里得到更多的关注，并且很容易开始面对面的对话和互动，这样的教学自然会促进学生的健康成长。

芝加哥大学核心课程的具体教学方式和要求，基本上都是小班授课。也有上千人的大课，但是大课在讨论的时候也必须要分成很多小班，有很多博士生作为助教。比如在 20 世纪 90 年代时的"财富、权利、美德"课，是由芝加哥大学的本科生院长亲自授课，选修的学生多达千人，需要将近 30 个博士生作为助教，每个助教带两个小班，每个小班 20 人左右。助教每周带领 2 个班分别讨论一次，而且所有的助教每周要和主讲教授再碰头开一次会，汇总各个小班的问题情况并讨论下周的课程安排。

这种小班培养，保证每个学生都受到关注，怎么可能不精英呢？

既然小班授课的优势这样明显，作为家长，我们也应该为男孩创造小班授课的环境。

但是，最小的小班授课，其实是在家庭中，是家长对孩子的一对一甚至是二对一。可以说，利用好家庭教育，可以收到比学校教育更好的效果。

在进行"家庭小班授课"的过程中，父母一定要了解些有用的关键词，它们分别是：辅导、指导、引导、教导和主导，可以针对不同的情景把握好分寸，利用这几种行动来教育男孩。

辅导：这个意思就好比是过河时主要倚靠孩子的脚和腿，而家长需要做的就是在关键或是危险的时刻"牵"他一下而已。男孩在用他自己的生活方式行走着，我们只要在他需要的时候才给予他。

但是，大多数的家长并不知道这一点，好像家长的给予是在满足家长想给的这个需要，而并不是针对男孩的真正需要。很多家长在无意识中自以为是地给予了很多，却在一厢情愿的爱护中伤到了孩子。

指导：在男孩成长的过程中，他们的意识里有这么一种需要，应该给予适度的满足，但如果指手画脚得太多就会导致孩子的依赖性和自我能力的弱化。所以，家长在给予孩子指导的时候要掌握好分寸。

引导：这个词好像是领着男孩走路的感觉。我们帮助男孩的引导适可而止即可。男孩在他自身成长的"整体"中会有自己的"主见"和"能力"，这些已经形成的能力会指导他自己好好走路。人是有向上和向善本能的动物，只要家长给孩子提供好的滋养，他就会像植物向着阳光生长一样。我们又何必事事躬亲呢？

教导：这个词实际上已经露出一点点暴力的味道了。在教导男孩的时候一定要考虑孩子内心的感受。

主导：这个词似乎有"主宰"的意味。家长要知道的是，孩子绝对不是你能够随意掌控的东西，如果你想主导男孩的思想或者是生活，那么你的孩子作为一个独立的个体将消失。

当我们了解了与男孩沟通的重要性之后，下一步，就是要懂得和男孩交流的艺术了。

招式一：主动交流。每天找一点时间，比如在饭前或者是在饭后，找机会和男孩聊一聊学校里的状况。每周可以定期把男孩叫过来和你们一起做一些事，比如做饭、逛街、打球、看电视等。一边做事情一边交流。

招式二：认真倾听。当男孩发表一些异议的时候，我们不要急于反驳，而应先平心静气地听他把想法表达清楚，然后再针对他的观点和他进行交流。

招式三：讨论问题。遇到某些事情可以和男孩进行讨论，听听他的建议并达成协议。比如我们不希望男孩沉迷于电脑游戏，就需要和男孩一起讨论如何能在玩电脑和学业上保持平衡，并达成协议。通过这样的方法，问题和分歧就很容易解决了。

根据不同的天赋培养男孩

警惕：孩子的潜能正在被浪费

在中国，传统的家庭育儿一般起步都比较晚，家长们总认为孩子在婴幼儿时期什么也不懂，不必进行潜能训练。这样就使孩子白白错过了潜能开发的关键时期；也有的家长虽然意识到应该在孩子刚出生时就训练孩子的潜能，却不知道该如何训练。没有明确的教育目的，时断时续，难以取得良好的效果；另外，一些不科学的育儿方法，甚至会阻碍孩子潜能的发展。

儿童虽然具备潜在能力，但这种潜在能力不是一成不变的，而是遵循一定的规则在变化。在老威特看来，儿童潜能是递减的，比如说生来具备100度潜在能力的儿童，如果从一生下来就给他进行理想的教育，那么就可能成为一个具备100度能力的成人。如果从5岁开始教育，即便是教育得非常出色，那也只能成为具备80度能力的成人。而如果从10岁开始教育的话，教育得再好，也只能达到具备60度能力的成人。这就是说，教育开始得越晚，儿童的能力实现就越少。这就是为后人熟知的儿童潜能递减法则。

根据儿童潜能的递减法则，某种智力发展的最佳期非常关键，它对人一生的智力发展都起着决定性作用，千万不要错过。对男孩早期智力开发的关键，就是抓住最佳期。

卡尔·威特教育法的创始人老威特指出，任何动物的潜能都有各自的发达期，而且这种发达期是固定不变的。倘若不让其在发达期得到发展，那么以后也很难发展了。

最著名的例子是英国司各特伯爵的儿子小司各特。

司各特伯爵夫妇携带他们的新生婴儿出海旅行，行至非洲海岸时遇到大风暴，船被巨浪打翻，全船的人都遇难，只有司各特伯爵夫妇带着小司各特爬上了一个海岛。那是个无人的荒岛，岛上长满了热带丛林。司各特伯爵夫妇很快就被热带丛林里的各种疾病夺去了生命，只留下孤零零的小司各特。后来一群大猩猩收养了只有几个月大的小司各特，他就跟着这班动物父母成长。

20多年后，一艘英国商船偶尔在那里抛锚，人们在岛上发现了小司各特，他已经长成一位强壮的青年，跟一群大猩猩在一起，像大猩猩那样灵巧地攀爬跳跃，在树枝间荡来荡去，他不会用两条腿走路，也不会一句人类的语言。人们将他带回英国，引起了巨大的轰动，也引起了科学家们的极大兴趣。科学家们像教婴儿那样教导小司各特，力求他学会人的各种能力，以便他能够重归人类社会。

他们花费了10年工夫，小司各特终于学会了穿衣服，用双腿行走，虽然他还是更喜欢爬行。但是，他始终也不能说出一个连贯的句子来，要表达什么的时候，他更习惯像大猩猩那样吼叫。

之所以出现这种情况，就是因为学习语言能力的发达期是在人的幼儿时期。小司各特当时已经20多岁了，他错过了学习语言的最佳时期，而错过了这段时期，他的这种能力永远消失了。

儿童潜能递减法则是实践经验的总结，所以教育男孩的第一要旨就要是杜绝这种递减。而且由于这种递减是因为未能给男孩发展其潜在能力的机会致使枯死所造成的，因此，教育男孩最重要的就在于要不失时机地给孩子以发展其能力的机会，也就是说要让孩子尽早发挥其能力。

儿童心理学指出，儿童的最佳发展时机是在婴幼儿期，即从生下来起到 3 岁之前。我们说，这个时期是天才裂变的时期。

真正操纵孩子命运的是父母

老威特说，如果一棵树以正常状态生长，它能够长 30 米高，那么这棵树就具有可以长到 30 米高的可能性。同样，一个孩子要是在理想的状态下成长，可以成长为一个智商高达 100 分的人，因此我们就认为这个孩子具有 100 分的高智商。具有这种智商的人就是天才，而这种天赋是人人内心都潜藏着的，因此只要对孩子进行适当的教育就可以让他成为天才。

充分发挥儿童的潜能是卡尔·威特教育法的目的，这也是老威特的教育理想。他认为世上天才不多的原因就是没有对儿童进行适当的教育以至于孩子的潜在能力得不到充分的发挥。如果能尽早地引导孩子发挥出这种潜能，就能培养出伟大的天才。

有人说，天才取决于天赋。也有人说，天才靠的是后天教育。关于这一点，老威特有他自己的看法。

他绝不是否定遗传的重要性。但是遗传对孩子的命运来说，已不像很多人所想的那样有强大的决定力。老威特的看法是：孩子的天赋当然是千差万别的，有的孩子多一点，有的孩子少一点。假设我们最幸运地生下一个禀赋为 100 的孩子，那么生就的白痴其禀赋大约只能在 10 以下，而一般孩子的禀赋大约只能在 50 左右了。

当我们说某些男孩有天赋的时候，这些孩子往往已经长到了五六岁。如果面对一个新生的婴儿，一定不会有人说，"这个婴儿以后会成为一个优秀的音乐家"或者："这个婴儿将来会成为一个了不起的文学家。"

断言一个五六岁的男孩具有什么样的先天能力，与断言一个初生的婴儿具有什么样的先天能力是不同的。前者是教育的结果，因为人们的评价依照的是五六岁以后的情景。

如果所有男孩都受到一样的教育，那么他们的命运就决定于其禀赋的多少。可是今天的孩子大都受的是非常不完全的教育，所以他们的禀赋连一半也没发挥出来。比如说禀赋为 80 的，可能只发挥出了 40；禀赋为 60 的，可能只发挥出了 30。

因此，倘能乘此实施可以发挥男孩禀赋八到九成的有效教育，即使生下来禀赋只有 50 的普通男孩，他也会优于生下来禀赋为 80 的孩子。当然，如果对生下来就具备 80 禀赋的男孩施以同样的教育，那么前者肯定是赶不上后者的。不过我们不要悲观，因为生下来就具备高超禀赋的孩子是不多的，大多数男孩，其禀赋约在 50 左右。何况如果我们以科学的方法进行生育，男孩的禀赋决不至于过差，甚至得到高超禀赋的男孩的机会也是很大的。

当然，我们承认男孩们的天赋之间存在差异，正如我们承认种子有优劣之分，但要了解，一个糟糕的种植者可能会使一颗优良的种子中途枯萎或者根本无法发芽生长，而一个高明的农业师则可能使普通的种子生机盎然，茁壮成才。

没有一个男孩生下来就注定会成为天才，也没有一个男孩命定一生会庸碌无为。这在很大程度上取决于后天的环境，取决于后天的培养和教育，父母则是其中最为直接和关键的因素。事实上，是父母操纵着男孩的前途和命运，决定着男孩的优劣成败。父母的信心和正确得当的教育观念是填平孩子之间天赋差异的关键所在。

创造一个赏识男孩的环境

在男孩蹒跚学步时，家长都是睿智的教育家，他们用充满赏识的心态，用爱的阳光抚慰着男孩，鼓励着男孩，男孩在欢乐中学会了说话，学会了走路。这种爱是三月里的春风，是饱含深情的甘露，而不是夏日的骄阳，不是酸雨。所以孩子茁壮成长了，像一个个小天使、小精灵。但随着男孩年龄的增加，有些父母对儿子的期望越来越多，要求越来越高，而耐心越来越少，态度越来越粗暴。在这样的环境下，孩子也变得小心翼翼，缩头缩尾，胆小怕事，没有主见，更别说表现出天赋了。

创造一个赏识的环境，说难也难，说容易也容易。因为，赏识不仅仅是表扬加鼓励，赏识也并不仅仅是语言的范畴，赏识是藏在心里的，是一种由内而外的爱，它是不随着分数、名次而波动的。赏识是男孩在遭遇困难时的一种鼓励，是男孩犯错误时的一种合理宽容，是风平浪静日子里的一种扬帆并进的动力。赏识就是哪怕天下所有人都看不起你的孩子，你还坚信你的孩子是天下最好的孩子，你得永永远远地为他骄傲和自豪。

对于已经习惯了居高临下地教育男孩的父母们来说，要真正做到创造一个赏识的环境，是一个艰难而曲折的过程，这个过程中要注意：

第一，保持平常心。

著名教育家陶行知先生早就告诫过父母们："不要让孩子成为人上人，不要让孩子成为人下人，也不要让孩子成为人外人，要让孩子成为人中人。"
"人中人"就是"平常人"。为了让孩子当"人上人"，许多家长逼着孩子奔波
在各个特长班，逼着孩子拼死拼活考大学。孩子承受着强大的思想压力，使
他们对学习失去了兴趣，如此下去，孩子不仅没有成为"人上人"，反而成了
最没有志气的平庸之辈，变成了"人下人"。

保持一颗平常心，就是让孩子快乐地成为自己。许多父母喜欢支配孩子，
喜欢按照自己的愿望支配孩子的未来，逼着孩子委屈地去做他没有兴趣的事
情。这样的结果只有两个：一是使孩子成为只能顺从地按照别人的意志办事、
缺少创造力的人；另一个是引起孩子的反感，使孩子与父母较劲儿，你让他
朝东，他偏要向西，事与愿违，有的走向了期望的反面。

孩子的快乐是金钱买不到的，童年也不会重来，强迫孩子学习不喜欢的
项目，那份痛苦会成为孩子心里抹不去的阴影。对男孩的教养，家长应取的
是顺其自然、因材施教的办法。有这样一个小故事：

有一棵小番茄秧，人们告诉它，只要努力，就可以长得很高，结的果实
像西瓜一样大，味道像香瓜一样甜，并且还会像苹果一样有营养。小番茄秧
很努力地吸取养分，很卖力地做体操运动。结果，它的果实仍然只是小小的
番茄。最糟糕的是，现在小番茄秧不再认为自己是番茄秧，它甚至连一点儿
自信心都没有了。

只要自己的孩子快乐地成为他自己，只要能够健康地长大，别的什么都
不重要。对孩子抱有过高的期望，强迫他实现自己力所不能及的目标，不仅
会让孩子感觉到迷失，更会戕害他们的心灵，这实在是大错特错。

第二，丢掉虚荣心。

给男孩灌输过分成熟的精英教育，不计一切代价地催其"早熟"，有时颇
能满足父母的虚荣心，但付出的代价却是伤害了孩子自然成长的过程，进而，
也压抑了其天分内的后续爆发力。英国学者经过 27 年的研究发现，被父母标
榜为天才儿童的孩子，长大成人后比同样聪明但没有"神童"称号负担的人
苦恼得多，因为他们往往被"野心勃勃"的家长用来实现自己的梦想，从小
生活在与年龄不相称的压力之下。

被家长用来自我炫耀的"天才"男孩大多被剥夺了"平衡发展"的机会，从
小被迫为满足父母的虚荣心而拼命读书，以致成长过程几乎毫无乐趣可言。他们
往往因此而装作"书呆子"进行"自保"，其代价却是成年之后的幸福和成就。

虚荣心是很可怕的东西，父母的虚荣心会给男孩带来伤害。

有一位父亲，一心希望儿子能出国留学光宗耀祖。但儿子分数差了一点

儿，失去了出国留学的机会。父亲到处托人找关系，想让儿子早一点儿出国。最后，通过一个中间人，交了 2 万美金，终于把儿子"弄"到了美国。父亲逢人便说："我的儿子出国留学去了！"

儿子出国以后，先后把自己挣的 1000 美元寄回了家，父亲立刻"牛"了起来，穿戴也讲究了。后来，儿子被打伤了，他给父亲打电话诉说了自己的遭遇，并提出要回国。父亲勉强同意了。儿子回来以后，父亲很不高兴，说："你真不给我争气。我现在正在竞选校长呢，你偏偏这个时候回来丢我的脸！你最好找个没人看到你的地方待着！"

男孩不是父母的装饰品，而是独立的个体生命，切不可为了自己的面子对孩子进行不切实际的拔苗助长。

营造让男孩感觉快乐的家庭氛围

家庭和睦是培养男孩快乐性格的一个主要因素。根据有关资料统计，幸福的家庭中成长起来的男孩，成年后能幸福生活的比在不幸家庭成长起来的孩子要多得多。家庭和睦的一个重要表现首先应该是父母真诚相爱，而且要公开地让孩子们看到这种爱情。父亲要很真实地让他们看到那些细微的关心：在饭桌边为妻子摆好椅子，逢年过节向妻子赠送礼物，出门时给她写信……

如果一个男孩了解他的父母是相亲相爱的话，就无须更多地向他解释什么是友爱和美善了。爸爸妈妈的真实情感流入了孩子的心田，从而培养他能够在将来的各种关系中发现真挚的感情。当妈妈和爸爸手拉着手散步时，孩子也会和他们拉着手，但如果他们各行其道，孩子便很自然地跑到了一边。家庭成员人格的平等使孩子乐于把家里的事情当成自己的事情，孩子也易于接受父母的建议。

一个甜蜜的家庭，父母与孩子间应该有最好的沟通而且彼此体谅与尊重。父母给孩子自由，同时教孩子对自己的行为结果负责任，使子女能明白权利与义务的关系。

快乐性格的养成与指导和控制孩子的行为有着密切的联系。父母要设法给孩子提供机会，使孩子从小就知道怎样使用自己的决策权。

家长应使男孩明白，有些人一生快乐，其秘诀在于有适应力很强的心理状态，这使他们能很快从失望中振作起来。在孩子受到某种挫折时，要让他知道前途总是光明的，并教男孩注重调整心理状态，使其恢复快乐的心情。

《谁动了我的奶酪》《礼物》的作者斯宾塞·约翰逊博士一生都在提倡快乐教育，他提醒，要实现快乐教育，就必须避免走入下列教育的误区：

第一，避免使用粗暴尖刻的言语。

现实生活中，很多父母常常一不注意就会挫伤孩子的自尊，如："你看看邻居家的孩子，学习多好啊，你怎么就这么笨呢?""你和你爸爸一样，都是没出息的东西。""你真笨，连这样简单的问题都不会。"

这些语言会严重挫伤孩子的自尊、自信、自爱。最可怕的是它还将影响孩子的一生，使他们长大以后心里始终有缺陷。

第二，不要用冷漠和麻木的态度对待孩子。

所有的孩子都希望自己能够引起别人的注意，孩子既愿意得到父母的表扬，也愿意忍受父母的批评，而最不希望自己被父母忽视。

冷漠，对孩子来说是极具杀伤力的行为，冷漠留给孩子的心理阴影将会终身不散。在斯宾塞看来，冷漠地对待孩子比打骂孩子更加恐怖。在冷漠的环境中成长的孩子会很容易产生心理异常、心理变态。

第三，不能伤害孩子的自尊心。

斯宾塞指出：每一个孩子的心灵世界，是要靠自尊来支撑的。尊严可以带给人自信，也可以改变一个人的命运。

每个人都有自尊，尤其是还未成年的男孩。他们往往因为年龄阅历的关系更为在意别人的话语，尤其是自己的父母。父母无意间说出的许多话，都可以潜入男孩意识当中，而且在孩子的成长过程和成年生活中不断地支配他们的行为。

男孩的自尊心像幼苗，一旦受到伤害，会留下难以愈合的伤口，甚至会影响他的一生。所以父母除了保护男孩的自尊心外，还应该注意培养男孩正常的自尊心。

用心培育，塑造男孩美好心灵

同情心：给男孩的善良一个根基

什么叫同情心？从爱、关心和助人的这种感情出发，与遭受那种境遇的人发生共鸣就是同情；看见别人需要我们伸出援手时，能去满足他们的需求就是同情。

同情心是人生最值得珍藏的东西。家长在男孩的生命教育中发挥着巨大的作用，对孩子进行同情心教育，是家长为男孩准备的必不可少的一堂课。天才卡尔的母亲的育子方法值得我们每一位家长学习。

有一天，卡尔独自一人在家，他把养的一只小狗拴在屋外的院子里。不久，天下起雨来，但卡尔并没有把小狗带到室内来。小狗在外面"汪汪"大叫，冰冷的雨水使它浑身发抖。这时，他的母亲从外面回来，看到这种情况，赶忙将小狗牵到了屋里，并立刻质问卡尔。

"卡尔，你为什么让小狗在外面淋雨。"

"我……我忘记把它带回来了。"

"可是，你没有听见它在叫你吗？"母亲听他那样说非常生气，因为她知道儿子在撒谎。

"我想它在外面没什么！"儿子为自己辩解道。

"没什么？那么把你也放在外面去淋一会儿雨，你愿意吗？"

"不愿意。"

"卡尔，你自己不愿意，为什么要让小狗去淋雨呢？你看，天气这么冷，小狗也会生病的。把小狗放在冰冷的雨水中，这是多么残忍！假若有谁让你去淋雨以致生病的话，做妈妈的该会有多么伤心呀！"

听了母亲的话，卡尔低下了头。他承认是自己错了，并表示以后再也不会这样了，一定要爱护小动物。

卡尔的母亲就是这样从生活中的一些小事开始，一点一滴地培养儿子的同情心的。相信所有的家长都希望自己的孩子长大后能成为一个具有同情心的人。而鼓励男孩去想象别人的感受或者设身处地为他人着想，是培养孩子同情心的有效方法。具体来说，父母可参照以下办法予以引导：

第一，引导男孩换位思考。当孩子与同学之间、孩子与朋友之间，甚至家长与孩子之间发生冲突时，要求孩子停下来想一想，如果冲突双方互相转换角色，会有什么样的感觉。

第二，告诉孩子设身处地为他人着想。如果孩子没和家长打招呼而在外面玩了很长时间，这时家长一定非常着急。孩子回家后，父母可以这样问他："如果你是我，为我设身处地想一下——你不知道我去了哪里，天这么晚了，你会不会着急？"

第三，做个有同情心的父母。孩子会从父母的关心与呵护中形成一种免于恐惧与危险的依附，这种安全感使得他认为世界是个安全的地方。如此一来，孩子便有机会从父母的同情中，懂得同情别人。

第四，帮助男孩体会别人的感觉。帮助男孩体会别人的感觉，就是要求他能够想象别人在某种情况下产生的感觉。假如男孩将积攒的零用钱捐给了贫困家庭，父母可以引导孩子，让他想一下，当那个家庭收到这些钱时会有什么感想。

上进心：让男孩打破对成功的畏惧

没有父母不希望自己的儿子优秀并杰出，而相对于不断变幻的环境，要想一直保持优秀，男孩就得一直奋力奔跑，不停止追逐的脚步。事实是，男孩对成功往往充满畏惧，生出"约拿情结"。

约拿是《圣经》中的人物。据说上帝要约拿到尼尼微城去传话，这本是一种难得的使命和很高的荣誉，也是约拿平素所向往的，可一旦理想成为现实，他又感到一种畏惧，感到自己不行，想回避即将到来的使命，想推却突然降临的荣誉。这种成功面前的畏惧心理，心理学家们称之为"约拿情结"。

"约拿情结"是一种看似十分矛盾的现象。人们害怕自己不成功，这可以理解，因为人人都不愿意正视自己低能的一面；但是，人们竟然害怕自己会成功，这很难理解。但这的确是事实：人们渴望成功，又害怕成功，尤其害怕争取成功的路上要遇到的失败，害怕成功到来的瞬间所带来的心理冲击，害怕取得成功所要付出的极其艰苦的劳动，也害怕成功所带来的种种社会压力……

简单地说，"约拿情结"就是对成长的恐惧。它来源于心理动力学理论上的一个假设："人不仅害怕失败，也害怕成功。"它反映了一种"对自身伟大之处的恐惧"，是一种情绪状态，并导致我们不敢去做自己能做得很好的事，甚至逃避发掘自己的潜力。在日常生活中，"约拿情结"表现为缺乏上进心，或称"伪愚"。

美国著名心理学家马斯洛在给他的研究生上课的时候，曾向他们提出如下的问题："你们班上谁希望写出美国最伟大的小说？""谁渴望成为一位圣人？""谁将成为伟大的领导者？"根据马斯洛的观察和记录，在这种情况下，他的学生们通常的反应都是咯咯地笑，红着脸，显得非常不安。马斯洛又问："你们正在悄悄计划写一本伟大的心理学著作吗？"他们通常也都红着脸、结结巴巴地搪塞过去。马斯洛还问："你难道不打算成为心理学家吗？"有人小声地回答说："当然想啦。"马斯洛说："那么，你是想成为一位沉默寡言、谨小慎微的心理学家吗？那有什么好处？那并不是一条通向自我实现的理想途径。"

人类普遍存在"约拿情结"，即不是追求高级需求，追求卓越，追求崇高的自我实现，而是相反，逃避高级需求，逃避卓越、崇高的人类品行。他们视天真纯情为幼稚可笑，视诚实为愚蠢，视坦率为轻信，视慷慨为缺乏判断力，视工作中的热情为愚忠，视同情心为廉价和盲目。为了表现"男子"气概，英语中的 cool（冷）也因此而成了显示"有派"和"时尚"的赞美之词。在长期历史中曾显示出人类美好的、和谐的、崇高的、情感的东西竟成了当代人们不自觉的情感禁忌，无怪乎有人称人类的当代为精神病、神经症大发作的时代。

"约拿情结"的问题还在于，自己怕出名，如果别人出了名，他又会嫉妒，心里巴不得别人倒霉。这种情结会阻碍生命成长和自我实现。

大多数人内心都深藏着"约拿情结"。心理学家们分析，这是因为在小时候，由于本身条件的限制和不成熟，心中容易产生"我不行""我办不到"等消极的念头。在男孩的成长过程中，如果周围环境没有提供足够的安全感和机会供男孩成长的话，这些念头会一直伴随着男孩。尤其是当成功机会降临的时候，这些心理表现得尤为明显。因为要抓住成功的机会，就意味着要付出相当多的努力，面对许多无法预料的变化，并承担可能导致失败的风险。

毫无疑问，"约拿情结"是平衡内心压力的一种表现。每个人其实都有成功的机会，但是在面临机会的时候，只有少数人敢于打破平衡，认识并摆脱自己的"约拿情结"，勇于承担责任和压力，最终抓住并获得成功的机会。这也就是为什么总是只有少数人成功，而大多数人却平庸的重要原因。

家长要想男孩能不断上进，开创人生新局面，就必须鼓励男孩敢于打破"约拿情结"。说到底，"约拿情结"是一种内心深层次的恐惧感。这种恐惧感往往会破坏一个人的正常能力。恐惧使创新精神陷于麻木；恐惧毁灭自信，导致优柔寡断；恐惧使我们动摇，不敢开始做任何事情；恐惧还使我们怀疑和犹豫。恐惧是能力上的一个大漏洞，事实上，有许多人把他们一半以上的宝贵精力都浪费在毫无益处的恐惧和焦虑上面了。

恐惧虽然阻碍着男孩力量的发挥，但它并非不可战胜，只要家长能够积极地行动起来，帮助孩子有意识地克服恐惧心理，那它就不会构成威胁。

积极的思想和坚定的信念是治疗恐惧的天然药物，勇敢和信心能够中和恐惧，如同化学家通过在酸溶液里加一点碱，就可以破坏酸的腐蚀力一样。

所以，父母要鼓励男孩坚持自己的信念，勇敢地行动起来，让男孩忘记恐惧，克服"约拿情结"，为人生打开新局面。

拒绝骄傲：颗粒饱满的稻穗是低着头的

低调的人不会骄傲，骄傲的人也做不到低调。

骄傲自满是男孩前进中的绊脚石，它就像有色眼镜一样，使男孩看不到别人的闪光点，自以为是、止步不前。

骄傲自大的人会在自己与外界之间树起一道无形的"城墙"，让人与外界产生隔膜，使人变得狭隘、自私、目中无人，如井底之蛙，看不到更广阔的世界。

《伊索寓言》中有这样一个故事：

有一只狐狸喜欢自夸自大，它以为森林中自己最大。

傍晚，它单独出去散步，走路的时候看见一个映在地上的巨大影子，觉得很奇怪，因为它从来没有见过那么大的影子。后来，它知道是它自己的影子，就非常高兴。它平常就以为自己伟大、有优越感，只是一直找不到证据可以证明。

为了证实那影子确实是自己的，它就摇摇头，那个影子的头部也跟着摇动，这证明影子是自己的。它就很高兴地跳舞，那影子也跟着它舞动。它继续跳，正得意忘形时，来了一只老虎。狐狸看到老虎也不怕，就拿自己的影子与老虎比较，结果发现自己的影子比老虎大，就不理它，继续跳舞。老虎趁着狐狸跳得得意忘形的时候扑了过去，把它咬死了。

饿昏头的人有时会产生一种幻觉，觉得在本来空无一物的地上有食物存在。从这种错误的心理出发，表现出自以为是、我比你行、刚愎自用的傲慢态度。幻象总是比较显著地出现在一个人生命中最自卑的地方，以便身体的平衡系统帮他从自卑的郁结中解放出来。

家长要让男孩明白，骄傲是对自己缺乏信心的表现。自信与自傲，有时只有一线之隔。高傲并不是自尊或自信，而是过度的自我意识使然。有一位哲学家说："一个人若种植信心，他会收获品德。"一个人若种下骄傲的种子，他必收获众叛亲离的果子，甚至带来不可预知的危险，就像那只自夸自大、自我膨胀的狐狸一样。

高傲也是脆弱的表现，并且很不幸的，它是自卑的一种常见变相。高傲的人喜欢摆架子，抬高自己，装腔作势。

人因自谦而成长，因自满而堕落。成功固然值得自豪，然而自傲就是自暴，自满就是自弃。老子在《道德经》中说："生而不有，为而不恃，功成而不居。"又说："功成名遂，身退，天之道。"如果成功之后，只知自我陶醉，迷失于成果之中停滞不前，那就是为自己的成就画了句号。

富兰克林说过："骄傲是一个人要除掉的恶习。"

成功常在辛苦日，败事多因得意时。男孩要想在人生之路上走得顺利，切记不要老想着出风头。一个人的成绩都是在他谦虚好学、伏下身子扎实肯

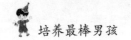

干的时候取得的，一旦自满自足，那么他必然会停止前进的脚步。

现实中，有些男孩由于年轻气盛，易于产生自满情绪，往往取得了一点成绩就沾沾自喜。要知道，"谦受益，满招损"。

有的家长会说，大凡骄傲者都有点本事、有点资本。你看，《三国演义》中"失荆州"和"失街亭"的关羽和马谡不是都熟读兵书、立过大功吗？我的孩子骄傲，说明他是有才华的人。这种说法其实是只看到了事情的表面，而没看到事情的本质。关羽之所以"大意失荆州"，马谡之所以"失街亭"，不正是因为他们自以为"有资本"而铸成的大错吗？

所以，家长要教育男孩时刻保持谦虚，颗粒饱满的稻穗是低着头的，只有空瘪的稻穗才高昂着头。

杜绝虚荣：别让"表面的光彩"迷惑住男孩

只要人类存在，我们就无法回避虚荣的话题。这并非玩笑，注意你的小孩，也许他刚刚上幼儿园中班，就已经会为了虚荣编造故事为自己加码："我的妈妈是白雪公主，我的爸爸是蝙蝠侠，每天开着极速战车上下班！"

其实，每个人或多或少都有一点虚荣心，虚荣心与羞耻心，只是一个尺度的问题。不想让人看到自己邋遢的样子，不想让人知道自己的才疏学浅；想让人称赞自己的拿手菜，想用滔滔雄辩来赢得别人的尊重……这些都是与羞耻、光荣、名誉联系在一起的小细节。柏格森曾经说过，"虚荣心很难说是一种恶行，然而一切恶行都围绕着虚荣心而生，都不过是满足虚荣心的手段。"过于在意别人的看法，甚至单纯为赢得别人的赞誉而做事，就是虚荣了。

虚荣心理的表现是多方面的：对自己的能力有过高的估计，自命不凡；炫耀自己的特长和成绩，期待得到表扬；将父母或他人的荣耀也当成自己的，常说"我爸爸他们……"；不懂装懂；花钱摆阔气赶时髦等等。

仔细分析，其实虚荣是自尊心的过分表现，是一种追求虚荣的心理缺陷。一个虚荣心重的人，所追求的东西，莫过于名不副实的荣誉，所畏惧的东西，莫过于平凡甚至丑恶的内心的本质。荣誉和美德是一种无形的价值，他们不会因为别人的夸奖而变多，也不会因为无人知晓而贬值。刻意去追求荣誉，就像戴上了虚荣的枷锁，色彩华丽，也沉重牢固。

家长要让男孩明白这样的道理：虚荣会囚禁我们的心灵。因为虚荣，你在做任何事情之前都要掂量自己能否得到称赞，为了维持自己的美好幻影，你的真心必须收敛，言语处处斟酌，到最后只能不胜其苦，幻影破灭成灰。而那些因为虚假的名誉而建立起来的友情、爱情，都会在你的真相面前抽身离开。虚荣犹如不纯净的包装袋，里面夹杂的氧气会让你的美德变质。

既然虚荣心的后果如此严重，那么男孩该如何克服呢？

第一，认识到虚荣心给自己带来的危害。虚荣心强的人，在思想上会不自觉地渗入自私、虚伪、欺诈等因素，这与谦虚谨慎、光明磊落、不图虚名等美德格格不入。虚荣的人为了表扬才去做好事，对表扬和成功沾沾自喜，甚至不惜弄虚作假。他们对自己的不足想方设法遮掩，不喜欢也不善于取长补短。男孩正处在生理和心理的成长期，渴望进取的心理最容易受到虚荣心的侵蚀，因此要格外注意反省自身。

第二，端正自己的价值观与人生观，正确理解权力、地位、荣誉的内涵和人格自尊的真实意义。由于正处于自我意识觉醒的阶段，不少男孩对生活、前途、人生的态度很容易流于过分追求外在的浮华，讲排场，摆阔气，大吃大喝，更以为攀比是时髦的象征，这都为虚荣心的滋长提供了土壤，让人变得"轻飘飘"起来。只有着眼于现实，把自己的理想与社会结合起来，通过艰苦努力，克服前进道路上的困难和障碍，才有可能实现自己的远大理想和抱负。

第三，要学会自我控制。人的需求是无止境的，当男孩满足了现在的需求后就会产生新的需求，永远都没有终结，那么虚荣心也会越来越膨胀，因此男孩要学会自我控制。控制过度的欲望，是非常重要的。在想要得到某样东西前，男孩可以自问一下，我是否需要它？它对我真的有用吗？如果内心的答案是否定的话，就要去控制自己的欲望。

自我控制还包括对自己做出实事求是的评价，以达到更好的自我鞭策的目的。

第四，排除环境的不良因素。男孩很希望得到别人的肯定和尊重，但是我们要让男孩懂得，人的价值应由自己来决定。男孩身边可能会有一些不良的因素，只有他们自己把握是非，坚持正确的原则，才能拒绝虚荣，也就不会因为虚荣而犯错。

作为父母，唯有抽空了男孩身上虚荣的气息，还心灵一个纯净的环境，才能让美德永不变质。

摆脱懒惰：别让男孩对自己"放纵"

明日复明日，明日何其多！

我生待明日，万事成蹉跎。

世人皆被明日累，明日无穷老将至。

晨昏滚滚水东流，今古悠悠日西坠。

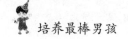

百年明日能几何？请君听我《明日歌》。

这是明代钱福写的一首诗《明日歌》，相信大家并不陌生。这首诗旨在告诫人们珍惜今日，珍惜当下，不要将事情拖到明日去做。

一日有一日的理想和决断。昨日有昨日的事，今日有今日的事，明日有明日的事。今日的理想、今日的决断，今日就要去做，一定不要拖延到明日，因为明日还有新的理想与新的决断。

拖延在男孩的生活中随处可见，如果哪天让男孩把一天的时间记录一下，他会惊讶地发现，他因为拖延耗掉了自己很多的时间。时间就这样被一分一秒地浪费了。其实，拖延就是纵容惰性，如果形成习惯，它容易消磨人的意志，使男孩对自己失去信心，怀疑自己的毅力，怀疑自己的目标，甚至会让自己养成一种办事拖拉的作风。所以，懒惰、拖拉是时间的天敌。

成功者为了打败拖延这个敌人，往往会给自己制定一张严密而又紧凑的工作计划表，然后像尊重生命一样坚决地去执行。

人们问富兰克林："你怎么能做那么多事呢？""你看看我的时间表就知道了。"富兰克林说道。他的作息时间表是什么样子的呢？5点起床，规划一天的事务，并自问："我这一天要做些什么事？"上午8点至11点、下午2点至5点，工作；中午12点至1点，阅读、吃午饭；晚6点至9点，吃晚饭、谈话、娱乐、检查一天的工作，并自问："我今天做了什么事？"

朋友劝富兰克林说："天天如此，是不是过于……""你热爱生命吗？"富兰克林摆摆手，打断朋友的话，"那么别浪费时间，因为时间是组成生命的材料。"

富兰克林说："把握今日等于拥有两倍的明日。"今天该做的事拖延到明天，然而明天也无法做好的人，占了大约一半以上。不能做好今天的事，就无法做大事，无法成功。所以，家长要鼓励男孩经常抱着"必须把握今日去做完它，一点也不可懒惰"的想法去努力才行。歌德说："把握住现在的瞬间，你想要完成的事务或理想，从现在开始做起。只有勇敢的人才会拥有天才的能力和魅力。因此，只要做下去就好，在做的过程当中，你的心态就会越来越成熟。那么，不久之后你的工作就可以顺利完成了。"

比尔·盖茨说，凡是将应该做的事拖延，不立刻去做，而想留待将来再做的人总是弱者。凡是有力量、有能耐的人，都会在对一件事情充满兴趣、充满热忱的时候，就立刻迎头去做。男孩对一件事情充满兴趣的时候去做，与他在兴趣、热情消失之后去做，其难易、苦乐是不能同日而语的。因为当他充满兴趣时，做事是一种喜悦；而当兴趣消失时，做事是一种痛苦。

"要做，立刻就去做！""今日事，今日毕。"这是成功人士的格言，也应成为指导男孩今后的行动的格言。今天孩子有一篇文章要写，是吗？那么，立刻让他离开电视，到书房去完成它。

家长要培养男孩做个做事不拖延的人，做个对时间负责的人，让男孩牢牢记住：不要让明天为今天埋单。

不要苛求你的孩子十全十美

避免拿自己的孩子和其他的孩子比

时下，"中国妈妈"在美国学生的口中俨然已经成了一个讽刺语，这令不少的华裔学生感到很烦恼。在美国学生的眼中，"中国妈妈"特别喜欢和别人攀比：人家的孩子去学钢琴，自己的孩子也一定要学钢琴；人家的孩子考上了哈佛，自己的孩子也一定要朝着这个目标努力才行，等等。

总之，在对孩子的教育上，"中国妈妈"永远是以别人为标杆，然后让子女去达成妈妈心中的梦想。一些华裔的高中生与母亲产生矛盾，原因很简单，为什么妈妈总是和别人比这比那的？别人是别人，我是我，为什么我不能按照自己的情况来设计人生呢？

家长总是习惯给男孩树立个榜样，这样的家教模式在目前相当普遍。其实这是家长一种盲目的心态，一般来讲家长会有些不正确的认知。

第一，不了解男孩的发展动力。在男孩的成长过程中，作用于男孩心理的有外驱力和内驱力两种，外驱力来自环境，内驱力来自男孩内心深处的需求。孩子在成长的过程中固然有自己的价值观和追求目标，然而外在的压力剥夺了孩子自身的能动性，使男孩无法为自己的人生做主。

第二，家长往往忽略了男孩成长过程中的个性因素。每个人都是独立的个体，和其他的人没有什么太多的可比性。

第三，家长一定不会意识到的就是，不同的家庭教养方式一定会培养出不同的男孩。

父母喜欢给男孩树立榜样这种错误的教育方法极容易使男孩产生挫败感，不利于培养孩子的自信心。没有一个男孩愿意承认自己比别人差，他们希望能得到成人的肯定，他们对自己的认识也往往来自于成人的评价，而这种肯定式的评价对男孩自信心的培养亦是尤为重要的。父母总是强调男孩比别人差会使男孩在潜意识中自我否定，当男孩遇到困难就会恐慌、退缩，父母不

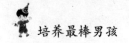

正确的做法会对孩子的心理造成伤害。

也许是因为很多父母望子成龙的心太过迫切，他们似乎容忍不了男孩暂时的落后与普通的成绩，往往把自己急躁的心情压迫在孩子身上，但是这样的做法常常会适得其反。父母应该感觉到自己的孩子永远是最好的、最优秀的。学会多想想孩子的优点，感谢孩子给你的生活带来了幸福和快乐，不要总是想着孩子这也不好那也不好，如果总是抱怨，对男孩而言、对家长而言，生活又有什么乐趣呢？调整好自己的心态，少责骂批评孩子，多给予他们一些赏识与鼓励，他们才会有信心继续向前走，最终获得精彩的人生。

有一位专家曾经谈到过这样一个奇怪的现象：

有一次，几十个中国孩子与外国孩子一起进行某项测验，并且把自己的分数拿回家给父母看，结果中国的父母看了孩子的成绩之后，有80％表示"不满意"；而外国父母则有80％表示"很满意"。而实际是什么呢？实际上，外国孩子的成绩还不如中国孩子的成绩好。后来这位专家说，中国的父母总是习惯用挑剔的眼光来看待孩子，并且也用一样的眼光来看待周围的世界，而外国的父母则习惯用欣赏的眼光看待自己、孩子和世界。

家长要学会欣赏自己的男孩，不要总是拿自家的孩子与别人比较，孩子之间是无法比较的。每个男孩都是自然界最伟大的奇迹，以前既没有像他们一样的人，以后也不会有。由此，我们要让男孩保持自己的本色！不论好坏，你都要鼓励男孩在生命的交响乐中演奏属于自己的乐章。

"做你自己！"这是美国作曲家欧文·柏林给后期的作曲家乔治·格希文的忠告。

柏林与格希文第一次会面时，已经是声誉卓越，而当时的格希文却只是个默默无名的年轻作曲家。柏林很欣赏格希文的才华，说自己愿意以格希文所能赚的三倍薪水请他做音乐秘书。可是柏林也劝告格希文："不要接受这份工作，如果你接受了，最多只能成为欧文·柏林第二。要是你能坚持下去，有一天，你会成为第一流的格希文。"格希文接受了忠告，并渐渐成为当代极有贡献的美国作曲家。

故事的寓意再明白不过，每一个人都无权去轻视自己，自信是天赋的使命。当男孩陷入自卑和悲观之中时，家长一定要鼓励孩子坚信自己的价值，活出自己最佳的状态。保持本色是自信的源泉，帮助男孩认识生命的价值，也是帮助男孩建立充分的自信。

不要低估孩子的能力

很多时候，我们都感叹现在的独生子依赖性太强，自理能力又很差。其实只要我们用心发现就可以知道，多给男孩一些自主的空间，多给他们动手的机会，就可以发现原来孩子并不是我们想象的那样，孩子的能力是不可低估的。

幼儿园里的《幼儿思维游戏》开课了，这未免叫家长有些担心。在家长看来，这些小不点认知能力很弱，况且有的连话还说不清，不哭不闹就不错了，怎么可以接受这些思维游戏的课程呢？有的家长带着好奇和怀疑，跟着孩子观摩了一节课。

这节课的名字是《小蚂蚁看世界》，小朋友们随着老师一起走进了故事中来认识世界，他们不仅认识了冬天，知道了小熊和小松鼠喜欢吃什么，知道了小动物是怎么过冬的，知道了啄木鸟可以给树治病，等等。在上课的时候，孩子们通过操纵游戏材料，不停地在思考，整个课堂处于积极活跃的状态。这位家长经过亲眼所见，证实了孩子的能力不能低估。只要家长给他们的思维发展创造条件，他们就可以创造出让家长意想不到的奇迹。

近几年，我们经常可以听到这样的声音：美国孩子是在无忧无虑中长大的。美国孩子小的时候功课很少，回家也主要是以玩为主。到了该上大学的时候，也不必像中国孩子那样必须走高考这座独木桥，美国孩子要想上大学只需凭学校的成绩、老师的推荐以及社会活动的表现，就可以顺利地申请到大学。至于是否录取，那完全凭学校对人才的需要。孩子不用为了上大学而担心，因为即便是这所大学不录取，另一所大学也能录取。

美国孩子的成长似乎看上去是顺利通达的，但事实上，美国父母在如何让孩子尽早具有独立性和智力潜质的开发方面独具匠心，下了很大的功夫。在美国无论走到哪里，都可以看到蹒跚学步的孩子，如果跌倒了，父母一般不会去跑上前主动扶起孩子，而是在旁边鼓励，让孩子自己爬起来。父母在一点一滴的小节中训练孩子靠自己的能力获得哪怕是如此小的成功，也能让孩子对自身树立信心。

一个孩子，他究竟有多少能力还没有被开发出来，作为家长估计都是心中没数。孩子对于成人而言，永远都是个谜。也许是因为他还小，纵然心中有无数奇妙的想法或是什么好的实施方案，也没有办法表达出来，甚至是他自己也没有意识到这一点！作为家长，我们应该经常有针对性地对孩子进行一些测试和观察，看他对不同的环境有着什么样的不同反应，才会明白他究

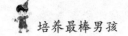

竟在哪些方面有天赋可以供我们开发。

曾经有一个妈妈说，她和邻居站在院子里聊天，而就在这时她的儿子却拿起了粉笔头在地上画出了一个萝卜。这位妈妈当时就看呆了，她觉得自己的孩子在绘画方面有天赋，就毅然决定带孩子去学习画画。

但是也有的家长不知道自己孩子的长项在那里，总是想当然地培养男孩，效果也注定不会很理想。有位妈妈特别想让自己的儿子学习弹电子琴，可是特长班的老师婉言拒绝，因为这个孩子的手指不是很长，并不适合弹琴。但是这位母亲不死心，她觉得音乐是高雅的，所以执意要让孩子学习，最后反而把孩子弄得很痛苦。

最后要说的是，教育孩子一定要以孩子为中心，如果我们形成了一套关于孩子的成见，教育就不再是以孩子为中心，而是以家长为中心了。那些越是觉得自己了解孩子的家长，因为他们低估了孩子的真实水平，反而会更容易作出错误的判断。

每一个人都是天才，都具有一定的天赋。如果在小的时候能够被别人发现并培育，那么这个人就会取得非凡的成绩。相反，这个人就会默默无闻地度过一生，虽然他本身并不缺乏潜能。

相信自己的孩子是天才

当一个男孩相信自己可以成为天才，他就会有更高的自我期望、更远大的理想和更充足的自信心，即便他不会像自己预想的那样成为天才，也一定可以在处理任何事情时彻底发挥自己的潜能。家长如果教育孩子的方法得当，即便再普通的孩子也会变得不平凡。

美国的罗杰·罗尔斯是纽约第53任州长，也是纽约历史上第一位黑人州长。他出生在纽约声名狼藉的大沙漠贫民窟，这里环境肮脏，充满暴力，是偷渡者和流浪汉的聚集地。在这儿出生的孩子从小耳濡目染逃学、打架、偷窃甚至吸毒等社会现象，长大后很少有人会获得较体面的职业。然而，罗杰·罗尔斯是个例外，他不仅考入了大学，而且成了州长。

在就职的记者招待会上，到会的记者提了一个共同的话题：是什么把你推向州长宝座的？面对300多名记者，罗尔斯对自己的奋斗史只字未提，他仅说了一个非常陌生的名字——皮尔·保罗。后来人们才知道，皮尔·保罗是他小学的一位校长。

1961年，皮尔·保罗被聘为诺必塔小学的董事兼校长。当时正值美国嬉皮士流行的时代，他走进诺必塔小学的时候，发现这儿的穷孩子比海明威等

"迷惘的一代"还要无所事事，他们不与老师合作，他们旷课、斗殴，甚至砸烂教室的黑板。皮尔·保罗想了很多办法来引导他们，可是没有一个是有效的。后来他发现这些孩子都很迷信，于是在他上课的时候就多了一项内容——给学生看手相。他用这个办法来鼓励学生。

当罗尔斯从窗台上跳下，伸着小手走近讲台时，皮尔·保罗说："我一看你修长的小拇指就知道，将来你是纽约州的州长。"当时，罗尔斯大吃一惊，因为长这么大，只有他奶奶使他振奋过一次，说他可以成为五吨重的小船船长。这一次皮尔·保罗先生竟说他可以成为纽约州的州长，着实出乎他的预料。他记下了这句话，并且相信了它。从那天起，"纽约州州长"就像一面旗帜，罗尔斯的衣服不再沾满泥土，说话时也不再夹杂污言秽语。他开始挺直腰杆走路，表现出从未有过的自信。在以后的 40 多年间，他没有一天不按州长的身份要求自己。51 岁那年，他真的成了州长。

美国著名的教育专家老卡尔·威特曾经说过"每个孩子都是天才"。在卡尔·威特的儿子降生之前，他就坚信：对于孩子的培养，教育方法至关重要。只要教育方法正确，普通孩子也会成为不平凡的人。

心理学研究表明，在 0～4 岁的儿童中间，弱智儿童仅占到 1.07％，而超常儿童则在 0.03％以上。也就是说，98％的孩子都不存在智力问题，而是爱学不爱学、会学不会学的问题。从这个角度来看，就可以得出每个孩子都是天才的结论。无论是父母还是孩子自身，我们都必须改变对天才的看法，也只有这样，我们才能真正培养出天才。

正因为如此，父母在培养男孩的过程中应该注意的是，一定要坚信自己的孩子是最优秀的，承认孩子的优点，对他的未来充满信心，给他积极的暗示。如果自己的孩子与别人的孩子在某一方面相比成绩平平，甚至远远不如别人的孩子，即便在这个时候，我们也要坚信自己的男孩在另外一些方面一定有他的过人之处，只是现在还没有表现的机会而已。作为家长，我们可以仔细观察孩子闪光的一面，肯定男孩身上的优点。

任何成功孩子的家长都有一个共同的特点，那就是恰到好处地夸奖孩子。恰到好处的夸奖是指父母的夸奖不仅能够起到良好的激励作用，还能够起到警示的作用。小卡尔·威特在《卡尔·威特的教育》一书中认为家长教育孩子最重要的方法是鼓励孩子去相信自己，只有当孩子对自己充满了信心，父母才能够培养出优秀的人才。而孩子对于自己的信心来源于父母有效的夸奖，这种有效的夸奖就是恰到好处的夸奖，是能够给孩子带来自信但又不至于造成自傲的夸奖。

用欣赏的眼光看孩子

每个父母都希望自己的男孩十全十美，如果因为男孩生理或其他方面的缺点而嫌弃孩子的话，不但会给孩子带来伤害，也是没有尽到父母职责的表现。

中国有一句俗话："子不嫌母丑。"反过来也一样，哪怕全天下的人都看不起你的孩子，做父母的也要欣赏自己的孩子、爱自己的孩子、包容自己的孩子，只要父母这样做，那天下就没有不成才的孩子。

在一间产房里，一个产妇生下了一个婴儿，等产妇清醒过来时，她向医生要求抱抱孩子。医生沉痛地看着她："夫人，我们希望你能挺住，虽然这难以令人接受。""他死了？"产妇吃惊地问。"不，但是孩子有缺陷，他的发育不完全，他没有下肢！"产妇愣了一下，然后坚决地说："把他抱过来！"医生小心翼翼地把孩子抱给了她，几乎不忍看她的表情。"天啊！他多漂亮啊！我一定要把他教育成最优秀的孩子！"产妇惊喜地叫了起来。时间一年年过去了，那个孩子坐在轮椅上打球、演讲，上了重点大学、出书……他果然成了一个优秀的青年，他的名字叫乙武洋匡。

你有没有说过诸如"你怎么这么笨""当初就不该生下你"之类很伤孩子心的话？如果在气头上你说出这样的话，那么在之后你是否向孩子解释并说明你对他的爱？

父母们请记住，不论是头脑还是容貌方面的缺点，都不应成为你责骂男孩的理由。最可悲的是这样一种母亲：刀子嘴，豆腐心。她们深爱自己的孩子，对孩子生活上关心备至。男孩在外面如果受了顽皮孩子的欺侮，她们会心疼得说不出话来，总要去讨一个公道；孩子受伤生病时，她们会不眠不休地照顾孩子。但是当孩子不读书或不听话时，她们却一点包容之心也没有了，好像要骂了才痛快。她们时常骂些过头话："怎么会有你这么笨的孩子？什么功课也不会做。你真是蠢死了！这样蠢，还不如死了好！"骂过，自己气消了，对孩子又爱护如前。但是她却不知道，也从未认识到她这种刀子嘴对孩子心灵的伤害有多大！

所有的父母都会望子成龙，面对自己的孩子，父母总是容易期望过高，有时候期望男孩能像自己一样有成就，甚至希望男孩青出于蓝胜于蓝。但是孩子就是孩子，他是一个独立的个体，父母并没有权力替他决定什么！就像诗人纪伯伦说过的那样："孩子来自于你的身体，但并不属于你，你可以给他们爱，但不能塑造他们的思想。"

一句话，父母绝不能嫌弃自己的孩子。

在美国电影《师生情》里有这么一个场景：一位优秀的白人教师，在给一名长期受到种族歧视的黑人孩子上课时，耐心地说："孩子，老师相信你是天下最好的孩子，是顶天立地的男子汉！你不要紧张，仔细数数老师这只手究竟有几个手指？"

那孩子缓缓地抬起头，涨红了脸，盯着老师的 5 个手指，数了半天，终于鼓起勇气，开口说："3 个。"

面对这样的结果，这位伟大的老师没有责备，也没有沮丧，而是依然满怀热情地说："太好了，你简直太了不起了！一共就少数了两个。"

老师的鼓励像久旱的土地遇上了甘霖，孩子的眼睛一下子放光了。

这个电影片断曾深深感染了许多老师和父母，令人永生难忘。

积极的心态对于男孩的智力发展影响很大。一个自以为自己不如别人的男孩，总是倾向于向人们说自己不行，而父母把孩子的一次失败或一时的弱点作为能力缺陷讲给人家听时，男孩的自责就会得到强化，并逐渐在心理上凝固成一种本非事实的事实，这会使男孩由一般的自责转变成自我失败主义心理，严重地压抑孩子的进取心和创造性。

所以，无论是有天生缺陷的男孩，还是成绩不好、不爱学习的男孩，他们本来心理就比较脆弱，父母对他们更应该耐心和细心，使他们时时受到鼓励和帮助，并且克服和战胜那些缺陷给生活和学习所带来的不利与不便。同时，作为父母，为了鼓励男孩奋斗的勇气和增强对生活的信心，还应该更加细心和热情地去发现男孩的优点，发挥其长处。

第七章 谁说纨绔少伟男——财富 时代的"穷养"智慧

莫让"富贵"毁了男孩的人生

为什么"独二代"生存能力差

你是不是舍不得孩子离开你？

你是不是不放心他们干一切事情？

你是不是总觉得孩子还小，没有能力自己生活？

现在，大多数人家的男孩都是独生子。父母为"独二代"考虑的越来越多、越来越细，总想给男孩最好的东西，什么事情都是父母一手操办。父母永远担心自己的孩子，是不是吃得好，是不是穿得暖，夜里是不是盖好了被子。可是，男孩们的生存能力却越来越差，他们成了温室里的花朵，成了父母羽翼下永远长不大的雏鹰。

事实表明，越早放开拉着男孩的手，男孩就会越早地适应社会，找到自己的位置，而一直被父母放在自己羽翼下的孩子，往往变得特别脆弱，经不起一点风雨的洗礼。

我国古代有个很著名的故事正好可以说明这一点：

惠施和庄子都是魏王的好朋友。一天，魏王分别送给他俩一些大葫芦的种子，对他俩说："你们把这些种子拿去种在地里，会结出很大的葫芦。比比看，你俩究竟谁种的葫芦大，到时候我还有奖赏。"

惠施和庄子都高兴地领受了，并将其种在地里。

为了能种出比庄子更大的葫芦，惠施非常用心，而且每天都施肥、除草。庄子的葫芦就种在不远的地方，但他从不施肥、除草，只是到时候来看看，见没有什么异常，就做别的事去了。

没过多久，惠施的葫芦苗一棵一棵地相继死去，最后，一棵也没成活。而庄子的葫芦苗却长得格外好，慢慢地，都开了花、结了果，而且，正如魏王所说的那样，长出的葫芦都很大。

惠施觉得很奇怪，就跑来请教庄子："先生，为什么我那么用心地栽培，所有的苗都死光了，而您从来都不曾好好地管理它，它怎么会长得那么好呢？"

庄子笑着答道："你错了，其实我也是在用心管理的，只不过与你的方法不同罢了。"

"那你用的是什么方法呢？"

"自然之法呀！你没见我到时候也要去地里转转嘛！我是去看看葫芦苗在地里是不是快乐，如果它们都很快乐，我当然就不用去管它们啦。而你却不管它们的感受，拼命地施肥，哪有不死之理啊？"

"这么说来，是我害了它们？"

"就是啊！你的用心是好的，可是你不用自然之法，怎么可能得到自然万物的青睐呢？"

惠施恍然大悟，才知道原来是自己过分悉心的照顾害了葫芦。

看了这个故事，有的人可能会取笑惠施的愚蠢，可是我们现在大部分的父母，不正是过度保护自己葫芦的惠施吗？俗话说："吃得苦中苦，方为人上人。"其实，众多家长也明显意识到了这一点，但怜子之心让他们非常矛盾。孩子迟早都要离开父母的怀抱独自生活，在成长的道路上吃一些苦，绝对不是坏事。所以，父母应该懂得适时放手。

所谓"放手"，即从孩子生下来，父母就设法给他们创造自我锻炼的机会和条件。现在的社会，竞争是激烈的，如果没有早早地锻炼出孩子自强不息的拼搏精神，日后他们拿什么来立足于社会，得到幸福的生活呢？

看到这里，父母们也不用着急，那该如何来培养孩子呢？其实你只要注意以下几个方面就可以。

第一，不要给男孩太多的呵护。

不要给男孩太多的呵护，学会做一个"懒父母"。家长对男孩的事情，不应该做到事必躬亲，比如为了锻炼男孩的自理能力，让男孩自己上学，自己洗衣服，自己打扫房间，自己的朋友来家里，就让他们自己招待，家长不在家的时候，让他们自己做饭。父母给予男孩最大的爱，就是让他们早日脱离父母温暖的怀抱，学会自力更生，毕竟，你不可能一辈子都在男孩的身边照顾他。

第二，不要把男孩放在自己的手掌心里。

男孩看到地上的树叶很漂亮，想捡起来。父母一看不得了，赶紧把男孩抱走，生怕地上有什么脏东西。男孩看到其他小朋友爬树很好玩，就跃跃欲试，父母知道后，把男孩叫回去批评一顿："谁让你去爬树的？你知道那有多危险吗？"男孩想自己去学校，父母又说："路上那么多车，撞到了怎么办？"过度的限制，让男孩少了很多童年必要的成长经历。"要想知道梨子的滋味儿，必须亲自尝一尝"，所以让男孩自己去感受吧，就算吃苦，对他们的成长来讲也未必是件坏事。

第三，教男孩学会自主处理事情。

让男孩自己学着去生活，说起来容易做起来难，这就要求父母给予男孩必要的配合。比如，男孩想和同学去野炊，征求你的意见，你就可以让男孩自己决定去还是不去。选择的权利交给了男孩，他感觉到了父母的尊重，自然会慎重行事，不让父母为他担心，同时也锻炼了他自己思考处理问题的能力。

育子可适当粗放些

一位父亲去美国考察，一天正遇风雪天气，看到一群小学生，穿着短短的羽绒衣，单薄的裤子，敞着领子，背着沉重的书包，在大街上困难地行进，并没有汽车接送，也没有家长陪同。孩子们小脸冻得红红的，欢笑着，跳跃着，没有一个愁眉苦脸的。这位父亲回国后，对正上小学三年级的儿子讲了美国看到的情况，对他说："从明天开始，你自己上学去，不再由大人接送了。"话音未落，孩子"哇"的一声大哭起来。问他为什么让他自己上学就哭，"是不认得路吗？"摇头，"怕过马路车多吗？"还是摇头。到底为什么呢？他抽泣着说："人家都有人接，我没人接，多没面子呀！"原来如此。

家长们"众星捧月"般的娇纵，无异于为孩子们建起了一座座坚不可摧的壁垒，最终将孩子囚禁成"鹦鹉人""金丝鸟"，无法具备独立的人格，这样的孩子必将在未来的社会中尝遍苦头。"育子何妨粗放些"，有专家曾如此呼告——因为，我们的孩子需要粗放式的教育方式。

作家毛志成在他的文章里，也有着这样的感慨：

一件小小的往事，在我的记忆中时时闪烁，30年不褪色。

那一年冬天，好冷好冷。积雪久久不化，继续酿造着令人恐惧的低温。有一天，我夜宿某个山村，房东将一对八九岁的双胞胎男孩打发到我屋里同住。两个小东西脱得赤条条的，同钻一个被窝，好一通打打闹闹之后才睡着。第二天一早，两个小东西刚睁开眼，又是一通"被窝战"。后来，一个跳下炕，向室外跑去，另一个也跳下炕，穷追不舍。室外是零下23度的严寒。

我穿衣下炕之后，走到户外，不禁惊愕了，两个小东西正在雪地上滚作一团，做"相扑"状。其母出来抱柴，只是漫不经心地骂了一句"总是抽风"，随即便取柴回院，未显示出任何惊愕。其父出来担水，只是瞟了一眼，什么话也未说，看来他已司空见惯。那时我20岁，尚未觅偶，不过心中却暗暗祈祷："生子当如此儿！"

我很崇敬这对父母，认为他们简直是培养雄性的行家。

对待男孩，不必有太多的呵护，松开你捧着、掖着的双手，让他们从摸爬滚打中成长，当有一天他们从生活的泥淖中站起来的时候，他们将拥有一副折不弯、压不软的硬骨头。

温室的花朵是经不起风雨的，过多地呵护和娇纵养出的孩子经不起生活的考验，这样的男孩必将在未来的社会中尝尽苦头。

物质越富足，精神越空虚

在父母眼里，小伟是个品学兼优的好男孩，他乖巧的性格和优秀的学习成绩单让身处上市公司高级管理层的父母倍感欣慰，他们逢人便夸自己的儿子聪明懂事不要父母操心。

直到有一天，很久没去给男孩开过家长会的父母接到了老师的电话，说小伟在学校把其他同学给打成了重伤，要求他们无论如何得去学校一趟。这一去才知道，男孩在学校不但成绩奇差，经常顶撞老师、逃课不交作业，而且还爱纠集朋友打架生事，男孩在学校别说是什么品学兼优的好学生了，就连一个正常听话的学生都算不上。

知道真相后，小伟的父母顿时感觉天旋地转，一时无法接受他们引以为豪的儿子竟然是这么一副模样。

把男孩领回家后，爸爸问："为什么你每回的成绩单都是优秀？"

"那是我自己改的。"

"爸爸妈妈那么辛苦地养育你，什么时候缺过你钱花，你竟然这么欺骗我们！"

"对，你们就只知道给我钱，什么时候真正关心过我啊？"

……

"你们知道我真正需要的是什么吗？你们管过我吗？现在又来教训我了，我讨厌你们！"

……

小伟的父母愕然，半天说不出话来。

其实，生活中小伟的例子数不胜数，曾几何时，作为父母的我们，已经很久不知道自己男孩在校学习和表现的情况了？不知道男孩交了哪些朋友？不知道男孩晚上一个人在家是怎么过的？不知道男孩星期天在干什么？更不知道男孩心里在想什么？只知道给男孩提供足够的金钱，可是却不知道男孩的零花钱是怎样用出去的？

你们为了男孩整天起早贪黑地忙碌，到底给了男孩什么？钱，还是感情？想想看，下面的这些情形是不是常常发生在你们身上：

"爸爸，陪我一起玩吧。""别烦我了，没看我正忙着吗？""妈妈，给我讲个故事吧。""乖，宝贝，妈妈上班回来，辛苦一天了，你自己玩吧。"这些对话，听起来是不是很熟悉？是不是常常在我们的家庭中上演呢？

为人父母者，应该好好反思一下：你们到底给了男孩什么？一个温暖的拥抱、一个肯定的微笑、一次善意的提醒、一份无条件的理解，还是一个自动洗衣机、一个自动售货机、一个自动提款机？要知道，男孩不喜欢只能提供食物、金钱的"机械父母"，他需要关心他、爱护他、理解他的父母。所以，为人父母者，请你们不要再吝啬自己对男孩的关爱，也许仅仅是举手投足间的关爱、呵护，就能影响并改变男孩的命运。

"哟，儿子，在家呢？"

"钱用完了吗？"

刚进门的父亲只顾着低头说话，一点都没有注意男孩脸上的表情。

"钱尽管花，没有了爸爸再给。"

······

"儿子怎么不说话啊，爸爸回来拿点东西，马上就走了。"

"你们整天就知道钱钱钱，什么时候关心过我！"

"······这孩子，天天这么辛苦还不都是为了你。"

在现实生活中，大部分父母在男孩的衣食住行上都倾尽全力，为了男孩宁肯自己受委屈也无怨无悔。他们给男孩吃最好的、用最好的，生怕男孩落在同学的后面被人嘲笑。但是，家长关注的目光始终只是停留在对孩子物质上的满足，却忽视了男孩也有他的精神世界，比起各种吃的和玩的，他们更需要家长给予物质之外的关心和爱护，家长们是否注意过：你们有多久没有陪男孩去公园了；你们有多久没有陪男孩在家吃过饭了；你们有多久没有和男孩的老师联系过了；你们有多久没有听男孩说过他的理想和愿望了？

在这种情况下，男孩得到的物质越富足，他的精神也就越空虚。与此同时，很多父母对男孩满腹的爱也变了味道，变得没法和男孩沟通，越来越不了解他们，男孩对父母的感情也变得越来越淡。

其实每一个男孩都希望父母关注他，但有时却很难得到关注。所以父母们应记住，无论再忙，也要抽时间陪陪男孩，当他得到父母全身心的关注时，就算平静的几小时或许也会影响男孩的一生。

据世界卫生组织公布的一次研究成果表明，平均每天能与父母共处两个小时以上的男孩，要比其他男孩智商高。所以父母不管多忙都要抽空陪陪男孩，询问一下男孩的学习、生活情况，和他们聊聊天，以满足男孩的情感要求。

别让"富二代"成为败家子的代名词

"富二代"一词最早出现在世人面前，是在一个访谈栏目中。该栏目对"富二代"的定义是：80年代出生、继承上亿家产的富家子女，他们被称为富二代。

这些孩子，他们没有经历过汗与泪的拼搏，家长无偿地给予一切，导致他们从来不去想东西是从哪里来的，也不懂得珍惜眼下所得到的一切。于是随着这些孩子的成长，他们越来越多地展示了自己的无知与张狂。如今，他们仰仗着父辈的财富在同龄人中无疑很耀眼，然而以后走到了社会上，"富二代"很容易成为事业失败的同义词。明智的"富一代"父母确实要想一想如何让孩子的生活少一点富裕，让他们体会到自力更生的感觉。

美国人比中国人更早地尝到富裕的滋味，相应的，"富二代"也出现在美国。美国的一份调查报告显示：在继承15万美元以上财产的小孩中，有两成左右会放弃进取，多数会一事无成。他们得到的越多，反而会越不满足。"好好对待你的小孩，不要给他们太多的财富。"在美国最新的《商业周刊》中首次出现了"富裕病"这个词，指的是那些由于父母给予的太多而使小孩过度地沉湎于物质、生活失去了目标的现象。这个词是由"富裕"和"流感"两个词合成。

在美国的家族企业中，到第二代还能够存在的只有30%，到了第三代还能存在的只有12%，到了第四代还能够保持旺盛生命力的就只剩下3%了。在美国的破产族中有超过七成是来自于中产阶级或是高收入的家庭。这些破产者失败的原因并不是因为他们资源太少，而是他们在成长的过程中资源的供给非常充裕，甚至是太过充裕了。

许多人都会认为得到的物质越多，人就会越满足。事实上，耶鲁大学的罗伯·连恩教授在"幸福的丧失"这一研究中就已经发现：当人的需求与供给刚好对等的时候，满足感与愉悦感是最高的。而过多的供给反而让人比物质匮乏的时候更为失落。而现在美国很多物质过剩的白金小孩中就有很多是"被满足感剥夺"的一代。哥伦比亚大学也曾经进行过相关的研究，认为富有的小孩比较容易出现物质滥用、焦虑、抑郁等问题。很多出生在富裕家庭的孩子会一生孤独，出现不同程度的精神问题甚至会做出违法乱纪的事情。

明智的父母确实要"思身后之事"，为下一代的考虑不仅仅是如何让他们的生活更舒适，而是怎样让孩子们的生活能够少一点富裕。

美国的百万富翁在 10 年的时间内增长了 400%，使得如今的美国人对财富出现了反思的浪潮。在全美国，在 320 万名百万富翁中约有 60 万人会因为担心宠坏孩子而捐出大笔的财产。他们只将其中很有限的一笔钱留给子女，可以够他们来买房子，受教育，如果还想得到其他的就要靠自己去挣。

惠普的创办人之一帕卡德在临终之前，捐出了他一生财产的 50 多亿美元，他的子女在接受媒体采访的时候表示，健康、正常的遗产捐赠有利于子女的成长、成才和社会的发展，将巨额财产捐献出去，下一代才能得到重新创业的乐趣，"乐趣不在于拥有，而在于创造。"

连续 13 年蝉联全球富人排行榜第一名的微软创办人比尔·盖茨，他的身家有 500 亿，而他只会留其中的五百分之一给自己的孩子，剩余的财富全部用来做慈善事业。

美国人的这些做法，对于富裕人口不断增加的华人社会来讲，如何给予孩子恰当的资源和金钱也是前所未有的挑战。让孩子走出优越感，教导孩子树立正确的用钱观念，做到自己对自己负责，恐怕就是最好的方法。

中国人常常说"富不过三代"，但这并非是打不破的魔咒。深入了解一些能够富好几代的家族就可以发现，他们对如何与财富相处都有非常严谨的教养。比如德国最老的投资银行梅兹乐家族富过三代的秘诀就是：不把孩子关进"金鸟笼"。他们的小孩上的是同地区最普通的学校，每天是走路或者搭公交车去上学，与所有的同学一起玩耍，一起生活，吃同样的食物。

对孩子进行正确的财富教育才是最好的良方，让孩子认同自力更生的价值观才能够使他们的一生处于不败的地位。现在的父母应该培养男孩具有三大财富能力：正确运用金钱的能力、处理物质欲望的能力、了解匮乏与金钱极限的能力。这些能力形成的背后使男孩懂得自己对自己负责，自己可以自主解决自己的问题。

有益于男孩的"穷养"智慧

"小皇帝"们明天何去何从

俗话说："穷人的孩子早当家。"要让男孩了解点家情，让他知道你在做什么样的工作，从而学会体谅大人持家的不易。有必要的话，做父母的还可以带自己的男孩去看看自己的工作环境与工作情况，让男孩亲眼看见你工作的辛苦与劳累，告诉男孩这样做一天可以赚多少钱，让男孩更懂得珍惜所拥有的一切。

现实中有些父母尽管自身有许多生活艰辛和身体病痛，但他们总是竭力在男孩面前掩饰，错以为这是爱男孩，却不知是害了孩子。生活中有苦才有乐，家长不要刻意去掩饰生活的另一面，而应让男孩从小学会分担你的痛苦和艰辛，理解生活的不易，长大后他才会珍惜眼前的生活，才会以真诚之心关爱别人。

也许，许多父母曾经受过很多苦，当他们日子好起来时，便把所有的宠爱都给了孩子，借以补偿自己童年的缺失。像这样在溺爱的环境中长大，没有任何自理和自立能力的孩子，在成年之后，会遇到很多本该在青少年时遇到的问题，但适应能力又不如青少年时期好。

一个商人有两个儿子。父亲宠爱大儿子，想把自己的全部财产留给他。但是母亲很可怜小儿子，她请求丈夫先不要宣布分财产的事。商人听从了妻子的劝告，暂时没有宣布分财产的决定。

有一天，母亲坐在窗前哭泣，一位过路人看见了，就走上前来，问她为什么哭得这么伤心。她说："我怎么能不伤心呢？我很疼爱两个儿子，可是我的丈夫却想把全部财产留给大儿子，小儿子什么也得不到。我请求丈夫先不要向儿子们宣布他的决定，但是我到现在也没有想出更好的办法。"过路人说："这个问题很容易解决。你只管让丈夫向两个儿子宣布，大儿子将得到全部财产，小儿子什么也得不到。以后他们将各得其所。"

小儿子一听说自己什么也得不到，就离开家外出谋生去了。他在那里学会了许多手艺，增长了知识。大儿子一直依赖父亲生活，父亲去世后，大儿子什么都不会干，最后把自己所有的财产都花光了。而小儿子在外面学会了挣钱的本事，变成了富翁。

许多父母通过这个故事告诉孩子：只有摆脱对父母的依赖，拥有智慧又能维持生计的人，他以后的人生才会走对路。

生活并不是一帆风顺的，是有艰辛的。作为家长，当遇到不如意的事情时，应该把实际情况实实在在地讲给孩子听，让孩子明白生活的艰辛。让孩子直接面对，和家长共同承担起家庭生活的艰辛。要通过活生生的事实告诉孩子，生活就是这样，它既会造就幸福，也会带来痛苦。我们生活在这个世界上，唯有直面人生，通过自己最大的努力，才能掌握命运，创造美好的未来。家长要教育孩子从小懂得这些，这才是对孩子最大的关心和爱护。

许多男孩一直过着饭来张口、衣来伸手的生活，只要有需要，就可以毫不费力地从父母处要到钱。但对于这些钱是怎么来的，他们从来没想过。

父母不妨带孩子到自己的工作场所去参观一下。通过这些，让他知道钱是从哪里来的，了解钱的来之不易，了解钱在生活中扮演的重要角色，男孩会反思自己的消费行为和消费习惯，他们会主动想着去挣钱，而不是随时伸手向父母要钱。

"石油大王"约翰·戴维森·洛克菲勒，从小家教很严，靠给父亲做"雇工"挣零花钱。他清晨便到田里干农活，有时帮母亲挤牛奶。他有一个专门用于记账的小本子，把自己每天做的工作记下来，然后按每小时0.37美元与父亲结算。洛克菲勒在做这些工作和记账的时候都非常认真，他觉得从中能得到无穷的乐趣。更有意思的是，洛克菲勒的第二代、第三代乃至第四代，也都延续了这种"打工"挣钱的做法，一旦谁想不劳而获，就别想得到一分钱的费用。

洛克菲勒这样做并非家中贫困，也不是父母虐待孩子，只不过是延续了犹太教育中"要花钱，自己挣"的传统。那小账本上记载的何止是一笔流水账，而是孩子接受磨难和考验的经历！

在其他一些发达国家的家庭里，家长也都很注重孩子"独立赚钱"能力的培养。在日本，许多学生利用课余时间在饭店洗碗、端盘子，在商店售货或照顾老人，做家教等赚取学费和零花钱。在美国，七八岁的小孩就成了"小生意人"，出售他们的"商品"挣钱零用。

孩子终有一天要长大，也终有一天要走向社会，如果不让这朵"温室的花朵"接受外界的风吹雨打，它如何能茁壮成长？当孩子下次向你要钱时，请毫不客气地告诉他：要花钱，自己挣！

再富也要穷孩子

李昂刚下班，儿子就贴了上来："老爸，给我买个折叠的手机吧？"

李昂有点吃惊："你的手机不是去年新买的吗？"

儿子撇嘴道："老土了吧您，现在的直板手机谁还敢拿出来啊？今年最流行翻盖能拍照的。"

李昂的儿子今年才 16 岁，穿的和用的却样样讲究名牌。若父母不满足他的要求，他就会赌气不吃饭，不上学，也不和父母说话。

这样的情景相信很多高中生家长都或多或少经历过。家长们无奈叹息之余，可能都会感慨，孩子越大越能花钱了，而且他们花钱不心疼的劲头完全可以用一掷千金来形容。

现在，许多家庭物质条件好了，又只有一个孩子，所以家长一门心思地想让孩子尽量过得舒服些，孩子要什么就给什么，口袋里零花钱不断，如今随便从一个孩子的身上掏出一百元钱，不是什么稀奇事。孩子手里钱多了，家长应该感到欣慰，因为这毕竟是人们生活水平提高的一种体现。但是孩子手里的钱多了，也令人担忧。

靠工资生活的"工薪族"在购买商品时未免有些踌躇，很难真正潇洒起来。然而，和"工薪族"相比，一些没有任何收入的男孩们却先"富"了起来，着着实实地"潇洒"：穿的是"彪马"或"耐克"名牌运动服，用的是"派克"金笔、日本进口卷笔刀、高级文具盒，骑的是近千元的赛车，累了就到麦当劳吃汉堡和冰淇淋，那种派头令每月靠工资生活的父母们叫苦不迭。

在发达国家，人们生活普遍比较富裕，但大多数富人对孩子要求甚严。他们生活保持低标准，并不鼓励孩子纵欲使性，为的是砥砺孩子的意志，培养孩子艰苦的品质，不让他们堕落成钱多智少的庸才。

悉尼一家妇产科医院曾出现过这样一幕：一对夫妻来做二胎产前检查，妻子进诊室面见医生去了，丈夫便带着两岁的儿子在外面大厅等候。少顷，儿子闹着要喝水，于是那父亲便在身旁的自动售货机上顺手扯了一个免费纸杯，进厕所接了一杯自来水递到孩子手里（自来水经过净化，可以饮用）——那父亲不是买不到饮料，自动售货机正出售一元一杯的可口可乐和橙汁，而他也不是买不起饮料，据说，他是一家体育用品公司的主管，年薪15 万澳元。

让男孩们"穷"着点实际上是为他们的未来着想。我们应该思索对男孩的爱护是不是太多了？养尊处优并不是父母送给孩子的最好礼物，恰恰可能埋下祸根。倒是那些从小就挣扎在社会最底层的人们，没有别的出路，没有任何指靠，只有以死相争，常常可以出人头地地建功立业。理性的家长用金钱为孩子健康成长提供基本条件，而不是让孩子在挥霍金钱中消磨意志，自毁前程。

财富≠幸福

我们知道财富需要靠劳动换得，但是在男孩眼里，金钱和信用卡可以帮他们买到玩具、零食，可以让他们在游乐园尽情狂欢，也可以让他们享受很好的生活。而且男孩往往会认为，父母的金钱就像蘑菇，取走以后自然就会长出新的，这样的误解让孩子不懂得感恩，也不知道节俭。失去感恩和节俭意识的人，也就失去了很多快乐。

要让男孩明白财富与幸福的关系，对父母来说不是一件轻松的事情，很多成年人自己也没有找到财富与幸福的平衡点。因此，让我们在幸福教育之前，先补上这一课。

有人将财富比成万恶之源，也有人视财富为毕生的目标。其实，财富终究只是一种中介，通过它去换回自己想要的东西，在这个过程中，我们体会到幸福。财富与幸福之间未必会有正比的关系，更多财富并没有带来更多幸福。

例如，二战以来美国人的收入连翻三倍，大约有 1/3 的人在 1950 年接受调查时说他们"非常快乐"，现在这个比例并没有明显变化。世界变得越来越富足了，不过人们的幸福感觉并没有像财富一样翻番。这种现象可以用"适应效应"来解释：人们对生活水准的提高很快作出心理调整，就像彩票中奖者兴奋一段时间以后，就会回到原来的幸福感水平上。

其实，有一个更主要的原因埋藏在我们的潜意识当中：我们大多数人追求的幸福，实际上是相对的。也就是说，只有在自己比他人得到更多时，我们才会有更多的幸福感。生活在北京的人与生活在武汉的人，平均收入会有较大的差距，但拥有幸福感的人群比例，却不会有什么差距。我们常问自己"我的房子是不是比邻居的更漂亮？"而不是"我的房子是不是够用？"

人们对待财富往往不能心平气和，所幸财富也不是快乐的唯一源泉。在财富满足基本生活所需之后，它对生活的乐趣没有多少真正的影响。与朋友或家人聊天、听音乐、帮助他人等都对幸福有比财富更大的影响力。那些最让人感到幸福，譬如爱、朋友、家庭、尊重、对生命价值的信念等，都不是钱可以买到的。

怎样做一个幸福快乐的人？心理学家调查发现，最快乐的人和最消沉的人之间最大的差别在于，他们与朋友、家人之间的紧密联系，以及愿意花时间和他们在一起的许诺。友好、感激和爱更能带来快乐，因为付出让人感到自身对他人的价值，给人生带来意义。

在对幸福和财富的关系做了如此大量的充电工作之后，父母不妨再想想自己的生活经验，自己快乐吗？最快乐的时候是怎样的情况？相信很多人会想到和家人在一起的快乐时光，得到别人的肯定以后的激动和欢欣，看到孩子小小的进步时的宽慰和惊喜……既然如此，孩子的疑惑也就能顺利解开了，因为生命中的幸福已在你心中，幸福就是选择好自己的心态，怀着感恩的心去面对人生。

告诉男孩：得到需要付出

男孩经常是看到什么好吃的、好玩的东西都想要，如果家长一味地给予满足，很可能会把男孩娇惯得不成样子。家长要同时帮助男孩树立两种意识，一是让男孩有信心"不管想要什么都可以得到"，另一方面也要告诉男孩一定要努力争取才能得到。

小克莱门斯的老师玛丽是一位虔诚的基督徒，每次上课之前，她都要领着孩子们进行祈祷。有一天，玛丽老师给孩子们讲解《圣经》，当讲到"祈祷，就会获得一切"的时候，小克莱门斯忍不住站了起来，他问道："如果我祈祷上帝，他会给我想要的东西吗？""是的，孩子，只要你愿意虔诚地祈祷，你就会得到你想要的东西。"

小克莱门斯当时的梦想是得到一块很大很大的面包，因为他从来没有吃过那样诱人的面包。而他的同桌——一个金头发的小姑娘每天都会带着一块这么诱人的面包来到学校。她常常问小克莱门斯要不要尝一口，小克莱门斯每次都坚定地摇头，但他的心是痛苦的。

放学的时候，小克莱门斯对小姑娘说："明天我也会有一块大面包。"回到家后，小克莱门斯关起门，无比虔诚地祈祷，他相信上帝已经看见了自己的表情，上帝一定会被自己的诚心感动！然而，第二天起床后，当他把手伸进书包的时候，除了一本破旧的课本，什么也没有发现。他决定每天晚上坚持祈祷，一定要等到面包降临。

后来，金头发的小姑娘笑着问小克莱门斯："你的面包呢？"

小克莱门斯已经无法继续自己的祈祷了。他告诉小姑娘，上帝也许根本就没有看见自己在进行多么虔诚的祈祷，因为，每天肯定有无数的孩子都进行着这样的祈祷，而上帝只有一个，他怎么会忙得过来？小姑娘笑着说："原来祈祷的人都是为了一块面包，但一块面包用几个硬币就可以买到，人们为什么要花费这么多的时间去祈祷，而不是去赚钱买面包呢？"

小克莱门斯决定不再祈祷。他相信小姑娘所说的正是自己想要知道的——只有通过实际的工作来获得自己想要的东西。而祈祷永远只能让你停留在等待中。小克莱门斯对自己说："我不要再为一件卑微的小东西祈祷了。"他带着对生活的坚定信心走向了新的道路。

多年以后，小克莱门斯长大成人，当他用笔名马克·吐温发表作品的时候，他已经是勤奋而且多产的作家了。他再没有祈祷，因为在无数个艰难的日子中，他都记着："不要为卑微的东西祈祷！只有自己通过努力和辛勤的汗水换来的收获才是最真实的。也只有勤奋才是通向成功的必由之路。"

现在的孩子，往往是想要什么，家长多会给予满足，实际上这样的做法对男孩的成长是有害的，很容易把孩子娇惯得不成样子。父母的"有求必应"使这些孩子感到对于所有的要求都是那么容易就可以轻而易举地得到，也就无法体会到得之不易的过程，因而也就不会去珍惜，反而觉得这些都是理所应当的。如果父母告诉孩子得到一件东西是要经过努力的，或者给孩子制造一些障碍，那么孩子就会感到原来想得到什么都要付出才行，对于他们日后的学习生活就会有很大帮助。

父母是男孩最好的老师，在男孩的成长过程中有着很大的影响力。在孩子养成勤奋的品格上父母也可以发挥巨大的作用。父母的勤奋刻苦，往往会以一种无形的力量影响着孩子，使孩子在勤奋的伴随下走向成功。我们应该从小就培养男孩懂得自我约束，同时帮助他树立"想要的东西都可以通过努力得到"的信心。

理智爱孩子，主动让男孩吃点苦

为了不忘过去最困难的日子，日本一家学校给孩子们做了"忆苦饭"，结果，孩子们面对当年大人吃过的糠菜号啕大哭，拒食3天。校方毫不动摇，第4天，孩子终于咽下了这顿忆苦饭。在日本的许多孤岛或森林里，人们常常可以看见日本小学生的身影。他们在无老师带领的情况下，面对着既无水源又无淡水的可怕自然界，安营扎寨，寻觅野果，捡拾柴草，寻找水源，独立生存。一位孩子从荒岛归来后，感慨地对老师说："我以前以为我们享受的一切现代化设施都是本来就有的，荒岛的历险才使我明白，人生来两手空空，一切都是劳动创造的。过去老师讲劳动光荣，我们感到很空洞，如今才真正理解了这个词的含义。"

男孩们长大了早晚要离开父母去独自闯一片天地，与其让他们那时面对挫折惶惑无助，不如让他们从小摔摔打打，"穷"出应对人生的能力和本事。家长要做的就是要培养男孩这样一种适应一切压力的能力，让他变得积极进取、有主见、有雄心、理智、自我依靠，只有掌握了这一点，男孩才能掌握自己的人生，才能让他身边的人和他一起享有幸福。

现在的社会，对于精英人士的要求往往越来越高了，男人如果想站有一席之地，不得不面对激烈的竞争。所以，家长从小就要把男孩当成男子汉来培养，优秀的男孩应具有独立的思考能力，具有吃苦的精神，所以家长要从小培养男孩自立、坚强、进取的精神。

首先，要让男孩懂得自立。

告诉男孩，自己的事情要自己负责，在家里，男孩要自己独立打扫房间，清理自己的物品。在学习上，要养成独立思考的好习惯，这样的孩子能独立思考问题，能有主见，为以后的成功打下基础。

其次，家长可以帮助男孩设置一些生活中的障碍。

在生活中，家长可以设置一些挫折，让男孩来面对。可以鼓励男孩参加社会实践，比如卖报纸、参加夏令营等。西方很多国家的男孩在 10 岁以后就到外面打工，锻炼自己，接触社会，培养自己的吃苦精神。

再次，家长可以与男孩一起吃苦。

现在很多家长由于工作繁忙，与男孩的沟通越来越少，造成了父母与孩子之间的代沟越来越大。弥补这个缺陷的最好方法，就是家长要尽可能多和孩子在一起。父母可以与孩子一起参加晨跑，参加体育运动，这样既可以增加与男孩沟通的机会，同样也可让男孩得到锻炼。

"穷养"出上进的男子汉

为何穷人的孩子早当家

中国香港地区现任的特首曾荫权在中学毕业之后考上了中国香港大学，但是他家境贫穷，拿不出学费来供他上学。无奈之下，他只好放弃了去大学读书，到一家药品公司当推销员，小小年纪就尝尽了人生的苦辣。几年之后他考上了公务员，由政府送到哈佛大学深造，攻读博士学位。后来他一步一步走到了今天，有了现在的成就。

从一位推销员到成为一名行政区的特首，这中间需要多少努力才能达到？

也许，这就是"穷人的孩子早当家"的道理，为什么要这样说呢？相信答案只有一个，那就是自强。正因为家境贫穷，他们才会不断地拼搏努力，除了这一条路没有其他的路可以走，是这样的环境迫使他们学会了自强。

当然，穷的含义并不只是家庭经济这一个方面。贫困的意义很广，陷入了困境，都算是一种贫困。常言道："自古英雄出贫贱，纨绔子弟少伟男"，因为在顺境中的人容易受到迷惑，他们往往会贪图享受，不思进取，不知道苦难为何物，所以没有志向。没有进取心的人，又怎么会有成就呢？而身处逆境中的人则不同，他们饱受磨难，一次次与命运和苦难作斗争。人如果没有动力就不知道奋进，这正是处于顺境中的人所不具备的。

现在的社会，工业化、数字化、信息化的进程过快，导致现在的青少年心智成熟较缓慢。也可以说是由于经济基础决定了孩子的心智成熟缓慢。美国的专家做过这方面的研究：20年前美国的青少年心智成熟是在15岁，而现在美国的青少年要到25岁至30岁心智才成熟。为什么会出现这样的倒退呢？很重要的一个原因就是工业化的进程太快，孩子的物质条件太优越，动手机会和实践能力都大大减少了。而穷人家的孩子则不是，他们的生活压力大，要做很多家务劳动和其他事物。所以"穷人的孩子早当家"一说，是有科学道理的。

家长要想让生活在富裕环境中的男孩早一些自强自立，可以鼓励孩子多经受挑战、经受磨炼，以此来促进男孩心智的发育。

对男孩严而有格，严而有度

茅盾5岁那年，父母就商量应该给儿子进行早期的启蒙教育。当时茅盾进的私塾学习气氛不好，父母担心他得不到严格训练，会养成不良习惯，便决定自己教儿子。他们自己找了教材，还根据历史古书编成儿童易懂的歌曲教给孩子，或者是把晦涩的历史文献讲成一个个小故事，由母亲来讲给孩子听。这些早期的家庭教育，对茅盾形象思维的形成起到了重要的作用。

茅盾10岁那年父亲病逝，教导孩子的重任就落在了母亲一个人身上。母亲怕茅盾落下功课，便让茅盾拿课本来自己教他。有时候茅盾在学习上遇到了问题，母亲总是严加管教，毫无情面可言。

茅盾小学毕业，征求母亲的意见，是上师范院校，还是读自己喜欢的工科。虽然母亲独自一人艰辛地抚养着两个孩子，但她还是让茅盾上了工科。

虽然离开了家，但是母亲也没有放松对儿子的管教和关心，茅盾也经常把自己发表的作品或是和弟弟通的信寄回去给母亲看。

茅盾快结婚的时候，母亲担心他和目不识丁的未婚妻在一起没有共同的人生追求，就想帮他把婚事退了，但是茅盾害怕退婚给母亲添麻烦，就想把未婚妻娶过来，让母亲教她识字，于是第二年，母亲就为儿子办了婚事。

　　后来，在茅盾弟弟的教育问题上，母亲也体现出了极大的严而有格、严而有度。茅盾的弟弟在工科学业即将结束的时候受新思想影响，响应革命的需求要东渡日本专心研究政治，但此时离他毕业只有短短的半年时间了。茅盾很反对弟弟的选择，但母亲看小儿子的去意已决，便同意了儿子的要求。

　　茅盾母亲在教育孩子的时候懂得宽严相济，既不一味地强求孩子服从自己的管教，也不纵容孩子不好的习惯，这点值得很多父母好好学习。

　　在我们现在的家庭中，一般情况下男孩和母亲在一起的时间大大多于和父亲相处的时间，母亲在男孩的早期家庭教育中扮演着很重要的角色。可是有的母亲爱子心切，常常过度地溺爱自己的孩子，往往是男孩主宰着家长的一切。

　　儿童教育学家和幼教工作者普遍认为：对孩子应当宽严相济。该严的时候严，父母才能在孩子面前树立起应有的威信；该宽的时候宽，孩子才能够不被束缚，收到良好的教育效果。父母应该怎样对男孩进行家庭教育呢？

　　第一，对男孩宽而有度。

　　对于男孩无理的要求，父母要果断拒绝，比如孩子看到其他小朋友的汽车模型很漂亮，非要让父母也给他买一个；吃饭的时候看到自己喜欢吃的东西就拿到自己面前，不给其他人吃；吵着闹着非要在吃饭的时候吃冰淇淋。家长只要答应了孩子无理的要求，就必然失去了自己的威信。

　　第二，对男孩严而有度。

　　在父母管教过严的家庭环境下长大的孩子，往往性格懦弱、没有主见、遇事慌张。家长过度限制孩子的自由，处处指责，也会影响他们自身各方面能力的提高，限制孩子的发展。

　　第三，对男孩的严加管教要讲究方法。

　　当孩子做错事情的时候，比如逃学、不交作业、打骂同学，父母千万不要一味地打骂孩子，粗鲁的管教方式往往只能收到适得其反的效果。

　　第四，男孩的人格独立平等。

　　在良好的家庭环境中，家长和孩子的人格应保持平等，父母不应该因孩子年纪小而漠视他在家中的地位。平等是营造良好的家庭氛围的前提。父母、子女任何一方的优越感都会对其他家庭成员造成心理压力，使双方产生心理隔阂。

第八章　给钱财，不如教理财
——让男孩做金钱的主人

男孩必知的财富教育

让男孩知道父母的钱来之不易

刘明 13 岁了，刚刚上初中。不久前，他滋生了一种和别的同学比阔气、比花钱大方的思想。比如，学校组织校外参观，他听说有的同学带了 20 元零花钱，就要妈妈给他 30 元；以前，踢足球穿一般的足球鞋就行，现在则嚷着要买名牌球鞋，还说："不少同学穿的是进口名牌，买国产名牌已经是低标准了。"为了他上学方便，家里专门给他买了辆轻便自行车，结果没骑多长时间，他就又缠着要买变速车。

很显然，这是男孩的一种攀比心理。由于缺乏生活经验，很多男孩往往不知道父母的钱是从哪里挣来的，并对父母给予的钱抱有一种无所谓的态度。无形中使男孩变得花钱大手大脚，一点也不知道节约。孩子不知道钱怎么来的，觉得来得很容易，久而久之，乱花钱的行为就会根深蒂固，如果这种行为愈演愈烈，也许真的会有那么一天，你的孩子的生存会因此受到威胁。

出现这种情况，主要是由于孩子不了解家庭收入的来源和支出，很多孩子不知道钱是从哪里来的，以为父母挣钱很容易。有专家曾对小学生做过一个调查，研究发现，只有 20％的孩子知道钱是父母辛辛苦苦挣来的，有很多孩子以为钱就是直接从爸爸妈妈的钱袋里拿出来的。这就导致很多孩子花钱大手大脚，没有节制。

有的家长可能觉得，家人之间算账很伤感情，而且会让孩子变得唯利是图，眼里只有钱。这样的情况是会发生，也很需要父母的正确影响，将重点放在劳动的价值和正确的赞扬上。

父母可以给男孩讲一讲自己工作的辛苦，让男孩感受到挣钱不容易，也能让孩子加深对父母的了解，知道父母每天都在忙些什么。

家长要让男孩明白，财富得来的唯一途径是劳动。靠双手劳动的人，不仅能够依靠自己的力量生活，还能给别人带来快乐，更能从劳动中明白事理，获得更多的成就。

很多男孩对金钱的诱惑缺乏抵抗力，所以树立正确的金钱观对他们来说尤为重要。那么，在家庭教育中如何培养男孩的金钱观念呢？

第一，让男孩懂得钱的价值。

让孩子了解父母的收入来源、开支、储蓄等经济情况，并通过上街购物等机会，做一些物品价格的比较。比如买东西时可以连续逛几家商店，买回物美价廉的商品，然后把省下来的钱给孩子买他向往已久的物品。

第二，让男孩了解家庭的收入和支出。

让他明白要想生活得更好，必须付出辛勤的劳动，将来要靠自己自食其力。父母可以给孩子一些机会，让他们去买菜、交电话费等，使孩子知道家里的钱是怎么花出去的，父母每个月都需要支付哪些开支。这样，孩子有了了解家中"财政"的机会，就会更加懂得钱的重要性。

第三，带男孩去商场、菜市场，让他知道生活成本。

去菜市场买菜时，不妨带着孩子，告诉他各类蔬菜的价格，给他算算一家人一顿饭的成本等。比如，当你和孩子上街时，孩子要买3块钱一个的冰淇淋，这时你不妨告诉他3块钱可以买1斤黄瓜、1斤西红柿、半斤豌豆、3斤小白菜，这些菜一家3口两顿也吃不完。从这样的比较中，他也许会恍然大悟："原来3块钱可以买这么多的菜呀！"当他了解了3块钱在生活中意味着什么，也许会主动对父母说："那我还是别买冰淇淋了吧！买根便宜的冰棍吧！"

通过这些方式，男孩会知道钱是从哪里来的，他会了解钱的来之不易，了解钱在生活中扮演的重要角色。男孩会开始反思自己的消费行为和消费习惯，不会再为满足自己的虚荣心而一味攀比，也就不会再给父母增添沉重的负担了。

家里什么都有，就不知道什么是爱惜

节俭是相对于奢侈而言的，当一个人食不果腹、衣不遮体的时候，就谈不上生活节俭了。现今的绝大部分人，都有能力来过一种节俭的生活。然而，节俭却因为市井小利变成了吝啬。节俭看似简单，实则是一种高尚的生活态度，非纯真富有的心灵不能到达。节俭与吝啬的截然不同在于，节俭是为了避免浪费，而吝啬则单纯是为了积攒更多的财富，吝啬的人心灵太贫穷。

现在有很多男孩，生活在衣食无忧的环境里，即使家庭困难，父母也承担了一切压力，粉饰出"太平盛世"。孩子从来不知道生活的艰辛，花钱大手大脚，吃饭挑肥拣瘦，再完好的衣服也不肯多穿。养成了浪费的习惯之后，父母的反应往往却是，抱怨过后，迁就继续。还有一种观点，认为孩子不能比别的同学差，应该显出富家少爷的派头，所以一味地满足男孩的要求，让男孩的任性和虚荣心越来越深。

"成由勤俭、败由奢"，男孩一掷千金，将来不仅事业难成，日常生活都难以打点。男孩手中的钱来源于父母，从根本上来看，男孩的浪费是父母约束不力造成的。

在商场中发生过这样的一幕：一个男孩拉着父母走进一家服装专卖店，二话没说就上前挑选运动衣。当母亲说他穿的运动衣还很新的时候，他却说再穿就会落伍。旁边的父亲一边掏银行卡一边说："现在不少父母以孩子身穿名牌为荣，认为孩子穿得体面父母脸上也有光，做父母的苦一点不算什么，再苦不能苦孩子。"

有一位母亲曾说："我这一辈子就这样了，不能让孩子也像我这样，看着孩子穿得体面、吃得舒服，我心里高兴。"

看来，要帮助男孩培养节俭意识，首先应该纠正部分家长的教育观念。很多家长对男孩有求必应，是担心有求不应会让男孩受委屈；出于对自己清贫童年的补偿心理，也有很多家长想让孩子能生活得无忧无虑。其实，节俭并不是宗教式的修行，要在压抑欲望和肉体痛苦中超脱，节俭也不是耻辱，让男孩感到委屈和受伤。相反，节俭是对生活的理智态度，也是对自己行为的一种高要求，让男孩明白只有高尚的人才能够做到节俭，男孩不仅不会感到羞愧，而会感到光荣。勤俭节约既是对创造财富的劳动者的尊重，也是对父母的尊敬。

贝多芬曾说，"把美德、善行传给你的孩子们，而不是留下财富，只有这样才能给他们带来幸福"，节俭既是美德也是善行，为了培养男孩勤俭节约的习惯，父母们可以参考以下的建议。

第一，把培养男孩勤俭节约的意识作为塑造良好品德的开端。美学大师朱光潜曾经说过"有钱难买幼时贫"，这并不是让男孩去过"苦行僧"的生活，而是为男孩创造俭朴的家庭环境，让男孩继承中华民族的俭朴美德。

第二，让男孩在小事上养成节约的习惯。生活中处处有培养节约意识的细节，比如爱惜粮食、随手关灯、利用水资源、节约时间等；学习用品是男孩经常打交道的消耗品，也可以从节约文具上入手，不要因为写错一两个字就撕掉一大张纸，不要总是碰断铅笔芯等。

第三，让男孩学会衡量支出。孩子虽然很小，没有太多理财头脑，但是家长也可以将家里的收支情况讲给男孩听，和他一起商量节省又适用的生活小妙方。如果他提出一些建议，一定要支持鼓励，男孩自己也会以身作则。父母要经常给男孩讲勤俭持家的道理，使男孩懂得一粒米、一滴水、一度电都是辛勤劳动得来的，父母供他的衣食住行的所需费用都是费力气挣来的。动之以情，晓之以理，男孩的教育才更加有声色。

不要在男孩面前露富

如今，在男孩中出现攀比心理早已经屡见不鲜。孩子们没有固定的收入，他们用来攀比的钱，都是家长提供的。即便是男孩通过自己的劳动挣了一些钱，将挣来的钱都用在了吃喝穿戴上来显示自己的阔气，也很明显是受到了家长价值观念的影响。所以，出现了这样的问题，家长要负全责。

攀比隐藏着的是一种竞争、好胜的心理成分。男孩在年龄小的时候，缺乏判断是非的标准和自制能力，只知道别人有的他也一定要得到。作为家长，如果一味地满足孩子的攀比欲望，那只会助长男孩的虚荣心。因此家长一旦发现自己的孩子出现攀比的苗头，就要有意识地引导孩子。

现在的中学生里流传着这样的一个穿衣标准：脚上穿的是阿迪达斯、衣服一定是耐克、腰带选择鳄鱼。而一双货真价实的新款阿迪达斯运动鞋，价格通常是在800～1000元之间。为了杜绝学生之间的攀比现象，学校也都主张学生平时穿校服。但是，学生之间那种"吃要美味、穿要名牌、玩要高档"的奢侈之风依然弥漫在校园。

有位同学就这样说："学校平时要求我们穿校服，所以只有穿一双比较高档的鞋子才能显示出我的个性。班上的同学对鞋子都很讲究，谁穿上名牌，谁穿上新款，马上就会成为班上谈论的话题。我们班上40多个同学，大家几乎都有耐克、阿迪等名牌鞋子，有的甚至都有四五双。如果有谁不穿名牌，就会觉得很没有面子。"

诚然，现在的家庭生活条件提高了，在家庭条件允许的范围内，家长给孩子在物质上以最好的供应，这本身无可厚非。但是，如果一味地攀比就没有必要了。有的父母本身就喜欢把金钱、名车、豪宅看作是成功与否的标准，而男孩的心理尚未成熟，他的辨别能力很差，他的价值观也是取决于父母。父母是孩子的一面镜子，是孩子人生的第一位老师，日常的言行举止和价值取向都对男孩有着很大的影响。作为家长应该首先要给男孩树立一个好的榜样，正确引导男孩的消费观和价值观。如果家庭条件允许，孩子完全可以穿名牌。如果家庭的条件不允许，绝对要对孩子的攀比行为加以干涉，以免产生不良后果。

现在流行"男孩穷着养，女孩富着养"的说法，这种说法不能片面地理解成"穷"与"富"的概念。穷与富的内涵，是一种对于不同性别的孩子进行的不同的教育方法，在教育内容上有所侧重，因此富与穷包含着不同于金钱的意义。穷养男孩，是对我们自身期望的一种投资，是对男孩的人生决策、职业发展有关的投资。"穷"养出应对人生的能力和本事，"穷"养出他的积极、主见、雄心、理智、自我依靠。

美国前总统西奥多·罗斯福的大儿子20岁时去欧洲旅行，一个多月的时间他把自己所带的路费差不多花光了，临行前他遇到了一匹非常好的马，正好它的主人要卖掉它。他太爱这匹马了，就把自己最后的一点路费拿出来买下了这匹马。然后他打电报让父亲寄点路费让他回家。罗斯福给他回了一封电报说："你和你的马游泳回来吧！"儿子只好又卖掉了马。罗斯福反对男孩依靠父母生活。他希望自己的儿子能凭自己的本事自食其力。

罗斯福总统训练男孩独立的方法则可以称为"穷养"。罗斯福贵为总统却不肯为儿子路费，中国现今的大中城市却出现了一批批的"啃老族"。他们并非找不到工作，而是主动放弃了就业的机会，赋闲在家，不仅衣食住行全靠父母，而且花销往往不菲。这种教育方式和罗斯福的教子方式大相径庭。"啃老族"的出现让我们不禁想到中国的那句老话"富不过三代"。

富不过三代的背后到底隐藏着怎样的意义呢？中国台湾"塑胶大王"王永庆给出了答案。

王永庆常常用"富不过三代"自勉，也用其教育子女。

他认为"富不过三代"是因为后代不能继续吃苦，缺乏危机感，而且过分追求享乐，把前人的家业都挥霍掉了。王永庆分析了三代人的特征，他认为：

第一代人，不怕困难，不怕吃苦，踏踏实实，克服一切困难，最后取得了成功。

第二代人，虽然没有经历创业的艰辛，但深受父辈的影响，还能够勤于自勉，努力工作，但是跟第一代人比起来，用功和吃苦的程度已经大大降低了。

第三代人，创业的艰辛对于他们来说已经是很久远的事了，他们没吃过苦，也不知道什么是吃苦，认为今天得到的一切是理所当然的。因而随意挥霍，不知珍惜，长久下去，自然家境衰败。

"富不过三代"的谚语告诉人们，再富也要穷孩子，在竞争激烈的现代社会里，要让男孩知道，富裕的生活是要靠自己的双手成就的，不能让孩子以为父母已经提供了一个衣食无忧的环境，不需要自己奋斗。在富裕的家庭里，不在男孩面前露富很重要。

给男孩树立正确的金钱观

现实生活中，许多人或者是因为不满足，或者是因钱而导致朋友之间的纠纷、感情的背离，或是因为钱已够多而失去了目标。总之，他们对钱又爱又恨，没有钱烦恼，有了钱不一定就会得到快乐。

在如何对待金钱的问题上，经常有两种极端的做法。有些人只认钱、不认人，他们的唯一目标就是金钱，金钱成了支配他们生活的最重要的因素。

还有另外一个极端，这是一些在任何情况下都绝不希望成为守财奴的人士。只要可能，他们总是避免和金钱发生关系。他们把其他事物置于铜臭之上，例如人与人之间的关系、家庭、健康、精神生活、温情等，这种类型的人总是尽量回避"金钱"这个题目。

这两种做法都过于极端。家长必须向孩子明确，金钱到底有多么重要，教会孩子学会把金钱变成生活中的助手。

生活中，一些男孩要么花钱毫无节制，如流水一般；要么小气吝啬，如一只"铁公鸡"。

吝啬的人是金钱的奴隶，而不是主人。对这类人来说，唯有金钱、财物才是最为重要的。为钱而钱，为财而财，敛钱、敛财是这类人的最大嗜好，也是他们人生的最大目的。他们的生活公式是：挣钱、存钱、再挣钱、再存钱……他们的最大乐趣是"数钱"：今天比昨天多了多少，明天比今天还会多多少；他们的哲学是：多了还要多，永远不会有满足的时候。

吝啬的人一般都不懂人与人的感情。他们不懂得亲情，不懂得友谊，不懂得人与人之间的感情，若是有的话，也要以金钱的标准去衡量。一般的处世原则是认钱不认人。即使是家人，也始终毫不含糊，"账"总是算得清清的，为了金钱有的人甚至达到了"六亲不认"的程度。

吝啬的人一般都是自私的、贪婪的。这类人总是嫌自己发财速度太慢，总想不劳多获。

吝啬贪婪者金钱、财富都不缺，然而其灵魂、其精神却是在日趋贫穷。

吝啬果真能给吝啬者带来愉快吗？不能。其实吝啬者的生活是最不安宁的，他们整天忙着挣钱，最担心丢钱，唯恐盗贼将他的金钱全部偷走，唯恐一场大火将其财产全部吞噬掉，唯恐自己的亲人将它全部挥霍掉，因而整天提心吊胆，坐立不安，永远不会是愉快的。吝啬者"小气"、心胸狭窄，在他们身上很少体现"亲情"二字，所以其内心世界是极其孤独的。尤其是当他们有难的时候（譬如在病中），他们才会感到缺少感情支持的悲怆，才会感到因为吝啬而失去的东西实在太多，才会充分感觉到金钱的真正无能。

富勒一心想成为千万富翁，而且他也有这个本事。多年打拼之后，他拥有了一幢豪宅，一间湖上小木屋，几千亩地产，以及快艇和豪华汽车。

但问题也来了：他工作得很辛苦，常感到胸痛，而且他也疏远了妻子和两个孩子。他的财富在不断增加，他的婚姻和家庭却岌岌可危。

一天在办公室，富勒心脏病突发，而他的妻子在这之前刚刚宣布打算离开他。他开始意识到自己对财富的追求已经耗费了所有他真正珍惜的东西。他打电话给妻子，要求见一面。当他们见面时，他们热泪滚滚。他们决定消除掉破坏他们生活的东西——他的生意和物质财富。

他们卖掉了所有的东西，包括公司、房子、游艇，然后把所得收入捐给了教堂、学校和慈善机构。他的朋友都认为他疯了，但富勒从没感到比此时更清醒过。

接下来，富勒和妻子开始投身于一桩伟大的事业——为美国和世界其他地方的无家可归的贫民修建"人类家园"。他们的想法非常单纯："每个在晚上困乏的人至少应该有一个简单而体面，并且能支付得起的地方，用来休息。"美国前总统卡特夫妇也热情地支持他们，穿上工装裤来为"人类家园"劳动。富勒曾有的目标是拥有1000万美元家产，而现在，他的目标是为1000万人、甚至更多人建设家园。目前，"人类家园"已在全世界建造了6万多套房子，为超过30万人提供了住房。富勒曾为财富所困，几乎成为财富的奴隶，差点儿被财富夺走他的妻子和健康；而现在，他是财富的主人，他和妻子自愿放弃了自己的财产，而去为人类的幸福工作，他自认为是世界上最富有的人。

由此可见，善用金钱，我们才能获得幸福和宁静。家长要帮助男孩树立正确的金钱观念：

1. 珍惜每一分钱，将它用在需要的地方。大手大脚、挥霍浪费只会损害你的将来。

2. 既不回避、鄙夷金钱，也不贪婪、吝啬，应保持平常之心。

3. 成为罪恶之源，还是人生的好帮手，钱的作用就取决于你的驾驭之法。

学习理财要趁早

要为花钱制订计划

很多人经常为怎样赚钱而发愁，其实，花钱也是一门学问。如果能够为自己的开支制订合理的计划，日积月累，你会发现你的钱开始"变"多了。

个人收支计划是指对个人收入、支出和储蓄的事先性安排，它是通过制订相应计划实现的。计划科学，就会使日子过得井井有条、幸福美满，并将会有大量的节余；否则，花钱无度，随意性大，不到月尾钱就花光了，总觉手头紧，甚至可能出现较大的亏空。

因此，家长要教会男孩为自己的开支定计划，只买需要的东西，以避免不必要的浪费。

乐乐的爸爸妈妈从他开始上学，就经常给他一些零用钱，有时几毛，有时几块。乐乐往往会立刻用这些钱买自己喜欢的东西，见到什么就买什么，别的同学买什么就跟着买什么。钱花完了，再找爸爸妈妈要。爸爸妈妈也从来没有拒绝过。结果，乐乐的钱越花越多，越花越没有节制。

快过年了，家里做大扫除。妈妈在乐乐的抽屉里、床底下、书柜上发现了一堆"破烂儿"，十几张打了卷儿的卡通画、好几支相同的玩具枪、各种造型的塑料人，还有几个吓人的骷髅……看着这些东西，乐乐自己也奇怪：这些都是我买的吗？怎么一件也不喜欢了呢？细细算来，不到一年的工夫，花在这些"破烂儿"上的钱足足有几百块！乐乐后悔不已。

爸爸妈妈在这时才意识到，从来就没有对乐乐零花钱的使用有任何要求，平时也不清楚孩子要钱都干了些什么。

因为爸爸妈妈没有对乐乐的零用钱的使用进行任何规定，乐乐也没有对自己的消费制订计划，才买了许多自己都不是很喜欢的东西，浪费了很多钱。如果当初他能够为花钱制订计划，每月花多少钱，用来买什么东西都规定好，不该买的东西不买，不该花的钱不花，可以节省下许多钱，这些钱可以用来买书、本、笔等学习用品，不是更有价值、更有意义吗？

有的男孩认为自己家里有钱就随便花，但这些钱是父母的辛苦劳动所得。不论一个人多么富有，都应该根据自己的需要来消费，那些"不买最好，只

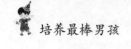

买最贵"的人会沾染上奢侈浪费的习气。

一个哲学家应邀去参观朋友富丽堂皇的新居。当他走进宽敞漂亮的客厅时，他问朋友为什么把房间搞得这么大，那个富有的朋友说："因为我支付得起。"

然后，他们又走进一间可容纳60人的大厅，哲学家又问朋友："为什么要这么大？"这个人再次说："因为我支付得起。"最后，哲学家愤怒地转向朋友说："你为什么戴这么一顶小帽子？你为什么不戴一顶比你的脑袋大10倍的帽子？你也支付得起呀！"

由于这类奢侈和浪费，人们将会变得贫困，而被迫向那些曾为他们所不屑的人借债，而最初贫穷的人则会通过勤劳与节俭赢得地位。显然，一个站立的农夫要比一个跪下的绅士高大。

父母要让男孩了解这样一个道理，一旦买了一件漂亮的物品，还会去买10件，然后便一发而不可收。如果我们不能压住我们的第一个愿望，那么随之而来的愿望就无法满足。如果穷者模仿富者，那是不明智的，如同青蛙要把自己胀得像牛一般大。

学会花钱，也是致富的一个必要条件。世界上最会赚钱的人，无一不是最会花钱的人。小气，并不是讽刺，这是有钱人的看家本领。精打细算，不乱花钱，是富翁的真正风度。

然而，在我们的生活中，还会发现另外一种现象：越是没钱的人，越爱装阔。这似乎是个心理问题，因为大多没钱的人容易产生抗拒心理，他们内心常在交战："难道我只能买这种便宜货吗？"自怜便油然而生，顾虑到别人的眼光会感到更加不安。所以当他们面对一件商品时，往往考虑虚荣要比考虑价格的时候多，没钱的自卑感像魔鬼一样缠得他们犹豫不决，最终屈服于虚荣，勉强买下自己能力所不能及的东西。于是，社会中有了一种怪现象，越穷的人，越不喜欢廉价品。仔细想想，有时候穷人的虚荣心总比富人强，他们会因为乱花钱而永远无法存钱。

年轻人往往是最爱慕虚荣的。一个刚赚了一点钱的小伙子，却非要常去高级餐馆，进高级酒店；有些只租得起一个小房间的年轻人，却非要倾其所有买一部汽车。试想，这样的年轻人又怎能不穷呢？越穷越装阔，越装阔越穷，形成了一个跳不出贫穷的恶性循环。

不能有计划地合理消费，会将自己的财富过早地耗尽，陷入穷困潦倒甚至举债的境地。

"量入为出"，计划用钱，是从小就要培养的好行为。男孩可以依据自己的需要和家庭负担的能力，确定每月可以由自己支配的钱数（数目要恰当，不宜太多），同时和父母一起制订开支计划，和父母约定，自己按计划开支，节约下来的钱也可以归自己。这样，男孩有自己支配的资金，满足了他的经济需要，也满足了他要求自立的心理需要。因为钱是"自己"的，数目是有限的，所以男孩就能够自觉控制自己的开支，并能有效地改正乱花钱的毛病。

理财训练要从小做起

在竞争日趋激烈的社会环境中，金钱观和理财能力是不可忽视的基本素质。要想让男孩学会为自己的未来投资，就要对男孩的花钱行为进行一些必要的约束，从小进行理财训练，将提高男孩对社会的适应能力和竞争能力。

一位心理学家曾经对 100 名学前和小学儿童进行调查，询问他们钱是从哪里来的，结果得到三个答案：大部分孩子认为，钱是从爸爸的口袋里拿出来的，或是银行送给他们的，只有 20％的孩子说，钱是工作挣回来的。

从理财能力的角度看，处于少儿时期的男孩呈现出如下几个突出特征：一是不具备固定的收入；二是不具备成熟的金钱和经济方面的意识；三是不具备熟练的理财能力；四是具有强烈的消费要求和欲望。这几个方面的特征导致男孩在理财方面极易出现种种错误，这些错误直接影响他们的成长、发展和前途。

为自己的未来投资首先是建立在如何理财的基础上的。从小就对男孩进行理财训练，帮助孩子养成理财习惯，有更多的好处。像学习其他东西一样，男孩学习理财也需要不断尝试和失败，才能走上成功之路。

从小进行理财训练，可以教给男孩正确的理财观念，帮助孩子减少无谓的花费，避免陷入债务危机，甚至可以避免孩子走上违法犯罪的道路。再者，孩子一旦了解了理财投资方面的知识后，便会明白世上没有免费的午餐，长大后就不会轻易受骗而相信那些少投资、多回报的骗局，从而减少被骗的机会。总之从小进行理财训练，将会使一个人终身受益。在市场经济和商品社会中，一个人的理财能力直接关系到他一生的事业成功和家庭幸福。进行理财训练，将有助于培养男孩独立生活的能力，树立正确的道德和劳动观念，让男孩知道勤奋努力与金钱之间的关系，激发男孩工作的欲望和社会责任感。

那么我们应该怎样教育男孩正确地理财呢？

要想在这充满诱惑的花花世界中学会为自己的未来投资，最好的办法就是严格按照财务计划花钱。一个有力得当的财务计划，能够使男孩清楚地认识到自己当前的财务状况，以此来把握金钱流向并做出消费决定，以达到控制金钱的目的。

让男孩坚持每天记账，这样便可知道每个月的金钱流向。按照消费记录，建立计划，决定该买物品的具体钱数，然后严格按计划执行，并要求男孩随时查看他的计划，如果他有别的需要，及早进行更正。月底评估执行计划的成果。教会男孩在计划与实际花销的对比中，积累经验教训。长期下来，你就会发现男孩改变了许多，他可以量入为出甚至游刃有余了。在计划之余，最好准备一部分钱让孩子自由支配，以便让他们学会如何在花钱时做出正确的选择。

会理财的人让金钱为自己服务

提到金钱，有人视之为万能之药，也有人视之为万恶之源。毕业于哈佛的文学家詹姆斯说："人类的一切罪恶不是源于金钱，而是源于人们对金钱的态度。"金钱本身并没有罪过，它只是人们谋生的手段，是交易的中介，而绝不应该成为人的主宰。占据大量的金钱，不代表你一定幸福，也不能代表你活得就有价值。而真正能够让自己活得自在、安宁的方法是善用金钱，让金钱为自己的幸福铺路。

男孩们只有树立正确的金钱观，不让钱财遮住自己的眼睛，合理利用手边的金钱，才能让自己收获真正的幸福。但男孩们理财的现状却令人担忧。

据一项调查显示，上海 92.8% 的青少年存在乱消费、高消费的现象，具体表现为花钱大手大脚、盲目攀比，消费呈成人化趋势；93% 的学生缺乏现代城市生活经常触及的基本经济、金融常识，甚至不清楚银行信用卡的服务功能，不知道银行存款的利率，等等。类似问题在其他城市也比较突出。这反映出青少年的理财观念尚未形成、理财能力不强等诸多问题。一位专家说："理财应从 3 岁开始。"理财并非生财，它是指善用钱财，使个人的财务状况处于最佳状态，从而提高生活品质。生活中，青少年在理财方面最容易犯以下这些错误：

1. 如果手中有几百元，他们就觉得富裕了。
2. 储蓄对他们来讲并不重要。
3. 花掉的要比储蓄的多。
4. 只能节省一点购买小件商品的钱。
5. 认为钱的能量并不很大，而且没有多少潜力可挖。
6. 花钱从来不做计划。
7. 不能正确地使用活期存款账户。
8. 不恰当地使用信用卡。
9. 从不了解钱的时效价值。

10. 现在享用，以后付钱。大多数青少年对钱的认识不够，没有忧患意识，眼前只知享受，认为以后会由父母把钱送到自己手上。

11. 没把钱当回事。不少青少年总以为家长有的是钱，每天都能有大数目的零花钱，所以买东西从不考虑价格。

12. 买东西时，把身上的钱花个精光。

13. 向广告看齐。许多青少年的早餐，不是"好吃看得见"的方便面，就是"口服心服"的八宝粥，他们不论是吃的还是用的都向广告看齐。

14. 向大人看齐。看见大人们经常泡桑拿、吃麦当劳，他们感到一种气派，于是心生羡慕，也学着进行高消费。

15. 向明星看齐。据一家美容店老板介绍，她曾遇到不少崇拜明星的中学生来美容理发，还常常甩出 100 元的人民币。

16. 许多青少年在钱花掉之前，已经有过数次的购买欲望。

17. 买了许多东西，但很少有令他们长期满意的。

18. 滥用别人的钱。

19. 只在花钱时他们才有满足感。

在美国石油大亨洛克菲勒给儿子写的一封信中有这样几句话：

"有一点你要记住，财富不是指人能赚多少钱，而是你赚的钱能够让你过得有多好。""不懂得控制开销的重要性，就必须付出很大的代价。""控制开销不能让你一夜之间或一年之内致富，但它所构建的是你未来的财富。"

理财要做到心中有数，要学会记账，明白家庭里的开销和支出情况，规划自己的理财目标、计划等。不少男孩由于在中小学时对理财所知甚少，等到他们步入大学的校门，理财能力的匮乏依然不能让家长放心。

男孩们可以借鉴以下做法，当一个理财好手：

1. 学习储蓄基本原则，配置自己的零花钱。可以将钱分成三份，第一份的钱用于购买日常必需品；第二份的钱用于短期储蓄，为购买较为贵重的物品积攒资金；第三份的钱作为长期存款放在银行里。

2. 减少开支。花钱应懂得克制，根据自己的家庭环境来考虑自己的消费水平，并向父母申请一定的日常零花钱。

3. 准备一个理财本，学会定期整理，做到收支平衡。

4. 与父母一起筹划家庭的金钱计划。例如假设家里要过一个重要的节日，怎么在有限的时间内安排，哪些东西是必须买的，哪些东西是次要的，该花多少钱，怎么购买。并自己设计一张预算表，从中引导自己规范花钱的方向及适度使用钱财。

英国戏剧家萧伯纳曾经说过："其实赚一亿并不难，难的是让理财方式适

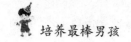

合自己。"确实，赚一亿并不难，难的是学会一种适合自己的理财方式。

金钱会伴随人的一生，而成功理财能力的获得将会让人终生收益。因此，父母应让男孩学着从支配自己的零花钱开始，培养自己的理财能力，这样才能做一个明明白白消费的人。

天下没有白来的钱

父母要让孩子明白，钱不是平白无故就可以得到的，赚钱是需要动脑筋才能够完成的事情。美国的父母在对孩子的金钱教育方面总是有一套自己的方式，他们不允许孩子在需要钱的时候只会伸手找父母要，而是要求孩子通过自己的能力去换得金钱。

美国人无疑是富有的。然而，美国人的富有与他们的勤奋和付出是分不开的。美国的总人口数为世界的 6%，但是生产力总值为世界的 30%。美国工人的生产效率在全世界排名第一。美国的白领阶层虽然富有，但是生活并不悠闲，外出休假如果不随身携带笔记本将是不可想象的事情。一般而言，美国高收入者的工作时间要多于低收入者的工作时间。

成功的美国父母一般对金钱的认识都颇有一番心得，因为他们明白赚钱是需要通过动脑筋来完成的事情。在对待下一代的金钱教育方面，美国的父母们也有着很独特的一套思路，可供中国家长们借鉴：

第一，尽量省钱不如尽量赚钱。

美国十大财团之一的摩根财团的创始人摩根当年是靠开杂货店起家的。在他发家之后，对子女的教育极其严格，比如规定孩子们每月必须通过干家务劳动来获得零花钱。

他最小的孩子托马斯因为不干活，所以经常得不到零花钱，生活非常节省。老摩根看到他这样之后就告诉他说："你用不着在钱的方面节省，而是应该想着怎样才能多干些活来多挣一些零花钱。"后来托马斯变得非常勤劳，并且想出了很多新的家务劳动项目而"广开财源"，零花钱渐渐地多了起来。

摩根意在教育孩子们，在理财中开源比节流更加重要。

第二，节省不是理财的最好方法。

美国波音公司的创始人波音对他的子女说："旧的不去，新的不来。如果你们有买东西的欲望，就有了拼命工作的动力，反而能刺激你们去创造更多的财富。"

第三，用珍惜的态度对待金钱。

美国洛克菲勒财团的约翰·洛克菲勒在 16 岁的时候决心自己创业，开始研究如何致富，但总是百思不得其解。一天他在报纸上看到了一则广告，宣称有发财的秘诀，他急匆匆地想去了解，结果发现答案便是"把你所有的钱都当作是辛苦钱"。他很感慨，并且要求子孙后代要牢牢记住，花钱的时候要有计划，精打细算。

钱如果来得比较容易就不太容易去珍惜，如果是自己辛苦赚到的钱，就会觉得很珍贵，便会懂得珍惜。

第四，引导孩子学会投资。

瑞安要求得到一台割草机作为生日礼物，结果妈妈就给他买了一台。那年的暑假，瑞安通过替人割草赚来了400美元。他的父亲帕特里克建议儿子用这些钱做点投资，于是瑞安决定买耐克公司的股票，并且从此对股市产生了兴趣。而父亲也感到很欣慰，毕竟这些股票不像是过完节就扔掉的玩具，从中得到的投资经验将伴随瑞安一生。

第五，积攒财富很重要。

当孩子懂得正确看待金钱的时候就会具备一些容易成功的素质：比如把钱节省下来，节制眼前的享乐，有长远的打算，懂得用钱来生钱，等等。

理财教育，重在抓生活细节

金钱奖励不如精神奖励

"乖孩子，只要你这次考试成绩排在班级前五名，就奖励一台数码相机。"

"宝贝儿子在家里不要吵，妈妈回来之后就给你带好吃的东西。"

"把厨房里的碗都刷干净了吧，回来之后给你2元钱作为奖励。"

……

用钱来鼓励男孩的做法，实在是弊大于利。男孩会误认为金钱是万能的，而且会产生对金钱的盲目崇拜。所以经常用金钱奖励孩子，其实最终只能危害子女。

反思一下自己，是否也有这样的教育习惯？

物质奖励无形中会让男孩养成奢侈习气，不爱惜物品，不懂得珍惜他人的劳动，甚至养成"高消费"的习惯和攀比心理，这些都将成为培养孩子朴素、关心他人等优秀品质的巨大障碍。孩子的成长离不开物质奖励，更离不开精神奖励，两者相辅相成，才能保证身心的和谐发展。

亲子关系不是商业交易，这种教育孩子用金钱换取亲子间互助与关怀的方法，最终会导致孩子们想要零花钱时就要求"爸爸，我给你捶捶肩吧"这种强卖行为，尤其对于家务，切忌用金钱承包的做法。

此外，有些父母还喜欢用金钱来奖励孩子努力学习，它会使孩子渐渐忘记了学习真正的乐趣。

奖励孩子的原则应是精神奖励重于物质奖励，否则易造成"为钱而怎么做""为父母而怎么做"的心态。公司老板如果希望自己的职员努力工作，就不要给予职员太多的物质奖励，而要让职员认为他自己勤奋、上进，喜欢这份工作，喜欢这家公司；父母如果希望孩子努力学习，建立良好品质，也不能用金钱去奖励孩子的好成绩，而要让孩子觉得自己喜欢学习，学习是有趣的事。

由此，我们不难得出这样的结论，作为一种表扬形式，应该以物质奖励为辅，精神奖励为主，两种奖励结合使用，才能使孩子养成好习惯。

在目前的家庭教育中，利用物质刺激，忽视精神奖励的情况已经不稀奇了。

每当孩子考试得了高分，或考取了重点中学，家长就不惜大花一笔作为奖励。作为奖励，有的家长给孩子买来电脑，孩子如愿以偿了，以后的学习就放松了，甚至后来孩子只是玩电脑、玩游戏、上网，作业都不做，成绩很快就下降了。直到此时家长才意识到：用买电脑来刺激孩子学习的方法欠妥。

实际上，这种滥用物质奖励来"激励"孩子学习的方法，很难收到效果，有时还会适得其反。在奖励的问题上，恰如其分的物质奖励是必要的，但只有和精神奖励结合起来，才会真正促进孩子向正确的方向发展。物质奖励对孩子只是一种刺激，而精神奖励才是促进孩子努力进取的动力。因此千万别因孩子一时取得了好成绩，家长头脑一热就滥用物质刺激，这样极易导致孩子不重视学习的精神所得，或使孩子学习动机不纯。

在男孩成长的过程中，父母的鼓励和认同是不可或缺的。但要注意的是，这种奖励必须是纯洁的，着力于精神的，有益于心灵的，而不是沾满铜臭味的。

现代社会，许多东西都能够用金钱来衡量，这并非坏事。但是如果为了让男孩进步，就总是拿着金钱去刺激他，却未必妥当。

总是想着在物质上满足孩子，不如想一想，如何从精神上来补给孩子、奖励孩子。精神上的奖赏，也许只是一句话、一段文字，却能让他久久回味。可以说是一件"一本万利"的事情，也是最经济的奖励。

帮男孩学会花钱

父母应适时地让男孩了解家庭的收入，提醒他不要和别人攀比，要想生活得更好，必须付出艰辛的劳动，未来要靠自己自食其力。尽管男孩不必了解家庭经济的具体状况，但是家庭经济所能承受的最大压力是他应当了解的。父母毕竟不是"银行"。当他了解家庭的真实经济状况后，他会学会节俭，学会理智地考虑哪些东西是非买不可的，哪些东西又是不买也行的。

"妈妈，我能否拥有一架钢琴？"

"孩子，咱们家没那么多闲钱，再等等吧。"

男孩听了妈妈的话，他得到的信息是：家里没钱时，可以省着；有钱了，就可以买。

于是当这个家庭有钱之后，男孩便开始大手大脚花钱了。最终，这位妈妈很无奈，她对自己当年对孩子的节俭教育感到困惑不解。其实这位妈妈的初衷是好的，可是给孩子传递了错误的信息。在这种与男孩的对话技巧上，可以借鉴另一位妈妈的说法：

"妈妈，我能暂时用您的钱买一架钢琴吗？"

"可以，但你觉得买了钢琴，你会弹奏吗？再说钢琴价格也很贵啊！"

孩子从这位妈妈话中得到的信息是：钢琴对我来说真的那么重要吗？价格也不菲，我是否真的需要它呢？如果这个孩子经过分析，发现钢琴对他来说，并不是那么有用，他会考虑不买或暂时不买。

该花的钱，就不应该吝啬；不该添置的东西，也不要让金钱白白打了水漂。在这一点上，犹太人的做法尤为出色。在长期的颠沛流离中犹太人认识到，在社会中没有钱是可怜的人，所以要拼命地赚钱。他们会尽量过得幸福开心，注重享受，喜欢在装潢考究的饭店里吃饭，十分惬意。即便如此，犹太人从来都不会挥霍金钱，反而更加注重节俭。享受但不是奢靡，节俭但是不吝啬，这就是犹太人的花钱状态，他们在对孩子进行教育的时候，同样灌输了这样的花钱理念，值得中国的家长参考：

1. 坚决不吸烟。吸烟不仅危害身体健康，也会危害到财务"健康"。如果一个"小烟民"每天抽 3 美元，并且如果烟的价格每年上涨 5％ 的话，那么当你老了的时候，会花费掉四十多万美元，并且身体会受到严重伤害。

2. 不要再吃那些垃圾食品。如果从 15 岁开始，每天少花 1 美元，那么到退休时，你将会获得一笔可观的收入。

3. 至少一周带一次便当上学或去公司。这样一周节约 4 美元，一年可省 200 多美元，再过些年，便可以创造出将近 20 万的结余。

4. 常在家里吃大餐。如果按每周一次大餐，每吃一次，至少可以节约一半的费用。比如，你在外面吃花 50 美元，而在家做仅仅需要 25 美元。

5. 注意身体健康。身心健康与财富息息相关，如果身体垮了，创造再多的财富也是白搭。一个好的身体可以使人去赚取更多的金钱。

6. 关于房子与车。对于年经大一些的犹太孩子，父母会告诫他们买房子，不要租房子，还可以靠买来的房子创造租房的利润。购买汽车的时候，要买便宜一些的，开的时间长一些的，而不要去买那些不实用的。

对比犹太人的这些建议，我们可能会发现这样的问题，精明的犹太人虽然很会花钱享乐，但如果他们认为有些是不必要的花费，他们是断然不会掏出钱包的。

我们在教育男孩的时候，也可以借鉴犹太人的经验，别说"现在没钱，等有钱了再买""咱家穷，以后吧"之类的话，这样非常容易使男孩在家里有钱时，开始大手大脚地花费。父母最好让男孩考虑有没有买的必要，来强化他的金钱概念。

零花钱：尊重所有权，干涉使用权

有些父母担心给男孩零用钱会让他们养成浪费的习惯，或拿去做不正当的事情，不但影响功课，而且会使他们走入歧途，造成一生的遗憾。因此，对给零用钱一事父母应十分慎重。事实上，在男孩的成长过程中，金钱的运用是一项很重要的社会学习，它深深影响着男孩一生的人际关系与人格、心理的发展，无论采取过度限制还是过度放任的做法，都是不妥当的。给孩子零用钱，并非只为了满足他们的需要，而是要教会孩子理财以养成良好的理财习惯，而且这类教育宜早不宜迟。受到良好金钱观教育的孩子长大成人后才能对金钱抱持正常的心态，也才能处理好与金钱的关系。

那么管好零用钱，是培养男孩理财能力的一个很重要的细节教育。

零用钱要给得适当。一是数额要适当，要根据家庭经济状况和孩子的合理需要统筹考虑。一般以够支付孩子合理的开支为限，不宜多给，也不宜少给。多给，容易养成孩子大手大脚的习惯，使孩子不知钱来之不易，不珍惜父母用血汗换来的钱；少给，不能满足孩子正常合理的需要，弄得不好，还可能引发孩子私自拿钱或偷窃的行为。

二是时间要适宜。零用钱可以选在一个有纪念意义的日子开始给，如孩子上学的第一天等，告诉孩子这笔钱的用处，并使他懂得自己在家庭中的地位和责任，之后可以定期发给。根据孩子的年龄，不同阶段的零用钱发给的数目与时间可以不同。

三是特殊情况特殊对待。如果遇到孩子有集体活动，比如参观游园等，可以适量额外给男孩一些钱，鼓励他参加集体活动。

妥善处理男孩的压岁钱

过年给压岁钱是中国的传统习俗，长辈借此向晚辈表达关爱，现在更成为孩子们过年过节的重要"精神动力"。过年的时候，孩子们最高兴的事情之一就是收到许多压岁钱，兜里装着各种各样的红包，心里乐开了花。

今年马林的压岁钱也是"大丰收"，往年的压岁钱都是全部"上交"给妈妈，现在自己上初中了，是不是应该自己保管并支配自己的压岁钱呢？马林决定和妈妈好好"协商"这件事。

妈妈笑道："嗯，可以。不过，你打算怎么支配这笔钱呢？"马林想了想，回答："我把四分之三的钱存起来，剩下的钱买些书。这样可以吗？"

妈妈很赞赏马林的计划，就放心让马林支配自己的零花钱了。

马林对压岁钱的分配还停留在储蓄和买书的阶段，是非常规矩的选择。其实孩子也可以用压岁钱自助游，或者买一辆单车，或者报一个自己感兴趣的业余学习班……孩子的想法有很多，家长不一定能察觉。当他拿到压岁钱的时候，正是展示自己想法的时候，家长正好可以借此机会了解孩子的愿望。不论是好是坏，都会有很多收获。

庆幸的是，绝大部分男孩都有支配欲望，并且坚持压岁钱是属于自己的私人财产的观点，"神圣不可侵犯"。但是，面对想要花钱的男孩，家长分为两类：绝对没收型和绝对放任型，大部分家长属于前者，认为孩子的压岁钱是大人之间的人情，因此应该收回；或者担心孩子挥霍，就不给他花钱的机会，不管孩子的计划怎样合理，都弃之不顾，要求孩子按照自己的安排生活。也有一部分家长持西方的"民主"观念，任由男孩自己安排，完全不闻不问。等到孩子将钱花在不合适的地方后，才大发雷霆，但为时已晚。

男孩的世界是简单的，所以生活得无忧无虑。面对亲友送给男孩的压岁钱，家长不妨将它理解成长辈对孩子的关照，让这份钱成为简单美好的礼物，带着爱意走向孩子。既然压岁钱是给孩子的，就该让男孩自己保管，如果丢失了，孩子也能吸取教训。

将钱交给男孩后，家长还有后续工作要完成，那就是与男孩交流，倾听他们的心声，并协助孩子做一个财务计划表，监督孩子执行、评价和总结。

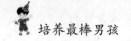

相信在坦诚的沟通中，男孩会听取家长的意见，也会渐渐懂得花钱的学问。

树立正确的财富观

养成勤俭节约的好习惯

罗素·塞奇说："每一个年轻人都应该知道，除非他养成节俭的习惯，否则他将永远不能积聚财富。"

可在奢靡之风渐盛的今天，勤俭节约的观念被一些人抛到了脑后，在那些人眼里，家境贫寒者节俭，被讥笑为"穷酸"；家境富有者节俭，被讥笑为"守财奴"；高居官位者节俭，被讥笑为"傻子"。

有一所小学，捡拾的物品堆满了一间屋子，大至皮夹克，小至铅笔、橡皮，这些都是半新或全新的东西。学校多次广播，要求孩子们去认领，却没有人去。一次家长会上，校领导讲了这件事，说再不认领就处理给废品收购站了，也只有几个家长带着孩子去认领。有个孩子说："我们要新的东西，这种都是被淘汰的，我们自己丢弃的，自然不会去认领。"

随着社会的发展和时代的进步，人们生活水平不断提高，消费观念也在不断改变。在物质产品日益丰富的今天，"食无求饱，居无求安"的传统观念已逐步退出历史舞台，消费至上、享受第一的思想观念渐渐粉墨登场。

有人说，勤俭节约的观念已经过时了，但是我们应该看到，汹涌而至的消费浪潮，使人们的视线都集中到享乐上，因此不劳而获的事情就不断地发生。人一旦沉迷于这种生活方式，就会愈加贪婪，攀比、从众、追时髦、喜新厌旧等就会随之而来，谓之穷奢极欲，而这就是一切罪恶的根源。而节俭却可以让男孩如出淤泥而不染的荷花，谓之俭以养德，让孩子在物欲横流的社会，保持一颗纯净的心。奢华虽然给人一种繁荣、热闹，但是这种繁荣的背后却是一种难言的荒凉。而节俭却能让人平静、让人豁达，给人一种人格的魅力。

北宋范仲淹幼时家贫，在求学时，靠啖粥苦读考中进士。为官后生活仍十分俭朴，尽管后来薪高禄厚，仍是衣仅求温，食仅求饱，终其一生，也未建一座像样的宅第。他的俸禄，大多用来周济寒士贫民。他在姑苏近郊购田为义庄，以养族人与贫而无靠者，以至于去世时"身无以为敛，死无以为丧"，"虽位显禄厚而以贫终身"。

实际上，富人遵循的理财守则之一，也是节俭。

有一次，比尔·盖茨和一位朋友开车去希尔顿饭店。到了饭店前，发现停了很多车，车位很紧张，而旁边的贵宾车位却空着不少，朋友建议把车停在那儿。"这要花10美元，可不是个好价钱。"盖茨说。

"我来付。"朋友坚持道。

"那可不是个好主意，他们超值收费。"在盖茨的坚持下，他们最终还是找了个普通车位。

盖茨最讨厌物不等值，对应该花的钱，他从不小气，这些年他为慈善机构捐款很多。

不要以为成功的富豪会很奢侈，其实不然，真正的成功者都是很节俭的人，他们会把钱用在投资上，却不会浪费在不必要的事情上。有人对财富拥有者进行调查时发现，他们对生活上的开销都很谨慎，他们不愿把自己财产的亿分之一浪费掉；他们对金钱的理解远远要高于普通人；他们虽然富有，但他们更懂得理财是成功的基本保证。

当然并非所有的富人都珍视钱，而那些穷奢极欲的富人，他们富有的日子也未必会长久，挣了大钱的企业家很快又把钱输光了，这样的故事不胜枚举。这些人通常把钱花在了购买奢侈的消费品上，最终难以摆脱入不敷出、倾家荡产的悲惨命运。

真正富有的人，喜欢做的事是挣钱，或通过照管他们的投资赚钱，使自己手中的资本像滚雪球一样越滚越大。他们管理钱财的能力与赚钱的能力并驾齐驱，使他们可以真正让金钱为自己工作，而不是做金钱的奴隶。

他们总是尽力计划自己的需求，延迟对奢侈消费品的购买。并且购买那些性价比较高的商品，他们总是期待并争取折扣，在消费时无论是用现金、支票，还是用信用卡，都会保持收支平衡。正是这种有序节制的生活习惯，使他们总是富庶有余，清泉常流。

家长要让男孩明白，养成勤俭节约的好习惯，就要从现在做起，对自己的消费精打细算，能省则省。

"易拉罐8个，矿泉水瓶17个，报纸4斤，能卖5块钱，交这个月的电费还绰绰有余。"高中生阿东说起他们的寝室基金，一脸高兴。在寝室里，阿东最先提出，把平时看完的报纸和喝空的饮料瓶子带回宿舍集中卖，所得作为寝室基金，室友都表示赞同。其后，该室每个月卖废品的钱除交一部分电费外，剩余的钱就买一些大家共同的东西。阿东指着衣架、洗洁精和鞋刷说，这些全是用卖废品的钱换来的。

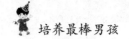

据了解，该校宿舍另外几个寝室也有这样的"寝室基金"。常在该校回收废品的李师傅说，现在学生似乎变得"小气"了，以前每天能在小树林的石桌上捡四五斤报纸，现在感觉少多了。

看，这不就是节俭的表现吗？男孩们唯有重视每一枚铜钱的作用，才能够积聚财富。要知道，养成勤俭节约的美德，把自己的资金用来投资，是成功致富者必须具备的素质之一。

蛋糕法则：分享让财富增值

互联网是投资理财的一个新领域，第一个吃螃蟹的人杨致远就是以此发家致富的。当时他面临着是继续读博还是专心经营雅虎的选择，最终他选择了互联网，事实证明他的取舍是有价值的，几年后，"雅虎"不但成为全球访问量最大的站点之一；更重要的是，它的发展是世界互联网发展的一个里程碑，人们的互联网搜索变得便利，网上的资源被更多人分享；而且，在短短的几年时间里已在其投资者中造就了近10个亿万富翁！

家长要让男孩明白，懂得分享的人，让自己的知识为别人增值，别人也会以同样的方式来回报你，这样的财富增长才是一个良性的循环。新一任的联合国秘书长潘基文说自己的"武器"也是分享。

"我竞选这个职务，不是为了个人名誉，更不是争夺个人利益，当选联合国秘书长就意味着责任和奉献。我希望在我的任期内，通过各方面的努力，让全世界的人民，不分种族、性别、国籍，都能过上幸福、和平、快乐的生活。"这是潘基文在就职演讲中说过的一句话。

短短的话语中，充满亲切和爱，让人们看到一个懂得分享的领导者。

小时候，有人送来两箱苹果给潘基文的爸爸，其中一箱苹果过分成熟，不马上吃掉很快就会腐烂，另一箱比较新鲜，还可以保存长一点的时间。

父亲把三个儿子找来，商量苹果的吃法。大哥说，趁还没有完全坏，先吃那成熟的一箱。父亲说，不过等吃完这箱，那箱也就坏了。二哥说，先吃那箱好苹果，这样就能尽可能多地吃好的。可父亲说，这样一来，熟的那箱肯定全部浪费。潘基文却说，我们把两箱苹果混合起来，分一半给邻居，所有的苹果都不会浪费。父亲听后，若有所思地笑了笑，大概他也看出儿子的与众不同，因为他有别人少有的高贵品质。

分享是一种力量，在选择给予别人的同时，自己本身也已经收获到心灵上的慰藉和温暖，更何况善行的背后，往往是源源不断的资源自发地朝分享者聚拢。

让男孩学会分享，说来容易，做来难。如果男孩还小，爸爸可以以身作则来示范分享，多和邻居往来，多和男孩讲讲自己的故事，在生活中把分享演绎得自然而然。但如果男孩自私的脾气已经养成，就需要爸爸"力挽狂澜，扭转乾坤"了。这里有一个故事可以给爸爸参考。

有一个男孩过生日，自己挑了一个很大的蛋糕。由于平时爸妈不让他放开吃甜食，这回他想一个人把住自己的生日蛋糕的半壁江山。

结果晚上给孩子庆生之前，竟来了一群不速之客——爸爸的同事们。大家三三两两地赶来了，孩子背地里对爸爸说："唉，早知道就订一个更大的蛋糕了，这下子我的那份要被人拿走了。"爸爸看出来孩子是在为自己的损失伤心，于是安慰他说："叔叔阿姨们过来给你过生日，这是多好的事情啊，一块小小的蛋糕算什么。"孩子还是嘟着嘴。

等到吹熄蜡烛许完愿，叔叔阿姨们纷纷亮出了自己的礼物，有小闹钟，有彩笔，其中还有一盒精致的小蛋糕！孩子当即就说要打开来大家尝一尝，看来，获得的快乐已经大大超过了小损失的伤心了。

晚上临睡前，爸爸问男孩高兴不高兴，孩子说很高兴。爸爸问："你还为叔叔阿姨吃了你的蛋糕而难过吗？"男孩摇摇头。"当你把自己的蛋糕和别人分享了之后，别人也会把他们的好东西和你分享。就算叔叔阿姨们没有带礼物来，至少你多了几个朋友，朋友肯定要比蛋糕的保质期长久，是吗？"孩子点点头。

不做斤斤计较的守财奴

收废品的人在楼下吆喝，平时积攒的报纸和塑料瓶终于可以派上用场了。"走！我们卖废品去！"爸爸说着就带着孩子找废纸和瓶子，孩子跟着忙得不亦乐乎。

报纸和瓶子都数量可观，但是收废品的人把秤把得特别严，价格也不算好。

"怎么报纸才这个价啊，以前不这样啊。"爸爸觉得自己吃了亏了。

"现在金融危机，我们收废品的不好过了，价格也不如以前了。估计再过一段时间都没有人干了。"

"那也不能这样啊，你们还不如直接去垃圾桶里面自己捡好了。"

"您要不想卖就算了，现在都是这个价，我不信您还能卖出个高价来。"

"走，我们回去！"爸爸牵着孩子要上楼，收废品的人哭笑不得，孩子也很迷茫，不知道该不该走。

这样的家长，许多男孩可能都不会喜欢。

虽然我们提倡家长给男孩进行理财教育的时候要以身作则，自己做到勤劳节俭，等等，但是在有的小事情上面，家长还是应该保留一份高大的"英雄形象"，在卖废品上面锱铢必较，未免有失"英雄"的身份。

其实每个人的心目中都有一份浪漫的遐想，只是随着年龄的增长，我们都变得越来越实际了。爸爸妈妈在男孩的心目中是一个高大的形象，慷慨大方、乐于助人、充满了力量。而且，卖废品、买菜这些事情，大可不用太斤斤计较，重要的是和孩子一起体会劳动的乐趣。当你太在意别人找给你的钱是否少了一毛两毛的时候，劳动的乐趣就会转移到算钱上面，这对孩子来说是一件很扫兴的事情。

特别是男孩处于青春期的时候，最敏感的就是自己的"面子"问题，如果家长处处都显得很抠门，男孩就会觉得自己很没有面子，这是人之常情，家长应该能够理解这份虚荣。何况，理财的教育重要的是怎样让财富换来快乐，不在这几毛钱上面。

其实，家长斤斤计较破坏男孩的"美感"还是其次，最重要的是，如果家长把这种斤斤计较的风格传染给了男孩，男孩就很可能变成一个小气鬼，没有什么朋友。

有的男孩在学校经常买零食，但是不和别的孩子分享，如果别人要尝，就得按照比例给他钱。这种男孩是最容易招人讨厌的。当男孩走进社会的时候，难免会吃一些亏，上一些当，这都是人生成长的必修课。

家长慷慨一些大方一些，男孩也会学着慷慨大方，树立正确健康的财富观，而在这样的共享性社会中，慷慨大方的人才会受欢迎。

第九章 沉稳大气，坚韧不拔
——培养刚毅男孩

抵御愈刮愈猛的"中性风"

拥有阳刚之气，才能真正成为男子汉

随着娱乐业和广告业的蓬勃发展，我们突然发现自己进入了一个"男色消费"的时代。从日韩偶像到港台小生，中性化打扮的男性受到越来越多的关注和欢迎，那些长相俊俏、气质柔美的男性几乎霸占了电视荧屏和娱乐期刊。在这一波波的视觉冲击下，我们赫然发现，自己家的男孩子早被类似的价值观传染。他们蓄起了长发，学会了优雅，却独独缺少了男子汉特有的气质和意志，如自信、坚韧、勇敢、果断、大方等性格和品质。

汉武帝时期，因为西汉的士兵们在与北方匈奴族的战斗中表现得相当勇敢，匈奴人都称汉朝的士兵为"汉儿"或"好汉"。由于"男子"这个称谓早已出现，人们渐渐地把"男子"和"好汉"联系起来，组成"男子汉"一词。"男子汉"是对男子的一种褒义称谓，其显著特点就是具有阳刚之气。"富贵不能淫，贫贱不能移，威武不能屈"是对阳刚之气最精辟的诠释。

具有阳刚之气的人大度宽容，不沉湎于琐屑小事之中，不斤斤计较；他们的内心深处潜藏着一股让人不容小觑的爆发力；他们说话行事从不优柔寡断，总是雷厉风行。有阳刚之气的人总是让人不由自主地敬畏与仰慕。

现代社会是一个竞争日益激烈的社会，没有阳刚之气的男孩得不到社会的认可，其发展也会受到阻碍。正因为这样，《集结号》《士兵突击》《闯关东》《亮剑》等诠释男子气概的影视作品一进入市场就抢得先机，受到大家的热烈追捧，而其中的主人公谷子地、袁朗、朱开山、李云龙等人更是成为大家心目中的偶像。从某种意义上说，他们代表着整个社会对男性气概的要求和向往，他们的名字和责任、担当、冒险、独立、自信、勇敢等词汇紧密地联系在一起。与此相应的，缺乏阳刚之气的男孩非但不想承担责任，反而总是强调社会和其他人的责任。

很多有识之士和媒体也在不断发出疑问："中国人的血性在哪里?"路见不平、拔刀相助的情景似乎已然成为天方夜谭。

很多人把现在的男孩缺少"阳刚之气"归咎为中小学教师队伍中男女比例的"阴盛阳衰",呼吁更多的男性加入教师的队伍,这样的想法固然没有错,但毕竟不能从根本上使问题得到解决。有研究数字表明,在美国、英国、日本等发达国家的小学校里,女教师的比例也占了三分之二左右。一个值得注意的现象是,中外教师的性别结构差异并不大,但是国外的学生却具备更强的男子汉气魄和意识。

看来,谁在教育并不是最重要的,重要的是教育方法是否得当。为了培养男孩的阳刚之气,家长就应该及早地对男孩进行男子汉教育,并让孩子在健康自然的环境下健康成长。一个拥有阳刚之气的男孩,才是一个真正受人尊崇的男子汉。

抓住培养男孩气质的关键期

男孩进入青春期,心理比较复杂,他们会用自己的眼睛观察周围的世界,如果男孩的学习成绩不理想,家长又只关注孩子的学习,势必会使男孩形成自卑心理。因此,除了学习,家长还要关注孩子的其他方面。

具体来说,主要是以下几个方面:

第一,进行男子汉的独立性训练与培养。在家里,要将男孩当作真正的男子汉,给他独立做事的机会,让他独立思考自己面临的问题。

父母不要替男孩安排他学习和生活的细节,不应要求男孩唯唯诺诺,而应尽量教他学会自己拿主意、做决定。锻炼男孩的果断决策、组织和指挥别人的能力比什么都重要。

第二,父母应对青春期男孩给予尊重和理解。如果父母从不考虑男孩的感受,男孩就会感到在家里没有话语权,无处发泄心中的不满,慢慢地会变得沉默寡言。

第三,男孩应有自己的朋友圈。父母也应该尊重男孩的朋友,如果男孩带朋友回家,父母应该给予热情周到的欢迎,否则,男孩会感到自己在朋友中很没面子,渐渐地变得不善交际。

第四,要注意保护孩子的隐私。在这个阶段,男孩总喜欢有一些自己的小秘密,家长不应该偷看男孩的日记或其他私人物品。

第五,在这个阶段,男孩子的成长不能没有男性的教育,男孩喜欢模仿父亲的行为,他需要父亲的关注和爱护。

杜布森在 16 岁时，很多时候父亲都不在家，杜布森开始向母亲发脾气。他永远忘不了那个晚上，妈妈给爸爸打电话，妈妈大声说："我需要你。"使他惊奇的是，爸爸很快就把他们住的房子卖了，搬到南方的一个地方去当牧师，这样爸爸就可以和家人住在一起，一直到杜布森中学毕业。

这对爸爸来说是个巨大的牺牲，他在事业上从此一直没有更大的发展，但是他和妈妈都觉得，杜布森的健康成长比起他们眼前的工作来更为重要。在那几年里，杜布森本来有可能遇到更严重的麻烦，但是由于父母都在他身边，在他走向崩溃的边缘时，他们给了他最大的关心。

这个故事告诉我们，父亲在男孩成长过程中的重要性。如果父亲的时间实在太少，至少可以找一些孩子喜欢的运动项目，并且将孩子托付给一些有爱心的男教练。

如果你的孩子有"娘娘腔"倾向

你的儿子是不是特别胆小，是不是特别怕黑暗，怕生人，怕一个人待在屋子里？

你的儿子是不是特别怕羞？

你的儿子是不是特别爱生闷气，爱哭哭啼啼？

你的儿子是不是特别爱撒娇，喜欢受人娇宠？

你的儿子是不是特别依恋父母，在可能的范围之内动也不敢动？

你的儿子是不是特别爱照镜子？

你的儿子是否对女孩子的用品情有独钟？

你的儿子是不是特别爱化妆品？

你的儿子是不是性格特别孤僻，不愿而且不敢和小朋友交往？

你的儿子是不是特别脆弱，特别多愁善感……

为什么会出现这些征兆？是什么让男孩子出现女性化的倾向？据德国儿童行为学家的一项专题研究，大约 6％的男孩在其上中小学，甚至进幼儿园时，即出现程度不等的"娘娘腔"，而且其中有一半在其成年后仍表现得"奶油味"十足。

所谓"娘娘腔"，指的是男孩行为上一定程度的女性化，表现也因人而异，不尽相同，其中较典型的有：说话爱发嗲，走路踩"碎步"，举手投足动作忸怩，爱跟女孩子玩，等等。一般来说，"娘娘腔"并不一定会像有些人想的那样导致同性恋，但可能给男孩心理上的健康成长带来某种程度的负面影响。

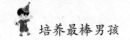
曾经有一位网友写过这样的一篇帖子，或许能给我们一些警示：

"我的外表和身材和女的一模一样，走路也是，从小到大都被别人取笑'娘娘腔''人妖'之类的，身边没有一个朋友，也没人愿意和我交朋友。到现在毕业了，尽管我很努力地改变自己，刻意把自己打扮得男人一点，虽然动作改变了，但是外表和身材却改变不了。出来工作后，天天被一些老女人在背后议论。我很烦，很郁闷，很不开心。我恨她们为什么这样对待我，又不是我想这样的。我天生外貌就那样，叫我怎么办？所以我很痛恨她们，她们说我的时候我也会还击她们，骂她们死老太婆……为什么我的命运这么惨，为什么我不能像其他男生那样过正常的生活，为什么我的父母要把我生成这样？"

之所以会出现这种现象，原因是多方面的。最常见的原因就是父母搭建的温柔陷阱，长辈的过度关照和温柔软化了孩子成长应有的个性和棱角。有些父母喜欢把男孩当女孩养，扎小辫、戴小花帽、穿裙子。此外，许多男孩都是在母亲、奶奶和姥姥的怀抱中度过学龄前时光的，等到上了幼儿园、小学也都以女性老师为多，这种从女性怀抱中走出来的男孩，大都不自觉地以女性形象规范自己，性格也在潜移默化中向女性靠拢……

一些家庭中存在的父爱不足，小家庭亲情关系向母性群体倾斜的趋势，也是导致男孩不像男子汉的重要因素。

对待有"娘娘腔"倾向的男孩，家长千万不要大惊小怪，因为这样只会加深孩子对自己的"异样感"，进而发展成为自卑感和内疚感，时间长了就更难克服。家长在帮助孩子克服"娘娘腔"时，务必循循善诱，而不是责备呵斥，最好做到不留痕迹。"女孩多好""真希望有个女儿"这样的话语也应尽量在儿子面前少说。在引导时，父母要给孩子树立榜样，尤其是父亲，要多和孩子交流，在日常生活中让孩子多接触有阳刚之气的游戏和故事，鼓励孩子多和男孩玩耍，特别应鼓励孩子与男子气较足的大男孩玩耍，而不要过多地与"脂粉气"较重的男孩纠缠在一起，以免相互之间产生更多的负面影响。

总之，父母要做的就是要防止"娘娘腔"这种倾向向更严重的方向发展，想尽办法引导男孩朝着男子汉的方向前行。

最具阳刚之美的表现是勇敢

男孩身上最具阳刚之美的体现就是勇敢。勇敢是在不可预测的未知面前所表现出来的自主意志，实际上领导了人的其他价值，比如正义、良知、理智和悲悯。所以父母应该重视对男孩勇气的培养。

在古代波斯（今伊朗）有位国王，想挑选一名官员担当一个重要的职务。他把那些智勇双全的官员全都召集了来，试试他们之中究竟谁能胜任。

官员们被国王领到一座大门前，面对这座国内最大、来人中谁也没有见过的大门，国王说："爱卿们，你们都是既聪明又有力气的人。现在，你们已经看到，这是我国最大最重的大门，可是一直没有打开过。你们之中谁能打开这座大门，帮我解决这个久久没能解决的难题？"不少官员远远张望了一下大门，就连连摇头。有几位走近大门看了看，退了回去，没敢去试着开门。另一些官员也都纷纷表示，没有办法开门……

这时，有一名官员却走到大门下，先仔细观察了一番，又用手四处探摸，用各种方法试探开门。几经试探之后，他抓起一根沉重的铁链，没怎么用力拉，大门竟然开了！

原来，这座看似非常坚牢的大门，并没有真正关上，任何一个人只要仔细察看一下，并有胆量试一试，比如拉一下看似沉重的铁链，甚至不必用多大力气推一下大门，都可以打得开。如果连摸也不摸，连看也不看，自然会对这座貌似坚固无比的庞然大物感到束手无策了。

国王对打开了大门的大臣说："朝廷那重要的职务，就请你担任吧！因为你没有限于你所见到的和听到的，在别人感到无能为力时你却会想到仔细观察，并有勇气冒险试一试。"

可见，勇敢的人容易得到他人得不到的机会，因此也会因为勇敢而增添人格魅力，男孩子具备了这种精神，阳刚之性就会彰显。因为勇敢的男孩无所畏惧，当遇到困难和挑战的时候会克服犹豫，一旦选择了远方，就会义无反顾地前行。

勇敢从人性的角度理解，就是勇于探索。苏联教育家苏霍姆林斯基说："人的内心有一种根深蒂固的需要，总感觉到自己是一个发现者、探究者、探寻者。"而对于培养男孩而言，在他们学习的过程中会形成不同的需要，认知需要是最重要的和最稳定的内在学习动力，认知需要就是探索的需要，从小培养男孩的探索精神是极为重要的。

25岁的爱因斯坦因为自己大胆的探索，在继承前人精华的基础上，又实现了突破和创新，提出了光电子理论，后来他又积极地探索和钻研，突破了牛顿的绝对时空理论，创立了震惊世界的相对论，一举成名。

意大利科学家伽利略，也在勇于探索的精神下，用实验证明了不同重量的铁球能同时着地的正确结论。

对大多数男孩来说，不要被权威所限制。敢于在学习中提出自己的想法和意见，这样才能学习到真正的东西，也才能有所创新和突破，这也是具有勇气的一种表现。父母要让孩子明白，在学习的过程中，要有远见、有勇气、有胆量向老师、教授和专家所给出的评论进行挑战。

父母在培养男孩子的过程中要鼓励他们勇于冒险，只有勇于冒险的孩子才能实现生活中的不可能。

冒险与收获常常是结伴而行。险中有夷，危中有利，要想让男孩拥有卓越的人生，就要鼓励他们去冒险。在冒险的过程中他们可以发现机会，化危机为转机。有些在平时看似不可能的事情，在他们的冒险尝试中也可能变成现实。

重塑男孩的阳刚之气

是否"像"男子汉并不重要

真正的男子汉什么样？腹部有厚实的肌肉、腮上布满密密的胡子茬的"肌肉男"就是男子汉了吗？这显然是一种肤浅的认识。男孩能否成为一名真正的男子汉并不是仅观其外表，更重要的是他的内在。

一个男孩，如果仅仅拥有粗犷豪迈的外貌，而没有一颗独立、勇敢、自信的心，是不能成为真正的男子汉的。

生活中，不少父母专注于男孩的"面子"问题："头发留短点儿，那么长，一点儿都不爷们儿"；"小姑娘才穿花衣服呢，男孩子不能挑这么艳的"；"男孩少玩跳皮筋，那是女孩才玩的"……确实，这样教育出来的男孩个个看起来都很"爷们儿"，可是，男孩们的"里子"却未必如父母想的那样阳刚。

其实，父母在教育孩子时，不知不觉打击到了男孩骨子里的男子汉精神气儿——自尊和自信。大家都不自觉地把孩子看作"我的孩子"，认为孩子是属于自己的，没有意识到孩子其实是一个独立的人。而社会也大多认同和支持这种观念。我们常常看见有的父母将孩子的过失或成绩，都一股脑儿地和自己混为一谈——孩子取得成绩时说"你给爸爸长脸了"；孩子在外表现不佳时又说"你可把我的脸给丢尽了"。

简简单单的两句话就足以摧毁男孩那小小的自尊和自信了。男孩也有独立的人格、尊严和决定自己未来的权利，要培养男孩的自尊与自信，就必须允许男孩有不同的观点、看法。

在培养孩子自尊和自信方面，家长可以进行以下的尝试：

第一，让孩子穿自己的衣服。

在孩子的穿着方面，斯特娜夫人建议不应让孩子穿姐姐或哥哥穿过的衣服。即使家境不佳，最好也不要这样做，因为这样会严重地损害孩子的自尊心。

第二，信任你的孩子。

为了使孩子能自重，必须信任他们。无论是大人还是小孩，受到别人的信任就能自我尊重。管束孩子不许干这个，不许干那个，不如信任他们、耐心地说服他们更为有效。我们如果把孩子当坏人对待，他就可能成为坏人。

第三，不要试图让孩子怕自己。

社会上还有这样的父母，为了使孩子容易管教，故意让孩子怕自己，这也会使孩子变成懦夫。这样的父母，会把孩子造就成一个失败者，因为一个怯懦者想在这个社会中获得成功是非常困难的。如果孩子和你顶嘴，你应该感到高兴，因为那意味着他长大了，有了独立思想和反抗意识。

第四，不要让孩子常说一些"懦夫用语"。

不可让孩子说懦夫们常常用的词汇，如"不能做"。常说这句话的孩子绝不会成为有出息的人。为了对孩子灌输进取、勇敢的精神，最好给他们讲述伟大人物善忍耐的故事。

第五，不要包办孩子的事情。

多数母亲认为孩子这也不能做，那也不能干，一切都包办代替，结果使多数孩子对自己的能力缺乏信心。

第六，乐于回答男孩的问题。

男孩是有好奇心的，对他们经常提出的许多问题应予以回答。男孩提出各种问题，是令人厌烦的，并且解答是很费事的。然而，做父母的决不可拒绝或者逃避男孩的问题。

提问是男孩获取知识的途径，应充分地利用它向男孩传授知识。若遇到自己也不懂的问题，可以问问别人，也可以经过研究之后再解答。

第七，绝对不应欺骗男孩。

欺骗男孩，被他们知道了，他们就不会再相信父母了。父母失掉了男孩的信任，其后果是不堪设想的。

第八，不可戏弄男孩。

男孩受到戏弄，就容易变成不知羞耻的人，变得粗暴。社会上由于小时候受到父母的戏弄，以后成为罪犯而入狱者大有人在。

总之，我们应该采取正确的方法培养男孩的自尊和自信。因为只有自尊和自信的人，才能够正视自己的价值，既不妄自菲薄、自暴自弃，也不随意放任自己。这样的男孩，才是真正的男子汉。

挫折＋勇气：成为男子汉的妙方

美国前总统约翰·肯尼迪的父亲从小就注意对儿子独立性格和精神状态的培养。有一次他赶着马车带儿子出去游玩。在一个拐弯处，因为马车速度很快，猛地把小肯尼迪甩了出去。当马车停住时，儿子以为父亲会下来把他扶起来，父亲却坐在车上悠闲地掏出烟吸起来。

儿子叫道："爸爸，快来扶我。"

"你摔疼了吗？"

"是的，我自己感觉已站不起来了。"儿子带着哭腔说。

"那也要坚持站起来，重新爬上马车。"

儿子挣扎着自己站了起来，摇摇晃晃地走近马车，艰难地爬了上来。

父亲摇动着鞭子问："你知道为什么让你这么做吗？"

儿子摇了摇头。

父亲接着说："人生就是这样，跌倒、爬起来、奔跑，再跌倒、再爬起来、再奔跑。在任何时候都要全靠自己，没人会去扶你的。"

从那时起，父亲就更加注重对儿子的培养，如经常带着他参加一些大的社交活动，教他如何向客人打招呼、道别，如何与不同身份的客人交谈，如何展示自己的精神风貌、气质和风度，如何坚定自己的信仰，等等。有人问他："你每天要做的事情那么多，怎么有耐心教孩子做这些鸡毛蒜皮的小事？"

谁料约翰·肯尼迪的父亲一语惊人："我是在训练他做总统！"

美国陆军精神病学顾问阿伯斯说："大部分人不知道自己到底有多么勇敢。事实上，许多人都有隐藏的英雄本色，但他们缺少自信，所以虚度一生。如果他们知道自己有深藏的资源，就一定能帮助自己解决问题，甚至解决重大的危机。"

在《亮剑》里，李云龙用了一句令人动容和振奋的话对男子汉进行了总结：即使倒下，也要成为一座山，一道岭。

在李云龙独立团与日军的白刃战中，日军士兵的身高虽普遍矮小，但长得粗壮敦实，肌肉发达，脸上都泛着营养良好的油光，无论是突刺还是格挡，手臂上都带着一种训练有素的爆发力。相比之下，八路军战士身体单薄，脸上也呈现出营养不良的菜色。不过，独立团的战士身上有一种特殊的气质，就是出手有力果断，有种敢和敌人拼命的劲头，一出刺刀就痛下杀手，很少使用格挡等自保的方式，招招都有要和对手同归于尽的意思。

这是《亮剑》中的一个镜头。

在硬碰硬的肉搏战中，食物短缺严重、营养不良的独立团战士和身体健壮训练有素的日军对决，敌我身体素质悬殊非常大，但是李云龙和他的战士们凭着敢和敌人拼命的劲头硬是让日军全军覆没了。勇者无敌，当遭遇困境时，不寻找借口和理由来逃避，只要拥有一点点勇气，整个世界就会变得不一样。对此，哈佛心理学教授乔治·桑比那曾说："勇敢的精神，是一个人最不可缺失的元素。因为人类哪怕每一个微小的进步，都需要勇气作为先导。"

地位、声望、财富、鲜花……这些美好的东西都是给勇于尝试的人准备的。一个被恐惧控制的男孩是无法成功的，因为他不敢尝试新事物，不敢争取自己渴望的东西，自然也就与成功无缘。家长要让男孩明白，面对挫折和失败时，胆怯、逃避是毫无用处的。鲁迅先生曾说："人生的旅途，前途很远，也很暗。然而不要怕，不怕的人的面前才有路。"只有直面恐惧，不怕冒险，才能打破恐惧，走向成功。

锻炼男子汉的强健体魄

英国有一位著名的现实主义戏剧家，小时候，父亲对他说："孩子，以我为前车之鉴吧！我干的事，你都不要学呀！"原来，他父亲喜欢乱吃，一顿吃大量的肉，喝酒很凶，整天抽烟，而又不运动。他听了父亲的话，在生活上非常有规律，不吸烟，不喝酒，不吃肉，连茶和咖啡也不喝，而以粗面包和蔬菜为主。同时，他一生都坚持体育锻炼。

他就是萧伯纳，活到了94岁的高龄。

他每天很早就起身，天天洗冷水浴、游泳、长跑、散步。他还喜欢骑自行车、打拳。70多岁的萧伯纳曾和当时世界著名的运动家、美国人丹尼同住在波欧尼岛上的一家旅馆里，每天他俩的生活表是一样的：起床后洗冷水澡，接着是一段数里的长途游泳，然后躺在海边进行日光浴，还要一起长途散步。

晚年的萧伯纳成为一个热烈的太阳崇拜者。他整个冬天差不多都在法国的里维拉或意大利度过，在那里进行日光浴。他故乡的花园里，有一间可以旋转的茅屋，使他每天都可以得到充足的阳光。他常说："医生不能治病，只能帮助有理性的人避免得病而已。人们倘若正规地生活，正当地饮食，就不会有病。"

运动和健康的生活方式给了萧伯纳一个健康的体魄，保证了他的生命质

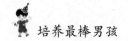

量。父母培养阳刚男孩也要注意引导孩子去锻炼身体，坚持运动。

生命在于运动，运动不但能练就健康的体魄，还是一项有益心灵的活动。因此父母要引导孩子锻炼身体。怎样引导男孩养成运动的习惯呢？要从以下几点做起：

第一，制订计划，科学安排。

要男孩给自己制订一个锻炼身体的计划，列出锻炼的时间表。要在计划里明确锻炼的目标和内容，规定锻炼的次数和时间，如规定每天早上6点起床做操或跑步，每天下午放学后打球或下棋，等等。在制订计划时要从自己的实际出发，合理安排，循序渐进。

运动量要由小到大，逐渐增加；动作由简单到复杂，由易到难，使自己的身体有个逐渐适应的过程。制订计划时，在考虑到自己的兴趣、特点的基础上，还应坚持各种运动项目的全面锻炼，使自己在力量、速度、灵敏度、耐力等方面都得到提高，使机体各器官系统的形态和生理功能得到均衡和全面的改善。在男孩制订体育锻炼计划时，父母要给予中肯的意见和建议。

第二，持之以恒，养成习惯。

为了增强身体素质，大概每个人都曾经设想过要好好锻炼身体。但是，"三天打鱼，两天晒网"的锻炼习惯不仅没有使体质得到根本的改变，反而逐渐养成了做事一拖再拖、说话不算数的坏习惯。要获得好的锻炼效果，"三天打鱼，两天晒网"是不行的，必须长期坚持，养成每天锻炼身体的好习惯，才能从锻炼中收到很好的效果。

因此，在男孩有了锻炼身体的计划后，关键是要落实好计划，这就需要做到两点：一是自身要有坚强意志，要有坚持到底的毅力，不要因为学习忙没时间、体育锻炼太苦太累、锻炼成效不大就半途而废；二是可请老师、同学、家长定期或不定期督促自己去落实体育锻炼计划。

第三，课外时间，充分利用。

室内新鲜空气少，长时间地学习会增加大脑的负担，因此要多到室外活动，如下课时到操场上走走，晚饭后孩子和父母外出散步，假日里到郊外踏青等。周末或者晚上，可以多到户外去锻炼，和爸爸妈妈一起打羽毛球、散步，或者利用小区里的健身器材活动一下，既可以锻炼身体，又增加了和父母沟通的机会。

根据运动专家的研究发现，性格和运动也有很密切的关系。父母要让孩子根据自己的性格选择适合他们自己的运动。

1. 孤僻型男孩

这类男孩应少从事个人化的运动，多选择足球、篮球、排球以及接力跑、拔河等团队运动项目。坚持参加这些集体项目的锻炼，能增强自身活力和与人合作精神，逐渐改变孤僻性格。

2. 多疑型男孩

可选择乒乓球、网球、羽毛球、跳高、跳远、击剑等体育运动项目。这些项目要求运动者头脑冷静、思维敏捷、判断准确、当机立断，任何多疑、犹豫、动摇都将导致失败。

3. 紧张型男孩

这些孩子要克服性格缺陷，应多参加竞争激烈的运动项目，特别是足球、篮球、排球等比赛活动。因为赛场上形势多变，紧张激烈，只有冷静沉着地应对，才能取得优势。若能经常在这种激烈的场合中接受考验，遇事就不会过于紧张，更不会惊慌失措，从而给工作和学习带来好处。

4. 胆怯型男孩

有的人天性胆小，动辄害羞脸红，性格腼腆。这些人应多参加游泳、溜冰、拳击、单双杠、跳马、平衡木等活动项目。这些活动要求人们不断地克服胆怯心理，以勇敢、无畏的精神去战胜困难，越过障碍。

5. 急躁型男孩

要克服这类人的缺陷可选择下象棋、打太极拳、慢跑、长距离散步、游泳及骑自行车、射击等运动强度不大的活动项目。

另外，下面提到的两个时间段是不宜锻炼的，父母要记得告知孩子：

第一，情绪不好时。人的情绪直接影响人体机能的正常发挥，进而影响心脏、心血管及其他器官。不良的情绪会抵消锻炼带给身体的健康效果，甚至产生负面影响。

第二，进餐后。这时较多的血液流向胃肠道，以帮助食物消化吸收。餐后立即运动会妨碍食物的消化，时间一长会招致疾病；体质较弱的人餐后立即运动会导致血压降低，被称为进餐后低血压；另外，患有肝、胆疾病的人此时锻炼还会加重病情。因此，饭后最好静坐或半卧30～45分钟后再到户外活动。

别让孩子成为施暴者

12岁的肖勇所在学校里有个叫张健的"小霸王"，留过两次级，比班里同学都高大，总找碴儿敲诈同学的钱、和同学打架，专门欺负弱小的同学和新同学。有一天放学后，肖勇就被张健给拦住了，他高高大大地往肖勇面前一站说："喂，借我100块钱花花，怎么样？"肖勇有些害怕了："我没有钱。""没有钱就回家去取！明天不把钱交给我，就叫你尝尝我的厉害！"张健说着，

狠狠地在肖勇的肩膀上捶了一拳。

　　肖勇的遭遇并不鲜见。校园暴力是一个我们不愿意面对却又无法回避的现象，几乎在每个校园，都有校园暴力的存在。一份关于中小学生安全意识的调查报告显示，有多达 31.8％的中、小学生曾被人踢打或恐吓索要金钱，其中 24.9％的中、小学生"偶尔"或"经常"遭受被别人的踢打，6.9％的中、小学生"偶尔"或"经常"遭受恐吓索取金钱。

　　这种情况，学校也无法给出能起到实质作用的解决方法。学校里强壮的孩子欺负弱小的孩子的事情，时有发生。不一定是出于勒索的目的，也许仅仅是一个男孩看另一个孩子不顺眼，就会纠集几个伙伴把这个孩子围到厕所或车棚里，暴打一顿。被揍的孩子往往无力回击，也不会选择告诉老师、告诉家长——告诉了也没用，甚至会招来这些"小暴徒"的报复。于是，他们中不少人选择了沉默，一个人默默承受校园暴力带来的惊恐和忧惧。

　　受欺侮的孩子心灵会蒙上阴影，有相当比例的人即使成年、老去，也无法从屈辱的感觉中走出来。甚至有些脆弱的孩子，会为此选择自杀。

　　校园暴力毒害深远，必须根除。家长们可能想不到，根除校园暴力的力量，就在你的手中。当我们提到校园暴力时，家长们第一个反应是：我的孩子会不会也是受害者？大家没有意识到，还有一种可能就是，你的孩子可能是一个施暴者。

　　有的家长会说：怎么可能？我的儿子这么乖，平时很有礼貌，在家也很听话，他绝对不是坏孩子。男孩天性中有对力量的崇拜，雄性激素让他们对自己拥有控制力这件事情充满了愉悦的感觉。对承受方、那些弱小的孩子来说，校园暴力是一种折磨；而对施与方、那些健硕的男孩来讲，校园暴力更近乎一种游戏。在这个游戏中他们体会到了作为男性的力量，他们沉醉在对他人的控制中享受尊崇感，因而对这种损人不利己的行为十分着迷。

　　家长要让男孩明白，恃强凌弱的做法，不论是在肉体上还是在精神上都会给他人带来难以忍受的折磨。作为一个人，应该有悲悯的心灵，我们要用这双手来做有益的事情，为他人带来关爱，而不是无情的伤害。

　　事实上，这世上最有力的并不是拳头，而是心灵。回溯人类的历史，没有哪个强者的拳头能让另一个人低头——没有哪个国王，是靠充满暴戾之气的双手为自己加冕的。真正能征服他人的，是人性的魅力、深邃的智慧以及无与伦比的勇气。

　　一些家长甚至会为自己的孩子能欺负其他孩子而感到骄傲，认为"这样的孩子长大了才有出息呢"。对一个孩子来说，恃强凌弱欺侮他人确实也是一条生活之路，但是这条路，往往不是通向成功之顶，而是堕落之地。甚至会有男孩会沿着这条路，一直走到牢房。

在男孩的心中装满爱，而不是暴力，这样的男孩，才能成长为让大家心服口服、甘心追随的男子汉。

男孩就得勇于冒险

成长不可能"零风险"

家长总希望自己的孩子一生能安稳度过，不愿意孩子受一点儿委屈。事实上，有挑战才能有成长，有磨砺才能变坚强，没有"零风险"的成长。

孩子在学习过程中遇到失败是难免的，而面对孩子的失败，往往最难受的就是父母，他们对孩子的失败比对自己的失败更加痛苦，有些家长往往采取掩盖和安慰的方法去让男孩逃避失败。殊不知，他们这种害怕孩子失败的心态，可能会导致孩子一蹶不振，毁了孩子的未来。

每个男孩都渴望成功，但由于年龄小、能力有限、经历和经验缺乏以及各种因素的影响，难免会遭受失败和挫折。一次小小的失败，对成人来说是微不足道的，对孩子来说却是一个不小的打击。

在我们的生活中，有许多这样的孩子，他们本来拥有聪明的头脑，以前也曾是全班甚至全校的尖子生，但往往因为一次考试不理想或是老师某一句话对他的打击，就变得消沉起来，学习成绩下降、上课精力不集中，甚至是逃学。在这种心态的影响下，这样的孩子就可能变得精神萎靡，消沉慵懒，做事没劲头，完全一副颓废的模样。这种心态如果得不到调整，他的一生就只能是碌碌无为，不敢面对一点困难。

是什么原因导致我们的孩子如此脆弱呢？教育专家指出：是家长"规避风险"的教育方针。在这样的环境里，包围他们的是一片表扬、赞叹之声。在这些声音中长大的男孩变得过分要强，他们就像温室里的花朵一样，经不起一点风雨。稍遇挫折，便把它看成是拿破仑的滑铁卢，从此一蹶不振，彻底丧失了勇气和信心。

现在父母们面临的最大挑战，就是如何让孩子直面成长过程中的风险因素，孩子即使失败了仍然要去鼓励和支持他。每个家长都希望孩子能获得更多的成功，从中体验竞争和胜利带来的快乐。但是，任何成功都来之不易，需要不断进取和努力，更需要面对挫折和困难。

人们希望事事成功，然而，在现实生活中，常胜将军是没有的，在人生的道路上，失败是难免的。这是因为客观事物是纷繁复杂而又不断地发展变化的，关键问题就是尽量少些失败，多些成功，以及如何勇敢地面对失败。男孩如果没有经受过失败的痛苦，就往往不能以正确的态度对待失败。因此，父母应尽早训练男孩在成长中直面风险的勇气。

父母要告诉男孩失败在人生的道路上很难避免，让男孩在思想上要有准备，如果准备好，失败就会小，即使遇到失败也容易承受，将失败的损失降到最低程度。鼓励男孩勇于承担风险，如果男孩总是躲避风险，他就会缺乏自信心，因为躲避风险会使他无法获得真正成功的感觉。那么，就鼓励他去做以前从未做过的事，在成功中寻找自信。对男孩的尝试要多加赞扬。

勇于向未知的事物挑战

康德说：“只有乐观与希望，才能有助于我们生命的滋长，能够鞭策我们的奋斗意志，生出无穷的力量。”

在人生的路上，我们的生活不可能总是那么圆圆满满，每个人的一生都注定要跋涉沟沟坎坎，遇到一些从未遇到过的考验或挑战。父母要让孩子明白，遇到未知的事物没有必要畏惧，或畏缩不前，只要心中有目标、有信念，那么即使可能会是失败，也不要放弃尝试的勇气。

勇气可以教人在遇到挫折时，不要畏惧，不要回避，勇敢去面对它，去接受一切挑战，战胜困难，赢得成功。只要勇敢地去行动、去尝试，总会有一些收获，要么收获成功，要么收获经验。

如果人人都在挑战面前，因恐惧失败而退却，放弃尝试的机会，就无从得知事物的深刻内涵，而勇敢去做了，即使失败，也会由于对实际痛苦的亲身经历，而获得宝贵的体验。

在美国经济大萧条最严重时，有一位年轻的艺术家，他全家靠救济金过日子，那段时间他急需要用钱。此人精于木炭画。他画得虽好，但时局却太糟了。他怎样才能发挥自己的潜能呢？在那种艰苦的日子里，哪有人愿意买一个无名小卒的画呢？

他可以画他的邻居和朋友，但他们也一样身无分文。唯一可能的市场是在有钱人那里，但谁是有钱人呢？他怎样才能接近他们呢？

他对此苦苦思索，最后他来到纽约一家报社资料室，从那里借了一份画册，其中有美国的一家银行总裁的肖像。他回到家，开始画起来。

他画完了像，然后放在相框里。画得不错，对此他很自信。但他怎样才能交给对方呢？

他在商界没有朋友，所以想得到引见是不可能的。但他也知道，如果想办法与他约会，他肯定会被拒绝。写信要求见他，但这种信可能通不过这位大人物的秘书那一关。在这种困难重重的情况下，他还是决定大着胆子试一试，即使失败也比主动放弃强。

他梳好头发、穿上最好的衣服，来到了总裁的办公室并要求见见他，但秘书告诉他：事先如果没有约好，想见总裁不太可能。

"真糟糕，"年轻的艺术家说，同时把画的保护纸揭开，"我只是想拿这个给他瞧瞧。"秘书看了看画，把它接了过去。她犹豫了一会儿后说道："坐下吧，我就回来。"

一会儿，她回来了。"他想见你。"她说。

当艺术家进去时，总裁正在欣赏那幅画。"你画得棒极了，"他说，"这张画你想要多少钱？"年轻人舒了一口气，告诉他要 25 美元，结果成交了（那时的 25 美元至少相当于现在的 500 美元）。

与其不尝试而失败，不如尝试了再失败，不战而败是一种极端怯懦的行为。如果想让你的男孩成为一个成功者，就必须帮助他具备坚强的毅力以及勇气和胆略。当然，家长一定要向孩子说明的是，敢冒风险并非铤而走险，敢冒风险的勇气和胆略是建立在对客观现实的科学分析基础之上的。顺应客观规律，加上主观努力，力争从风险中获得利益，这才是成功者必备的心理素质。

鼓励男孩，让他的"野心"逐步实现

放眼古今中外，无数杰出人士都在远大目标的指引下实现了自己的理想，站在人类的某个高端领域散发出自己别样的光彩，引来万众瞩目。正如参天大树最初也只是一颗小小的树种，这些了不起的人物在燃起梦想之初，也是那么渺小卑微。

家长们在男孩的梦想之路上要充当一个鼓舞者，而非一个打击者的角色。家长要让男孩明白，他们的生命，要靠自己去雕琢。你们要选择自己的生活道路，确定人生的目标，也就是为自己"人生道路怎么走""朝着什么方向走""最终要达到什么目的"进行设计。被别人"保证"，并且照着别人的"保证"去做的人，他的生命注定只能平淡无奇、碌碌无为。

一个人应该在心中树立一个目标，然后着手去实现它。他应该把这一目标作为自己思想的中心。这一目标可能是一种精神理想，也可能是一种世俗

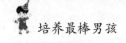

的追求，这当然取决于他此时的本性。但无论是哪一种目标，他都应将自己思想的力量全部集中于他为自己设定的目标上面。他应把自己的目标当作至高无上的任务，应该全身心地为它的实现而奋斗，而不允许他的思想因为一些短暂的幻想、渴望和想象而迷路。

终生目标应该是一个男孩终生所追求的固定的目标，男孩生活中其他的一切事情都围绕着它而存在。

为了找到或找回男孩的人生主要目标，家长可以问男孩几个问题，比如：

我想在我的一生中成就何种事业？

在我的日常生活中哪一类的成功最使我产生成就感？

我最热爱的工作是什么？

如果把它作为自己终生的事业，怎样做到在有利于自己的同时，也对别人有帮助？

我有哪些特殊的才能和禀赋？

我周围有些什么资源可以帮助我实现自己的目标？

除此以外，我还需要什么才能实现自己的目标？

有没有什么职业是我内心觉得有一种声音在驱使我去做的，而且它同时也会让我在物质上获得成功？

阻碍我实现自己目标的因素又有哪些？

我为什么没有现在去行动，而是仍然在观望？

要行动，那么，第一步该做什么？

让孩子认真、慎重地思考上述问题，会对他寻找、定位自己的远大目标，有切实的帮助。

家长需要注意的是，人即使拥有再美好的愿望，如果不付诸行动，也只是画饼充饥。英国前首相本杰明·笛斯瑞利曾指出，虽然行动不一定能带来令人满意的结果，但不采取行动就绝无满意的结果可言。因此，如果想让男孩取得成功，就必须鼓励他先从行动开始，一步一步向目标奋进。一个人的行为影响他的态度，行动能带来回馈和成就感，也能带来喜悦。

天下最可悲的一句话就是："我当时真应该那么做，但我却没有那么做。"经常会听到有人说："如果我当年就开始那笔生意，早就发财了！"一个好创意胎死腹中，真的会令人叹息不已，永远不能忘怀。如果真的彻底施行，当然就有可能带来无限的满足。

家长教会男孩将一个愿望真正地落实到行动上应遵循的原则：

1. 做好各种准备工作，考察愿望是否切实可行。

2. 制定每年、每月、每日的行动步骤表，按计划去做。

3. 安排好行动计划的轻重缓急、先后次序。

4. 行动方案应明晰化、细致化，这样落实起来，才能到位，才能更有效率。

拿破仑说："想得好是聪明，计划得好更聪明，做得好是最聪明又最好。"成功开始于思考，成功要有明确的目标，这都没有错，但这只相当于给赛车加满了油，弄清了前进的方向和线路，要抵达目的地，还得把车开动起来，并保持足够的动力才行。做到了这些，男孩才能做到积跬步以至千里，最终实现自己的"野心"。

冒险是一种深层的立体思维

家长们往往不赞同男孩冒险，认为冒险会给男孩带来意外的伤害。对于家长而言，没有什么是比看到心爱的孩子受伤害更难过的事情了。对于冒险的问题，家长没必要看得如此悲观。冒险，是一种深层的立体思维，它能给孩子带来的，不仅仅是伤害。

有一天，龙虾与寄居蟹在深海中相遇，寄居蟹看见龙虾正把自己的硬壳脱掉，只露出娇嫩的身躯。寄居蟹非常紧张地说："龙虾，你怎可以把唯一保护自己身躯的硬壳也放弃呢？难道你不怕有大鱼一口把你吃掉吗？以你现在的情况来看，连急流也会把你冲到岩石上去，到时你不死才怪呢？"龙虾气定神闲地回答："谢谢你的关心，但是你不了解，我们龙虾每次成长，都必须先脱掉旧壳，才能生长出更坚固的外壳，现在面对的危险，只是为了将来发展得更好而做出准备。"寄居蟹细心思量一下，自己整天只找可以避居的地方，而没有想过去冒险，整天只活在别人的保护之下，难怪永远都限制自己的发展。

冒险可以给男孩带来一些全新的体验，一些男孩所未知的领域的体验，可以说，冒险的体验正是男孩生活中进步和快乐的本源，因此对于未知的事物完全不必心怀恐惧，也不必费心做那种无谓的尝试，试图把生活中的方方面面都规划好。如果家长想让男孩的生活丰富多彩，那么就应鼓励孩子勇于冒险，让他的生活多一些意外，多一些弹性。

事实上，无论是男孩的学习，还是他的生活，如果总是重复同一个内容，他又怎么能有新的收获呢？父母应该清楚，生活并不是可以预先设计的，所以对于不可预知的未来，我们没有必要担心惧怕，我们应该具有敢为人先的冒险精神，打破规矩，突破闭锁，去体验冒险带来的快乐。

生活中的每一个角落都存在着风险的可能，除非我们永远扎根在原地不

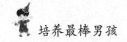
动，但那也不可能保证一生的风平浪静。

自有文字记载以来，冒险总是和人类紧紧相连。虽然火山喷发时所产生的大量火山灰掩埋了整个村镇，虽然肆虐的洪水冲走了房屋和财产，但人们仍然愿意回去继续生活，重建家园。飓风、地震、台风、龙卷风、泥石流以及其他所有的自然灾害都无法阻止人类一次又一次勇敢地面对可能重现的危险。

有一句老话叫作"一个人不懂得悲伤，就不可能懂得欢乐"。同样，我们也可以说"没有冒险的生活是毫无意义的生活"。事实上，我们总是处在这样那样的冒险境地，因为我们别无选择。

我们在这个世界上生存，未来的世界是我们的，我们必须去开拓和探索，这是生存的使命！能在惊涛骇浪中生存下来的，他的人生一定不同凡响！

谁能用80美元环游世界？这在99％的人听来都觉得是不可能的，但是罗伯特做到了。

罗伯特·克利斯朵夫是一位熟练的摄像师，在他年轻的时候，他像许多青年人一样，喜欢读科幻小说。当他读完儒勒·凡尔纳动人的科幻小说《八十天环游地球》后，他的想象力和内心潜在的勇气被激发了。

罗伯特告诉朋友："别人用80天环绕地球一周，现在我为什么不能用80美元环绕地球一周呢？我相信如果我有足够的勇气，任何地方我都可以到达。也就是说，如果我从我所处的地方出发，我就能到达我所想要到达的地方。"

"我想，别的一些人能够在货轮上工作而得以横渡大西洋，再搭便车旅行全世界，我为什么就不能呢？"

朋友笑着说："你的想法太天真了！"

罗伯特没有理睬他们的嘲笑，而是从他的衣袋里拿出自来水笔，在一张便条上列了一个他所能想到的在旅途中将会遇到的困难表，并仔细地记下准备怎么去着手解决每个困难的办法。

罗伯特没有拖延一分钟，他开始行动了。

他先和经营药物的查尔斯·菲兹公司签订了一份合同，保证为这家药物公司提供他所要旅行的国家的土壤样品。他又想办法获得了一张国际驾照和一套地图，条件是他提供关于中东道路情况的报告。他四处奔波，让朋友设法替他弄到了一份海员文件，并且获得了纽约有关部门开出的关于他无犯罪记录的证明。为了旅行，他想得很周全，甚至为自己准备了一个青年旅游招待所的会籍。

最后他又与一个货运航空公司达成协议，该公司同意他搭飞机越过大西洋，只要他答应拍摄照片供公司宣传之用。

只有 26 岁的罗伯特完成了上述计划，他在衣袋里装了 80 美元，便乘飞机和纽约市挥手告别，开始了他 80 美元周游世界的梦想。

在加拿大的纽芬兰岛甘德城，罗伯特吃了第一顿早餐。他不能用他可怜的 80 美元来付早餐费，那么他是怎样做的呢？他给厨房的炊事员照了相，大家都很高兴。

在爱尔兰的珊龙市，罗伯特花 4.8 美元买了四条美国纸烟。罗伯特深知，在许多国家里纸烟和纸币作为交易的媒介物是同样便利的。

从巴黎到了维也纳，精明的罗伯特送给司机一条纸烟作为他的酬资。从维也纳乘火车，越过阿尔卑斯山，到达瑞士，罗伯特又把四包纸烟送给列车员，作为他的酬谢。

在叙利亚首都大马士革，罗伯特热心地给当地的一位警察照了相，这位警察为此感到十分自豪，命令一辆公共汽车免费为他服务。伊拉克特快运输公司的经理和职员特别喜欢罗伯特为他们照的相。作为感谢，他们邀请罗伯特乘他们的船从伊拉克首都巴格达到伊朗首都德黑兰。

在曼谷，罗伯特向一家极豪华的旅行社经理提供了一些他们急需的信息——一个特殊地区的详细情况和一套地图。他为此受到了像国王一样的招待。

最后，作为"飞行浪花"号轮船的一名水手，他从日本到了旧金山。

罗伯特·克利斯朵夫用 84 天周游了世界，并且他所有的旅资加起来只有 80 美元。

简直不可思议，80 美元合成人民币估计还不够一个男孩一个月的生活费，怎么可能把世界环游一遍？就算不吃、不喝，那也撑不下来，但是，罗伯特进行得是如此顺利。难道罗伯特没有想到这一程会有很多可能的风险吗？他想到了，正因为他想到了所以他才会去冒险，用冒险来给自己的人生加色加味。

显然，在这次冒险中，罗伯特充分调动了自己的聪明才智，全面调配了身边的各种可用资源，才获得了旅行的成功。这是一种胆识，这是一种智慧，这更是一种我们的孩子所缺少的综合能动性。

我们的男孩整日躲在挡风挡雨的温室里，恐怕还不知道冒险的滋味吧。冒险可以培养青少年的勇气、适应能力、解决问题的能力，而且还可以收获许多在温室里学不到的东西，冒险是男孩应该选择的活动。

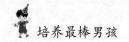
挫折将男孩变得更强大

给男孩体验失败的机会

家长对男孩过度呵护与保护，会扼杀男孩本来的天性，令其窒息，甚至产生严重的后果。不经意间，我们的做法正是以爱的名义代替了男孩精神的独立。他们从小到大走的每一步路都被爸爸妈妈小心翼翼地铺平，他们没有经历过挫折，不知道何为失败。这就好比身娇体贵的建康县官王复，从未曾骑过马，一日忽见马嘶鸣跳跃，立刻大惊失色对旁人道："这分明是老虎，你们怎么能亏心说它是马呢？"

于是我们可以理解，为什么当男孩离开父母羽翼的庇护后，一旦遇到一点挫折就会以为发生了了不得的大事。

2007年10月31日，清华大学年仅26岁的研究生洪乾坤跳楼自杀，当场死亡。他在遗书中说，因找不到理想的工作，不愿意成为父母的拖累，所以选择自杀结束生命。

某大学学生在一次学院联欢晚会上因唱歌走调，引起观众的哄笑，一时想不开，竟于当晚自杀身亡……

男孩原本应该是刚强的，而如今却被这些不起眼的小挫折所摧垮。一个个不胜压力的男孩自杀的报道充斥报端，而他们自杀的首要原因就是在生活、学习中遭遇挫折、打击，比如无法适应独立生活、受到师长的批评、某个要求未被满足、就业不顺利、工作压力大和失恋等。

这些恶果的根源，就在于父母早期给予了他们过分的保护。

挫折是任何人都无法逃避的，一个人从事有目的的活动时，总会遇到障碍和干扰。现在的男孩们吃得好、穿得好、玩得好，从这个角度来说，他们是幸运的。可是他们抵抗挫折的能力较低，往往在学习和生活中经不起挫折，一旦遭到挫折和不幸，极易悲观失望、自暴自弃，有的甚至走上轻生的道路。从这方面来讲，当今社会的男孩又是不幸的。

男孩挫折心态产生的原因是多方面的，主要来自学校、家庭、社会和自身：

第一，学校方面。

男孩由于生理、心理发展较女孩慢，因此，中小学阶段的男孩考试成绩都不理想，老师对男孩的言行也不像对女孩那样慎重，这些都能使男孩心理受挫，出现挫折心态，产生恐惧感和焦虑感，进而怀疑自己的智力、能力，导致悲观、失望。性格外向的男孩会变得少言寡语、不苟言笑，性格内向的男孩会变得心灰意冷。

第二，家庭方面。

有些男孩因家里突然发生意外情况，如亲人伤亡、父母离异、天灾人祸等，或因父母"望子成龙"心切，甚至经常受到责备打骂，在家里得不到温暖，从而产生挫折心态。他们往往会表现出非理性的行为或消极的处世心理，性格上也会出现种种不良影响，如狭隘、抑郁、怯懦、孤僻、离群、对立、仇视等。经受这些挫折的男孩往往为了求得心理上的平衡，或放弃追求目标逃避现实，或离家出走，或迁怒于他人。

第三，社会方面。

社会对男孩的影响是潜移默化的，有的孩子看到社会上出现的不良现象，如种种腐败现象，心理上失去了平衡，想到自己的基础差，学习又吃力，不如早点回家做个体生意或外出打工，这样便产生了挫折心态。

第四，自身方面。

有的男孩由于自己生理上的疾病及缺陷导致挫折心态，或由于自我设计的"理想"总不能实现而导致信念动摇，产生了挫折感。有这种心态的男孩，轻则对周围采取无所谓的态度，我行我素；重则逃避现实或玩世不恭、自暴自弃。

挫折与失败，其实是社会生活中的正常现象，几乎每个人都无法逃避。如果男孩想成就自己的人生，就更不能逃避挫折。正如中国古代大思想家孟子所言："天将降大任于斯人也，必先苦其心志，劳其筋骨，饿其体肤，空乏其身。"也就是说，以吃苦为代价才能换取"降大任"的报偿。挫折，是成功的必经之路。家长要有意识地锻炼男孩承受挫折的能力，给他更多体验失败的机会，唯有如此，男孩在将来的人生道路上遇到更大的艰难险阻时才能从容面对。

鼓励男孩为自己的过失埋单

一个人如果对自己的行为都不能负责，就更难对他人负责。一个人如果对自己的家庭都不能负责，更不会对社会负责。这样的人是可悲的，既不会得到别人的信任，也不会得到社会的承认。做父母的都希望自己的孩子是一个有责任感的、能够对自己的行为负责的人，因为每个父母都希望自己的孩子能够融入社会，被周围的人所接受。

一位哲人曾说，犯错是人的惯常行为之一，错误本身并没有可怕之处，最让人担忧的是，当错误已成事实的时候，我们却选择了逃避，而没能从中学到生活的经验。当孩子犯了错误之时，我们绝不能毫无原则地让步，更不能姑息放任。

当男孩犯了错误时，千万不要偏袒他们，而是应该让他们为自己的行为担起责任。躲避责任，只会让男孩留下人生的硬伤，甚至一错再错。生活中，当男孩犯了错误的时候，家长们要把握好分寸，让孩子多从自己身上寻找原因，不断地完善自己，学会为自己所经历的一切负责。有一位年轻人，他在自己的文章中，对母亲在一件事情上给过他的启悟，很是感慨：

中学时，我是住校生。每次离家前，母亲总不忘叫我带上一小袋米，因为我所就读的中学要求学生自己带米。

又是一次返校，因为疲劳，一上车我就昏昏欲睡。突然，一个紧急刹车把我从梦中唤醒。我睁开眼睛，浑浑然间感觉前面有一摊耀眼的白色。定睛一看，我大叫起来——"天啊，我的米！"不知何时，米袋口脱开，米从袋子里滚落下来，摊在地上成一堆白色。当我惊叫的时候，一个冷漠的眼神从旁边斜射过来。我看见一张写满不屑的脸，仿佛在告诉我他看到了米滑落的整个过程。刹那间，我的整个肺都要气炸了，他怎么可以这样漠不关心、见死不救？世界上竟然还有这样的人存在！我不知道应该用哪一种方式来让自己平静。我只是蹲在那个年轻人的面前，用双手一捧一捧地把米送回袋子，然后安静地等着下车。

此后，我一直被一种从未有过的愤怒和惘然所包围。我开始怀疑一些东西，重新审视身边的一切。

当我又一次回到家里，讲述那天车上的遭遇时，我余怒未消，用最狠毒、最丑恶的字眼来诅咒同车的那个年轻人。我满以为母亲会与我同仇敌忾，声讨这个年轻人的劣行。不料母亲却平静地说："孩子，你可以觉得委屈，甚至可以埋怨，但你没有权利要求别人去承担你自己的责任和过失。作为母亲，我只能希望我的儿子在别人的米袋口松开时，能帮忙系上。"

这位母亲的语言中充满了智慧，她很平静地告诉了儿子一生做人的道理：凡事不要把希望寄托在别人身上，更不要埋怨别人，永远也不要盼望着让别人来为你担当责任。从这位母亲的做法之中，我们可以参悟出培养男孩的心得：我们可以从身边的平凡小事中延伸到立身社会、处世做人的准则，经常告诫男孩凡是自己做错的事，不能让别人来替你收尾，甚至来承担责任和弥补你的过失。自己的事情自己负责，这样的男孩在进入社会时，才会少一些尴尬，多一分练达。为自己的过错担当责任，男孩在面向广阔的人生天地时，才能赢得别人的信赖，并会有所成就。

让男孩学会妥协

妥协，并不是软弱无能。它展示的恰恰是一份平和的心态，一种超越自我的境界。中国太极拳讲求四两拨千斤的招数，做人也同样如此。一味逞强有时候会为自己平添负累，而在适当的时候选择妥协、认输、放弃的则是一种处世的大智慧。

瑞典人克洛普以登山为生。1996 年春，他骑自行车从瑞典出发，历经了千辛万苦，来到了喜马拉雅山脚下，与其他 12 名登山者一起登珠峰。但在距离峰顶仅剩下 300 米时，他毅然决定放弃此次登峰，返身下山，那意味着前功尽弃，功败垂成啊。而他做出这个决定的原因在于，他预定返回时间是下午 2 点，虽然他仅需 45 分钟就能登顶，但那样他会超过安全返回的时限，无法在夜幕降临前下山。同行的另外 12 名登山者却无法认同他的明智决定，毅然向上攀登。虽然他们大多数到达了顶峰，但最终错过了安全时间，葬身于暴风雪中，让人扼腕叹息。而克洛普经过对恶劣环境的适应，在第二次征服中轻松地登上了峰顶。

如果克洛普也一味地追求执着，不顾一切地去实现目标，那么将与其他同行者遭遇一样的结局。但是他智慧之处就在于他懂得妥协，善于审时度势，在遇到问题的时候能够从全局的角度思考，因而可以看清未来的趋势，以小忍换大谋，最终他攀上了成功之巅。

我们在冬季常常能看到这样的景象：大雪纷飞，雪花落满了雪松的枝丫，当积雪达到一定程度时，雪松那富有弹性的枝丫就会往下慢慢弯曲，直到积雪从枝丫上一点一点地滑落，这样反复地积，反复地弯，反复地落，风雪过后，雪松完好无损，而其他的树由于没有这个本领，枝丫早被积雪压断了，摧毁了。

一堆石子压在草地上，小草压在了下面，小草为了呼吸清新空气，享受温暖的阳光，改弯了直长方向，沿着石间的缝隙，弯弯曲曲地探出了头，冲出了乱石的阻隔。

在重压面前，松树和小草选择了弯曲，选择了变通，选择了妥协，而正是这种选择，使它们生机盎然。

海滩上有两种不同性格的蓝甲蟹：一种是比较凶猛的，从不知躲避危险，与谁都敢开战；一种是温和的，不善于抵抗，遇到敌人，便翻过身子，四脚朝天，任你怎么搞它、踩它，它都不跑不动，一味装死。千百年后，人们发

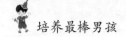

现，强悍凶猛的蓝甲蟹成了濒危动物，而性情温和的蓝甲蟹反而繁衍昌盛，遍布世界的许多海滩。

动物学家通过研究发现，强悍的蓝甲蟹一是因为好斗，在相互残杀中死了一半；其次，因为其强悍而不知躲避，被天敌吃掉了一半。而会装死的蓝甲蟹，因为善于保护自己，显示出旺盛的生命力。

我们常用毫不妥协来形容勇敢，但时时处处不妥协的蓝甲蟹却渐渐被自然界淘汰出局。总有些人以为妥协是软弱的代名词，但实际上，妥协是一种理智的忍让。我们常说，退一步海阔天空，也正是这个道理。退，是为了更有力的前进；妥协，也是为了愈见刚强。

古代文学家李康曾经说过："木秀于林，风必摧之；堆出于岸，流必湍之；行高于人，众必非之。"生活中若太过锋芒毕露，个性太强，往往会处处受制；若学会从容低调，示弱在先，往往能够趋利避害，在更为宽阔的天地里，一步一步向心中的目标靠近。

在大多数人传统的观念里，男孩天生就得勇猛强悍，所以很多男孩的父母从孩子很小的时候就格外注意锻炼他坚强刚硬的个性。然而太过刚强的男孩，当他们长大成人以后，往往会遭遇更多的压力，承受更多的辛苦。男孩在外，要为生活打拼，当成家以后，还要为家庭和孩子作出必要的牺牲。倘若肩负太多的压力而又偏偏硬撑死扛的话，就会如那些被落雪积压又不懂弯曲的树干一样，终被摧毁。

学会妥协，才能获得感受幸福的机会。一个太过刚硬、雷厉风行的男孩，他惯于掩藏内心的敏感，对外呈现出一副无坚不摧的姿态，久而久之，先天敏感的知觉便很容易退化。每个人的时间都是有限的，当你在充分表现自己强大的同时，就会失去那些静心享受生活的时间和心志。只有懂得"妥协"的男孩，才能有心情欣赏沿途的风景。所以作为男孩的父母，要教会自己的儿子以平和的姿态，珍惜和品味生活中的一点一滴。

传统挫折教育中的错误

现在的男孩都是在宠爱中长大的，他们的依赖性强，独立性差。这些"蜜罐里"长大的孩子在享受优越生活的同时，也注定了他们的心理素质脆弱得不堪一击。

不少男孩的家长只是关注男孩的学习成绩，关心他们的生活是否舒适，却唯独忽略了他们的吃苦耐劳和挑战精神，而这些恰恰是他们成长一生所必需的。在日常生活当中，如何对男孩进行挫折教育呢？可以从以下几个方面着手：

首先，要引导男孩不要害怕挫折，遇到挫折要及时反抗。

小男孩胡山山长得比其他小朋友高大，但常常被幼儿园里一个小个子的男生欺负，男孩总是咬他的脸。胡山山就不懂得反抗，只会暗暗地哭，也不敢告诉老师谁咬了他。老师见到这样的情况，就告诉他说：不要怕，要反抗啊，下次他要是再咬你，你就把他推开。在老师的引导下，胡山山就不再惧怕男孩了，懂得了反抗欺负他的男孩。

家长和老师不可能时时跟着男孩，要让男孩用最正确的态度来对待遇到的挫折，让男孩知道挫折并不可怕，引导他们在克服困难的过程中去感受挫折，认识挫折。

其次，帮助男孩创造困难情景，提高男孩的耐挫折能力。

有些家长有心让男孩经历"挫折教育"教育，却收不到良好的效果，原因有二：

第一，家长没有设身处地地为孩子着想，而是把自己的想法强加给男孩。

例如，培训班的高尔夫、网球等课程非常热门，于是家长们就一窝蜂地让孩子报这两门课，其实孩子并不喜欢。每次上课之前家长为男孩准备好一切"装备"兴致勃勃地送他到培训班去，却没有注意到男孩一脸闷闷不乐的样子。

家长希望男孩通过体育运动增强体力与意志力，出发点是好的，但是不能因此就把自己的想法强加到男孩头上。应该让男孩选择去做他喜欢做的事情，因为有心底的热爱，在从事这项运动受到某种挫折时，孩子才会从真正激发起潜在的抗挫折能力。

第二，家长没能及时帮助孩子总结失败原因，使孩子虽然失败却无所得。

学校组织演讲比赛，二十位学生参加比赛，有三位学生分享前三名，另有七名是优秀奖。

子建本来信心满满，结果连优秀奖都没拿到，一直阴沉着脸站在台下。来观摩比赛的爸爸看到这种情况，走到儿子身边对他说："输就输了，不过一次演讲比赛，没什么大不了的。"

挫折教育的意义在于，经由失败总结经验，避免下一次在同样的问题上跌跟头。如果仅仅给予孩子以安慰，不告诉他问题出在哪里、如何防止错误再次发生，那么，下次遇到同样的问题时，他依旧会遭受失败。这样的挫折教育，是没有积极意义的，反而会给男孩心理蒙上阴影。

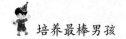
鼓励男孩多参加锻炼胆魄的运动

探险：寻找遗落的进取心

人类历史就是一部探险史，无论是早期的开疆扩土、古代的郑和下西洋，还是近代的新大陆发现之旅，当代的南极考察活动，都显示了人类勇敢进取的决心和无畏精神。

到了现代社会，最初由科学考察进行的探险开始发展成为探险爱好者的娱乐项目。郑和、麦哲伦、徐霞客们的身影已经远去，但是攀登世界高峰、走进无人区、深海探测、南极考察等种类繁多的野外探险吸引着许多冒险人士不断加入。

当代的探险活动已经淡化了原有的"地理发现"意义，而被赋予一种新的时代色彩，所以人们把它看作一种极限运动、一种前卫的生活方式：为了锻炼自己的意志、拓展更广阔的生活空间或是为了逃避现实生活的平淡。这就是民间探险活动赖以生存的土壤。也有人说，从新的角度考察人类探险的历史，就是在追寻像郑和下西洋的那种生活态度，这与我们的娱乐精神是一致的。

家长如果想让男孩感受人类最原始的生存探险，就与男孩携手开始一趟冒险之旅吧！

你们可以从探险这种娱乐项目中感受到历史的沧桑和自然的瑰丽：雅鲁藏布江大峡谷穿越、探源长江源头、徒步可可西里、罗布泊探秘……无不充满了想象和诱惑！

另外，当家长与男孩进行探险活动时，要注意以下几个问题：

1. 要注意天气。了解所要去区域历年（至少是 10 年内）此段时间内的天气变化情况。

2. 了解同行人是不是志同道合，是否有丰富的相关经验。

3. 要量力而行。没达到一定的水平，最好不要轻易登上海拔过高的山峰。

4. 对所要去地方的地域情况应该充分了解，并做好应对各种不测的准备。比如，登山时要做好雪崩、滑落等情况的紧急处理。

5. 除了要带足常用的药品外，还要有相应的急救药品，要掌握一定的急救方法。

6. 不能自发组织，一定要有相关资质单位带队，以保障安全。

7. 出发前一定要就近联系好相关救援人员，以应出现不测。

此外，为家长朋友们提供一份探险物品清单作为参考：

背包、帐篷、睡袋、电筒、毛巾、食品、水、内衣裤、御寒衣物、防风雨衣裤、登山鞋、太阳镜、防风镜、打火机、防潮火柴、瑞士军刀、卫生纸、地图、指南针、GPS（全球定位系统）、海拔表、照相机、望远镜、温度计、纸笔、创可贴、体温计、感冒药、止痛药、消炎药、外伤药、驱虫药、蛇药、现金、信用卡、身份证等。

野营：重投自然的怀抱

终日生活在钢筋水泥之中，男孩们无不向往到大自然去释放心绪。自助旅行、跋山涉水、结伴野营，这些他们都会喜欢。

男孩们拥有挑战自身极限的胆量、勇气和欲望，他们喜欢冒险——即使危险超出了想象。他们总是想："总有一天我要征服……"至于为什么，却可能找不出答案，甚至以为仅仅是为了寻求快乐。

美国作家海明威从小喜欢旅行，擅长捕鱼和狩猎。他按照自己的志愿参加过战场前线的救护队，在严酷的环境里，他学会了救死扶伤的一些基本生存常识和经验，为他以后的生命轨迹勾勒出一个基本的框架。

他每次出行都是孤身一人，而且一头扎进森林中好长时间也不出来。非洲的原始森林里，到处充斥着各种各样的危险，野兽出没，毒虫横行。海明威凭借着自己丰富的野外生存技巧，在危险的环境中磨炼自己的意志，以人类特有的睿智的头脑，挑战大自然的威胁，并从中领悟出很多道理。

海明威这些野外生存的经验，为他的创作提供了丰富的素材，他笔下塑造的硬汉子形象，对现代欧美文学产生了深远的影响。

在澳大利亚维多利亚州，青少年普遍要参加富有挑战性的活动，提高户外生存的知识和技能，如搭建野外生活营地帐篷，在地形复杂的海湾中航行等。

在美国得克萨斯州，青少年也喜欢在更多的户外教育活动中培养能力，如宿营、长途徒步旅行、定向、水上运动等。这些自主的培训，有效地锻炼了他们适应环境的能力、克服困难的能力以及积累生存的经验。

家长可在男孩参加野营时，提供以下建议供其参考：

1. 要提前一星期就开始注意该地区的天气情况，由此决定携带哪些衣服和装备。地图、指南针、无线通讯设备、水壶等是必备用品。

2. 如果想携带帐篷，那就一定要检查好所带的装备，如背包、睡袋等。

3. 生活用品应包括油、盐、铝制饭盒、折叠式炉灶、微型手电筒等。

4. 一般药品有：抗生素、镇痛药、抗疟疾类药品等。

5. 搭帐篷时要选一个平坦的地方。先扫去上面的石块和树枝，再铺上地毯。如果你觉得天气可能会下雨，可以在帐篷四周挖一条小沟以疏导积水。

6. 食物可以简单一些，但要充足，并放在容器内，以防止动物偷吃。

7. 水净化后再饮用或刷牙。

8. 应提前制定紧急计划，以防迷路。

9. 要将行程告诉其他人，并约定好在某些时间打电话，如果到时没有打，其他人就会知道你出事了。

10. 穿透气、防水的保暖衣物，如聚丙烯（易干、保暖）或羊毛衣物（不易干）。可以戴上手套、围巾和帽子，以保护手、头部和颈部。

11. 随身带上引火之物，如蜡烛等，还可以带一些火柴和火柴皮。

12. 如遇暴风雨，不要躲在树下或巨石下。

13. 如果不知道如何走回出发地，那就待在原地别动。

14. 如果想继续往前走，那就在身后留下痕迹，如拖着一根木棍。天黑时就不要再往前走，因为看不清道路。

15. 在背风处的高地找一个休息的地方，如洞穴、空心树洞、岩石等。记住，寒风会降低体温。要了解风向——山谷里白天风向上吹，夜晚风则向下吹。

16. 国际求救信号包括 3 种：呼喊、哨声和烟柱。准备好 3 堆木柴，如果听到救援人员的声音就点着；也可以用镜子或任何反光板对着飞机发信号。

17. 用火问题。出行时要携带一个以上火源，例如，打火机、防水火柴等。有条件最好携带野营气炉、气罐。从环保的角度，如非必须，勿生篝火。在营地生火时要留意营地是否是禁火区，如非生存需要请勿违规。要注意风向，不要把火堆放在帐篷的上风处，并与帐篷保持一定距离；离开时用水和土石压盖将火彻底熄灭，并检查是否还冒烟。

18. 用水问题。可在营区附近的溪瀑、江河、湖塘取水，但最好要取流动之水，要观察其污染情况。提示：缺水地区饮水要按计划分配饮用。除特殊情况外，在找到水源前绝不要把水饮尽；野外取水后，有条件的务必使水煮沸后（煮沸 5 分钟）再饮用；水中有大量泥沙时要使水沉淀 10 分钟以上；蚂蟥多的地区水一定要煮沸后饮用；有条件的可以带过滤器和净水药片以替代无法使用加热的情况；如在缺水地区长时间活动，应学习其他野外采水方法。